太平洋島嶼各邦建國史

小林泉 著／劉萬來 譯

臺灣學生書局印行

序

龔鵬程

本書所討論的，是太平洋上帛琉群島各邦的建國史。這些國家，在第二次世界大戰之後，由聯合國交予美國進行託管統治。直到一九九四年底，才全部結束這種統治方式，密克羅尼西聯邦、馬紹爾群島共和國、帛琉共和國成為獨立國家。

本書說明這種特殊統治方式之始末，共分為兩部分。前一部分，依據美國極機密文件：索羅門調查團調查報告，詳細敍述了。密克羅尼西亞的地區政治型態、以及美國如何以公民投票方式建立統治領政府。第二部分，則是分析美國統治的實際狀況，以及託管終點的過程。

本書之價值，至少有下列幾點：一、索羅門調查團報告（A. Solomon Report），自一九六三年完成後，因被美國政府列為「極機密」，故外界罕得聞見。一九七一年文件外洩，討論託管問題者間有引述，但全文從來不曾公布。本書作者小林先生費心訪得，並將其政治篇全文譯出，可謂功德無量，對於研究美國涉外政治或國際政治關係，極有幫助。

二、索羅門調查報告的重要性，並不止在於其資料本身的機密性質，而更在它的內容。它清楚地說明了六〇至七〇年代美國在密克羅尼西亞統治的實況，也形成美國後來對密克羅尼西亞的政策。因此，透過這分文件，可以清晰地看到二次大戰後，冷戰架構下，超級霸權國家如何主導太平洋諸島的命運。本書在這方面，依據索羅門報告而展開的論述，十分精采。

三、託管統治，其實是殖民統治的一種延伸，或新殖民型態。透過「公民投票」的方式，達成的託管統治，其實追求的並非居地公民的幸福與利益，而是統治國的利益。統治國依其本身之戰略考量，把另一地域以「託管」的名義併入自己的領土轄區內；然後對此區域進行剝削，例如將該地與外界隔絕起來、供核彈實驗之類。最後，更要讓該地人民深感恩德，希望能乾脆併入統治國中。即使該地最後自治或獨立了，也仍要使其與託管國保持長期休戚與共的關係，以原託管國馬首是瞻。因為該地原有政經社會體制及生產方式，已完全被託管國改造了。這種殘酷的統治方式，相關研究極少。近年「後殖民論述」大行其道，殖民史之研究，迭有創獲，但託管統治之探討，尚僅是初初起步而已。本書在此，無疑為值得喝采的佳猷。

四、對台灣而言，本書尤其具有重大意義。因為在二次世界大戰結束後不久，台灣剛由中國收復，美國陸軍情報部即在台灣做過一次民意測驗，提出：「假如台灣實行公民投票，台灣人會先選擇美國，其次選擇日本」的論斷。一九四七年，美香港總領事館人員並曾向聯合國請願託管。同年「台灣再解放聯盟」負責人廖文毅向美國魏德邁將軍提交一份〈處理台灣問題意見書〉，主張：「台灣的歸屬問題，應在對日和約會議上重新討論。但必須尊重台灣人的意志，應舉行公民投票來決定。但在舉行公民投票以前，應准台灣人先脫離中國，而暫時置於聯合國託管理事會管理之下。此即「台灣託管論」及「台灣地位未定論」之濫觴，成為台灣獨立運動中的一支。但這個託管主張提出後，反應不佳，不但國民政府反對，台灣內部也很難廣獲支持。故美國在次年即調整了策略，不再談「託管」，而改以實質控制台灣政權為方向。防止台灣落入中共手中，並培養親美勢力等，均屬於這個新策略的內容。託管之議，逐漸消除，然而與託管相關聯的觀念以及獨立運動，至今仍在發展中。故重新檢討美國在太平洋區域的角色、研究託管統治在冷戰架構中的作用、以及分析託管統治的實際狀況，對於思考台灣問題，實有極為重要的現實意義。

本書作者小林先生，致力於太平洋區域研究多年，曾出版《密克羅尼西亞各小邦概論》等書。譯者劉萬來先生則為本省嘉義耆宿，是教育界的前輩，我們在籌辦佛光大學時，曾得到劉先生真誠熱切的協助，同人銘感之深，言語難以盡宣。對他譯介本書給我國學界參考，我個人也深表感謝。一頁晦黯不明的託管史，正因為有他們這樣的熱心人士，才能重新揭明在世人面前，這是所有關心政治與學術者均宜感謝的。

一九七七年五月廿八日寫於佛光大學南華管理學院

太平洋島嶼各邦建國史

目次

緒論：極機密文件與託管統治

一、與美國極機密文件的接觸

一九九四年十月一日，聯合國託管統治領之一的帛琉諸島（Palauls）轉移到美國的自由聯合去。易言之，是帛琉共和國（The Republic of palau(Belau)）的獨立的一天，帛琉獨立之後，聯合國指定的十一個託管統治領，全部結束信託統治而獨立。所謂「託管統治」是支撐一九四五年創立的聯合國「創立目的」的巨柱之一。

以A4版紙打字，再由兩洞綴合而成的，一部厚厚的文件，它的大標題上寫著「美國政府。太平洋託管統治領調查報告」這一份報告，完成於一九六三年，以任調查團長的哈巴德大學，A，索羅門教授的姓氏，作為「報告文件標題。俗稱「索羅門報告」（A. Solomon Report）。乍看之下，與一般文件，並沒有兩樣，但是，文件上每一頁的中央上邊及下邊頁數數字邊，卻印有"Confidential"（極機密）字樣，由此可知，它是一部不尋常的文件。

作者得知有這一份「調查報告文件」的是閱讀齊藤達雄教授手著「密克羅尼西亞」（註：鈴澤書店，一九七五年出版）之後，此書作者，以謹慎的、徹底的近代政治史眼光，把美國託管統治領，密克羅尼西亞的政治狀況作介紹，是戰後一部介紹密克羅尼西亞的鉅作，在文章裏巧妙地引用「索羅門報告」之字眼，將美國政府，認此報告為藍圖。按圖索驤，看施政之現況。一一羅列，難能可貴者，又認自己調查的廣泛。精確資料輔之，描述得體，就中關於「經濟、衛生、教育」三部份，已於一九六三年公諸於世。唯「政治部門」則以「極機密」文件為由，尚不得於世人見面，但是，在檀香山的密克羅尼西亞，獨立運動黨黨員，絞盡腦汁，透過某管道，將其文件拿到手中，於一九七一年在擅香山將其文件，索羅門調查報告公開出去，為此引起一陣騷動、衝擊。

這世界上非常微妙，常發生類似現象於同時期、同地，或不同時期又不同地方，密克羅尼西亞一書，出版於一九七五年，同年，美國記者，D·馬克亨利（D. Mcl-lenry）也出了一本，以索羅門調查報告為題材，把美國的託管統治政策作批判的書「被背叛的託管」（D. Mc Henry. Micronesia: Trust Betrayed. Carnegie Endowment forInternational peace）易言之，在美國國內也得知索羅門報告的極機密文件內容，引起國內外關係者的矚目。

當時的密克羅尼西亞議會，正與美國政府，為了將來的政權交涉、折衝中。因此，接觸密克羅尼西亞的議員時，在談話中一定有索羅門調查報告文件的事，如果問及「有過原文影印而說」就沒有一個人可舉手，更沒有辦法在任何場合看到它。不過，好多人敢拍胸說，「我看過整個文件」有人說「我看過一部份」但是問及「誰持有那份影印本!!」或「文件在哪!!」就沒有答得出來，全是啞口無言。到頭來有的回答過「我看過人家手中的文件，」有的則回答說：「我曾經得到這文件，但是，現在不知拿到那裡去了!!」敷衍一番，甚至有人說：「那份文件，是公式上的極機密文件，所以沒辦法到手呀!!」

在這種情形下，極機密文件，索羅門調查報告，不管美國政府是否有意，無意，已經成為公開的秘密了。

因此，它已經失去了「極機密文件」的意義了。如果美國官員則另當別論，就該文件予以批判的密克羅尼西亞的議員們。如果得知文件的內容，一定來自馬克亨利的一書，被肯背叛的託管，一定不是親眼目睹真實的影印本。作者推量之後將「尋找對象」改變為研究密克羅尼西亞的美國學者，在會議的機會裏，或以電話，信函照會，但是，結果是深海撈針，夏威夷大學的一位多年交往的教授，有一天給我一封信道：「我找遍了全美公共圖書館，以及政府公文檔案館，真抱歉，都沒辦法找到它。」這是我得到的唯一具體的答案。

嗣後，關於尋找本件的事，毫無頭緒，加以公私繁忙，歲月如梭，眨眼間進入八十年代，本來已經認為無能為力，放手不幹，但是，這個時候，正來個轉捩點，作者與出版社之間，正進行討論「密克羅尼西亞為中心，將各地域作概括性介紹」為主旨的書，「密克羅尼西亞各小邦概論」（一九八二年。中公新書）如果不揣譾陋？接受出版社的委託，我的腦子裏，又給一股激流沖擊。因為美國託管統治的政策方面，必須以「索羅門調查報告」為依據，就自己過去尋找該文件的經驗，猶如求天鵝卵之苦，但是，如果以「密克羅尼西亞」為主題，非先看看該文件不可。

在這束手無策時，我忽然想起前述的《密克羅尼西亞》一書的作者齊藤達雄先生。

作者與齊藤先生之間，自從該書出版之後，因多次的資料交換，就教請益。已經成為推心置腹之密友，真奇怪!!作者事後才發覺「為了尋找索羅門報告文件，何必到美國或密克羅尼西亞去，自己身邊就已經輕而易取。因為已經有人把那些文件的內容介紹到本國來!!」

齊藤先生手著「密克羅尼西亞」一書，動機是這樣的：極機密文件，索羅門調查報告，在夏威夷暴露於世時，齊藤先生恰好由服務的通訊社派為「駐夏威夷特派員」他得知之後立即設法。向密克羅尼西亞人要該文件的影印本，他把文件拿到手之後，詳讀它。不過，這寶貴的文件影印本在忙碌、繁雜的記者生活中，東奔西跑、或海外，或國內，自己忘了它。不知放到那裡去!!找上心目中的齊藤先生，竟揮棒落空，作者也不難體會得到，一個跑新消息的新聞記者，最需要的〝新消息〞因此，公諸於世時「舊資料」已經認為「沒價值」或許齊藤先生曾想過，如果有需要該文件，可以透過「密克羅尼西亞」的人脈關係，立即可以拿到它。

因此，作者手著的「密克羅尼西亞各小邦概論」一書中，舉凡有關美國託管統治政策的索羅門調查報告，不得不依賴馬克亨利和齊藤兩位先生的大作，並以其他的有關文件參考它。亦即為此，本書的該部份報告，自然不能脱離「引用」領域。

在此次作者的握管，並沒有趕上，唯齊藤先生為作者提供意見，他建議作者，「你可以找密克羅尼西亞聯邦總統，俊雄．中山，（Toshio Nakayama）他是個在索羅門報告文件中，被看好的青年才俊」，齊藤先生指名道姓「指定他」要作者去嘗試：他告訴我同時，我無條件同意了。因為一個人的才智，總是有限，看了齊藤先生的建議，作者也恍然大悟。

後來有個機會，到密克羅尼西亞首都，彭貝（Phnepei）去，在一次與總統的私人宴會中，作者把「文件」的事請教，中山總統說：「對!!對!!關於那「文件」的事，我曾經跟齊藤先生提過，只要我任職總統，絕對不會把該文件印刷，公諸於世，這是大前提，我也曾跟齊藤先生談過取得該文件的來龍去脈和被暴露的經過。不過，目前我的手中，並沒有那一份『文件』的資料!!」 總統的話，又讓我垂頭喪氣。一九九三年，這是密克羅尼西亞的歷史上彪炳燦爛的一年，「十月」就是甘迺迪（Kennedy John Fitzgeraldl）總統把索羅門調查報告提出後，滿三十年的一月，又一個月後，美國最後一個的託管統治領，帛琉（Palau）進行公民投票，決定向自由聯合之路邁進。

一個國家的「極機密文件」因國家政策性質而不同，公開的期限自有拿捏、規定，如美國的外交文件則以三十年為期，才得以"公開"作者眼看帛琉的公民投票結果，美國的託管統治，將打下休止符時，找向派駐華盛頓圖書館的朋友委託他替作者尋找「索羅門調查文件」我一再告訴他「尋找的文件標題和完成的日期」。他告訴我，「因為目前的情形而言，各資料館、圖書館的電腦是連線作業的。只要它還存在，要找它出來就簡單了。」但是，結果還是叫我大失所望。為了得到它，幾乎山窮水盡，作者在清夜捫心自問，冷靜思考之後，決心放手一撲，以自己有限的人脈，找到美國國務院（State Department），內政部去（Imterior Depertmment）。要朋友從資料室，或國會圖書館中能得到這一份資料，但是，這些幾位朋友的回答卻千篇一律，「因為該文件尚未到公開的期限」不過，說實話，我在半年前，已經把那文件的影印本拿到手了。上述的是作者尋找「索羅門調查文件」的經過。當自申述作者與該文件〝接觸〞的機運。

那是一九九三年的孟春，曾經認識的吉尤克島（舊稱為土魯克。Truk）的一位青年朋友，為了到美國去，順道到東京一遊，因為一年多未謀面，我盡了地主之誼，在小飯館的一隅用晚餐，話匣子一開，天南地北無所不談，到頭來，他把自己的故土密克羅尼西亞的〝託管統治〞時代，予以後顧前瞻性的探討，自然就目前的情況，密克羅尼西亞聯邦的建國，我該擔當如何地角色？建國藍圖該怎麼畫？等等，在談話中，作者深深體會到，密克羅尼西亞人的強烈獨立意識，他們在思想、行動、狀況的認識方面尚待努力，但是他那進取的精神，勇往邁進，不屈不撓的氣概，一股奉獻祖國的熱情，不由得羨慕、令人肅然起敬，他一長篇大論之後，我也以我的所知，陳述愚見。

「美國人與密克羅尼西亞進行〝政體交涉〞的基本理念，我看，它就是被濃縮在六十年代初期調查寫好的〝索羅門調查報告〞這文件裏。爾後，隨著國際情勢的變遷，文件的〝內容〞也隨著改變。由此可洞悉，美國人對密克羅尼西亞政策的本質，往後的日子裏，不管各島採取如何地手法，達到建設國家的總目標，密克羅尼西亞人，必須解讀、分析這一部現代史，同時要掌握事實狀況才能跟〝自由聯合的伙伴〞美國，今後在政治交涉得以對等的地位展開商談，易言之，這種基本條件非具備不可。

他回答作者說：「那一份報告文件具有那樣重要的意義，我連一點也沒有察覺到，我回去之後，我可以依據你所說的觀點：「再精讀它一次。」他的回答，就是我預料之外的強烈反應，我的深刻意願，使我不自覺地質詢他：「你再說一次，你到底在什麼地方讀過這一份報告文件!!」「哦！那是我留學美國的時候，一九八五年時，指導教授告訴我『你可以把那份文件看一看，或許研究美國政府對密克羅尼西亞的政治方面，將有所裨益也不可逆料!!』」彼時他的指導教授就這樣，把一份珍貴的影印本，報告文件"交給他"他接著道：「我當時以為那是一種"不值錢的印刷物"我只把它瀏覽一番就扔進資料大紙箱中去，我看，它一定還在那紙箱中，我回去後，找看看!!」將擔當國家大任的優秀青年，不會去留意這種切身攸關的重要文件，自有情可原。因為它被作成的時間是恰好他呱呱墮地的孩提時代。

大約過了一個月的時間，有一天早上，綠衣天使遞給我"褐色大信封"看它是美國來的 Air Mail，是資料袋，我心底下想「…或許那個晚上的密克羅尼西亞青年"依約"送來了那份報告文件!!」我拿起剪刀剪下封口，不知喜憂參半之故，動剪刀的手，竟抖動著，我把忐忑不安的心，抑壓下來。從信封中抽出"文件"來，這文件的第一，就是調查團團長，安德尼。索羅門（A. Solomon）要向華盛頓，自宮提出報告文件，致總統的信函，日期為十月九日。我就是在一個晚餐會上，得了渴望已久的"報告文件"這件事，發生得太突然了，在取得文件的過程中，「劇情」富於曲折迂迴，猶如推理小說的論理，邏輯。

美國在密克羅尼西亞的託管統治，凡半世紀，在五十年間，在美蘇兩大超級強國的「規約」冷戰架構下，以美國政府所擬的「太平洋戰略」，推移、演變，結果由密克羅尼西亞人的立場來看，他們是在兩大超級強國的〝利益衡量下〞被任意撥弄、宰割的〝託管統治時代，它的影響所及，可以由密克羅尼西亞自行中止美國終結了託管統治的方式，及爾後的自由聯合方法，或稱為Commonwealth（聯合政府）等的政治形態……均是冷戰架構下的產物。

我們放眼看去：今日已產生的密克羅尼西亞，就是美國政府，依索羅門調查報告擬訂的政策所產生的或所形成的，易言之，該報告文件就是一九六〇年至七十年代，美國在密克羅尼西亞施政的濃縮藍圖。如今，冷戰結束了，託管統治亦結束的今日，回頭一看，就可以看出過去政策的鮮明痕跡。

索羅門調查文件的暴露於世之後，英文版由馬克亨利親自簡介，日文版則由齊藤達雄先生作介紹，除了他們倆人之外，坊間也可看到若干大作，卻以其概要為旨趣，介紹於世。再則，就作者而言，該文件已經有多人作介紹，但是，作者仍然不死心，想把索羅門調查報告的「政治篇」全文譯出，不外乎認為該文件在現代史上具有第一手資料價值，加之，希望美國人在第二次世界大戰後，對密克羅尼西亞有歷史性認識。以外國人，第三者的眼光去看它。

即使美國政府尚把索羅門調查報告作為極機密文件，要蒙在鼓裏。但是，該文件擬成之後，時過三十年，而且或其中的一部份由歷史，政治學家等著成書，出現坊間，可知該文件的極機密性，已經消失了。

二、何謂託管統治？

一九四五年創之於美國，紐約的聯合國（United Nations）是承受第一次世界大戰後的國際聯盟（The League of Nation）為了早日恢復國際社會的秩序而成立的"世界國家"聯合國憲章揭櫫的目標，其一為維時國際社會的安全和安定（註：設有安全理事會）其二為非自治、非獨立地區的獨立的促進、保護、管理：（註：設有託管統治理事會），其三，國際社會的協調及協力發展，（註：設有經濟社會理事會）為達到目的總會之下設有特別理事會，這三大巨柱之一就是「託管統治理事會」這個以世界國家為理想而創設的聯合國，已年屆五十，託管統治逐漸消失，安全理事會也變更組織而鬧開。與創立當時的國際環境大有不同。如此情景，是否一種表徵，聯合國的使用期限已經到上限。

所謂"聯合國"是第二次世界大戰中聯盟國的一邊，在勝利在望的時候，假定勝利後而組織的組織，與目前的聯合國建立的最高宗旨，世界上各主權國家，以平等的立場相對而聯合國的理想，有天壤之別。吾人必須認清這事實。如第一次世界大戰後的「國際聯盟」只許勝利的原加盟國參加，又如現存的「聯合國」只許五大強國，中、美、英、法、蘇等才享有令人畏懼的否決權，亦即是任何法案，只要有五大強國之一否決就被擱置了，又如軸心國的敵人，日、德、義三國也予以規定「差別地位」（第五十三條第一項）戰勝國組成聯合國

（United Nations）但是戰勝國而言，為了完成秩序形成，因此組織了所謂「國際聯合」（The United Nationes）創立當時的國際聯盟，可以說同聯合國的性質，非自治地域的託管統治也是根據這脈胳而創設。

聯合國方面，於第二次世界大戰白熱化的一九四一年英國首相，邱吉爾（Winston Churchill）和美國總統羅斯福Franklin D.Roosevelt）舉行高峰巨頭會議，同意不擴張領土（註：見大西洋憲章）翌（指一九四二）年，又宣佈聯合國共同宣言，一九四三年則由中、美、英、俄等四個領袖，集合於俄京、莫斯科，會後發表莫斯科宣言，在此宣言中同意保障安全等問題，如此舉行幾次高峰會議之後，設立國際聯合的架構見於實體，具體化。在國際聯合下，擬設立「國際統治制度」這方針是決定於一九四五年，眼看勝利在望，英、美、蘇，三國巨頭，在雅爾達的會議上決定的，在會議中決定「託管統治的對象」其對象是①國際聯盟委任統治區　②由戰敗國分離出去的區域。③　施政責任國自願轉移本制度下的地域，在這雅爾達會議中同意決定將這三種地域置於國際聯合管理，監督下，行使政、治權、聯合國憲章中，第七十七條條文規定了“託管統治的適用地域”它的條文略同上述文意。

聯合國憲章中記載著的「託管統治的目的」如左。

a・　增進國際和平及安全。

b・　促進託管統治地域居民的政治、經濟、社會、教育文化的進步，施政中，必須引導各地域住民特殊事情和關係人民予以適合自由表達之願望。並且依各託管統治協定之規定，促進該地，以循序漸進的方式，獲得自治或獨立。

c. 不得有種族、性別、語言、宗教的差別，鼓勵尊重基本自由及人權，並且助長認識世界人民的相互合作、依存。

d. 爲達到前記之目的，依第八十條規定的範圍內，確保聯合國加盟及其國民，在社會上、經濟上、商業上的來往，得平等、互惠，抑有進者，須爲其國民確保司法上的平等待遇。

依據聯合國憲章的規定，全球成立了十一個託管地，其中十個地域是①的條文演變下來的，易言之，由原來的委任統治領轉移過來的，至於②的方式則只有一個。由義大利分離而出的索馬利蘭（Somalia）③的方式，亦即是施政責任國自動轉移的地域，卻沒有一個地域，唯有一個例外，舊委任統治時代，至大戰後，易主者，只有戰敗的日本，把過去委任統治的南洋群島，密克羅尼西亞轉交給美國。

二次大戰後的託管統治制，簡言之，在沒有自治、獨立能力的地域，由施政權國，予以監督、管理、協助，將使其走上自治、獨立之路。為暫定性統治形態。在它的宗旨下，各託管統治地域，相繼獨立，第十個獨立的託管統治地域是澳大利亞領（Australia）新幾內亞島（New Guinen）和巴布亞（Papua）地域合併的新幾內亞（NewGuinea）。以巴布亞，新幾內亞（Papua New Guinen）的國名獨立，時為一九七五年，為第十個脫離託管統治的地域，剩下一個託管統治領，密克羅尼西亞，完全脫離託管領的時間，由第十個到第十一個，竟費時十九年，它的理由很簡單，因為其他的託管統治，是〝一般性託管領〞唯有密克羅尼西亞，被指定為〝戰略性地域〞有了這一個〝符令〞阻止了它前進。

戰略地域，這一辭彙，在國際聯盟的委任統治制度裏，禁止軍事利用的前提下，並不存在。把特定地域指定之後，供軍事利用，這裡制度的原案，由美國一手促成之後，載於聯合國憲章中（第八十二條）一般託管地是置於聯合國總部管理，但是，〝戰略地域〞則置於安全理事會的管轄下，只要取得施政權、擁有安全理事會「否決權」的美國，在「為維護國際社會和平及安全」的大義之下，可得以在此地域，隨心所欲地發揮〝軍事使用權〞在聯合國草創時代，各國之間，主張不擴大領土，但是，在雅爾達，密約時，美國竟要求這種特殊的統治方式，這是到聯合國成立之前，聯合國間的會議中，以巧妙的手法，予以對方承諾。易言之，它是強國間擴大競爭的「產物」至為明顯。

第二次世界大戰裏，美國贏得勝利而付出的代價、犧牲，在當道者而言，也出乎意料之外，太龐大了，其主因之一，就是日軍巧妙地活用〝南洋群島〞－密克羅尼西亞，作為戰略據站。另一方面，到大戰末期，美軍出擊反攻，將日本太平洋防衛上的生命線：密克羅尼西亞中的各主要島嶼，一一攻占，在提南島（Tinian (IS)）建立堅固無比的機場，由此起飛的〝波音二十九，空中堡壘〞（Booing 29 frotress）予以就近轟炸日本本土，終能把日本致於死地，美國方面，在二次大戰末期的反攻戰中，重新評估〝密克羅尼西亞諸島〞的軍事價值。易言之，將各島嶼作「跳板」的策略成功。依此經驗，美國人想へ…只要把這些島嶼控制下來，可以補缺口、填漏洞〉換言之，美國本土—夏威夷（Hawaiam Island）—威克島（Wake Island）—關島（Guam）猶如院子上的〝跳石〞有了密克羅尼西亞群島就可以補充其缺失之處，亦即是可把太平洋橫貫領土就可連成，地理條件整合之後，美國為了保障亞洲地區的安全，而取主導權時，密克羅尼西亞就成為不沈的航空母艦，軍事上才能發揮強棒。反之，這些群島，置於敵人的控制下，軍事的威脅即不言而諭，由此不難得知，美國人在大戰經驗中深深體會了密克羅尼西亞的戰略地位。因此，在雅爾達密約中，極力主張「託管統治領中，必須指定戰略地域，使其合法化，以利隨心所欲供作軍事活動。」

密克羅尼西亞成為美國託管統治領中指定的，戰略地域，英、俄倆國聽了當不是滋味，到頭來，兩國把鮮血往下呑，點頭同意，所以兩大強國英、俄，在利害關係中，已經使出渾身解數，地作〝拔河比賽〞比如説，英國否決了美國的提案，該國在世界各地的殖民地，將受到他國干涉，又如蘇俄而言，他們為了被日本割去的南庫頁島、千島列島中的四島，想取回，必須得到美、英兩國的諒解，在此時必須有〝交換條件〞蘇俄對美國的提案，只好坐視一邊，睜一眼，閉一眼，要之。由上述的情形，不難得知，第二次世界大戰後，在聯合國下設立的託管統治制度是戰勝強國的利益割分，把世界地圖重新塗上自己想塗的顏色，其本質至為明顯。

所謂〝託管統治領〞只不過是施政權國，在託管統治領的地域內，施政，並引導彼等走上自治或獨立之路的一種暫行性統治制度，但是，必須在幾年之內，讓〝託管統治領〞自治，獨立的年限卻沒規定，沒有設限。再說，託管統治的方式，依聯合國憲章八十一條的規定，可據「託管統治協定」行政，其協定內容必須呈報聯合國總部「認可」但是，我們這命名為「託管統治協定」的協定，是施政國以自己的主觀作成的「條文」並不是與被統治住民商訂的，協定，為欺騙世人的眼睛，命名如此，易言之。它不是施政國與被統治民之間的「合意協定」矛盾之處至為明顯，唯一成為複數國託管統治的「諾魯」（Nauru）的情形而言，由英、澳、紐三個英國協的關係國，基於統治合意，作成「協定條文」其他的地域則全由，施政國，單行道式的統治上的「協定」兩字是徒具虛殼，美國也不例外，依自己的意志作成，治理密克羅尼西亞託管統治條例，把統治方式明載其中。並指定為「戰略地區」讓擁有安全理事會席位及否決權的美國，得到安全理事會的承諾，這一份腳本是由美國自己寫成的。

三、美國施政與託管統治

密克羅尼西亞由美國託管統治，公式的發佈，始於一九四七年。其實，在二次大戰末期，美國海軍趕走日軍的一九四五年就由美國統治。美國人到密克羅尼西亞之後，第一個工作，並不是為島民謀福祉，而是作核子實驗場，四五年的翌年一月，發佈要在馬紹爾群島（Masskall Island）的比基尼（Bikinis Island）環礁，作一次原子炸彈試爆，主旨是破壞廢棄艦艇。於同年七月實行，往後的日子裏，在比基尼島作二十三次。四十八年四月作第一次核子實驗的安尼威士克島（Eniwetokls）也作了四十三次。到一九五八年的十幾年間，美軍在比基尼・安尼威士克島上，一共作了六十六次原子彈、氫彈試爆，日本漁船船員，久保山愛吉先生，等二十二位，被實驗彈炸傷的是一九五四年四月一日，美軍在比基尼島作氫彈試爆的「禮物」世人稱為「第五福龍號事件」由比基尼・安尼威士克島（Aniwetok Is,）被強制遷移的島上住民，在避難場所，應該安全。但是，仍然逃不出核害，如今悲劇還在上演中，不知何時落幕。

由上述事實可得知，二次大戰末期，密克羅尼西亞諸島，由美軍占領，成為既成事實，美國為了使軍事利用合法化，不得不作成「認可手續」亦即是由託管統治後，指定為「戰略地區」送聯合國大會承認、美國、駐聯合國大使、J・杜勒斯，（J. Dulles）於一九四六年十一月的聯合國大會演說。其演說詞中道：「……美國的託管領，密克羅尼西亞，指定為戰略地區，如果不能獲大會認可，美國是不會放棄該地域的統治。」措辭至為堅決。翌（一九四七）年二月，安全理事會的會議席上，美國代表，W・奧斯汀，（W.Austin）也發表了意見，「美國人為了戰勝日本，在密克羅尼西亞地區犧牲了數萬名戰士。龐大的軍事經費，我國絕不許外人染指該區，如果有人挑釁，美國人只好起而防衛。」等等，再三表示對密克羅尼西亞護土的決心。一方面希望各國的認可，美國人對該地區的強硬態度，各國也讚成其施政權，於一九四七年七月，密克羅尼西亞戰略性託管統治協定生效，由美國施政，在施政上，由海軍管轄，首任高等事務官為（HighCommissioner）「魯伊斯・E・丁福祿德提督

（Commonder LuisE.Denfulto），高等事務官廳則設於夏威夷檀香山市（Honolulu）。迨至一九五一年，除了塞班島（Saipan ls）之外，全部移交給內政部管轄，高等事務官廳也移到關島去，但是，馬紹爾群島的離島一個區域，仍然為「閉鎖地域」由海軍掌握，繼續作〝核彈實驗〞在克凡謝林島（Kwajalein）開始興建海軍基地，留給美國海軍管轄的塞班島，為CIA（中央情報局）指導下，中華民國及印尼合眾國都送來諜報員，來此受訓。

由上述的情形來看密克羅尼西亞，美軍在此地的軍事活動非常頻繁，全地域似乎在縝密的戰略計劃下，美國化了。其實，事情並不是如此，密克羅尼西亞地區，總計約有兩千個島嶼，美軍並不是把所有島嶼作充分使用，軍事活動受限制，其他大部份的島嶼也並沒有具體的開發計畫。在這廣大的「水域」中，美國人在時、空的限制下，不能也不願作積極利用，目前的情形而言，為了防止〝外人侵入〞而努力，亦即是確保該地區而採取策略。由此可知，美國人對該地採取行政放任政策，美國人的心目中，密克羅尼西亞大小島分佈於匹敵美國本土大小的海域中。它具有莫大的「潛在性戰略價值」為此，非保有此地域不可。美國人鑑於此，非常擔心第三國的侵入，同時擔心統治此地域三十年之久的日本和日本人的影子，三十年的歲月，曾經在此地域興隆一時的農業、商業、漁業，均與日本人的消失而沒落，日本人曾經建設的街上、道路，皆毀於挖土機，壓路機之後，以新面貌出現，日本人在此地域的農耕地，已經蔚成密林，日據時代的繁榮無跡可尋，時過境遷，一掃而空。

密克羅尼西亞，由美國託管統治之後，先由海軍，後來轉轄到內政部，一九五一年的情況復如此，純樸的島民，美國人，以「為了不再受外人的影響壓迫、欺凌，以免掉入泥淖中生活」為由，把密克羅尼西亞人，由外面「封住」美國人及一般外國人，均婉惜〝來訪〞連密克羅尼西亞人也不許到外國旅行、訪問。美國人除了「防止外人入侵」的事務上下注功夫，也提供一些行政經費、生活上必需物資的援助。反面，他們對密克羅尼西亞人也不作任何「要求」易言之，並沒有發揮他們的強勢領導，作者，曾在拙著中，將美國的託管統治密克羅尼西亞為四個階段，把截然不同的本質作扼要的介紹。初期階段，命名為「寬仁的放任時代」由實質的表現上，美國人在託管統治初期，表面上是「請過著和平、安樂、自由的生活。」乍看之下，美國人是真有恢宏的氣度，寬仁的美德。但是實質上，密克羅尼西亞人，沒辦法與外界接觸。久而久之，最重要的生產方式也失去了，日人占據時代，已經有了歐風東俗進入的這小世界裏，沐浴在文明薰風的住民，受了無形的桎梏之後，頓時回到自給自足，物物交易的原始世界去，過著原始生活，乍看之下，美國人並沒有惡意的對應，但是，這一種〝結果〞是經過精心設計的，翻閱美國開拓史，美國人把原住民，印地安人「封住」在其發祥地。對密克羅尼西亞人的〝開關政策〞亦然，政治家、學者中，有人指責美國人的這種政策為「動物園政策」（ZooTheory）把一群弱勢團體，以法令關閉之後，不許與外界接觸，美其名為「…過著自由、祥和、快樂的世外桃源式生活。」但是，就人類而言，已經是「動物園理論的統治政策」總之，美國人對密克羅尼西亞人的統治政策，自有〝預期的策略〞—密克羅尼西亞人關進〝，天然動物園〞之後，再企求的是什麼!!是不是沒辦法想到更好的辦法就轉移到獨立去？於這一點疑問，在索羅門調查報告文件中，或許可以告訴我們答案。

美國人對密克羅尼西亞的統治成績，只見核彈實驗中荒廢的各島嶼，不開發，不予利用的島嶼，託管統治一晃十多年的歲月過去了，時至六十年代，美國媒體記者群，地域研究者，政治學者，等等皆關心而批判美國政府在密克羅尼西亞的施政，六十年代，就是南、北越（N.S. Viet Namese）的情勢白熱化，美、蘇兩大超級強國的冷戰架構，已經形成的時代，這兩股大潮流同時湧現，美國在主導者的民主自由世界，深感受威脅，亦即是第二次世界大戰後，世界情勢的演變，逼使美國迎接挑戰的時候，在這轉捩點時，徒具潛在性戰略價值」的密克羅尼西亞，美國領導階層認為非予密克羅尼西亞，負時代使命不可〞認同的年輕美國總統，甘迺迪，決心自己參與該項事務。

美國政府，在甘迺迪總統的積極參與下〝再三檢討〞對密克羅尼西亞的政策，迨至六十二年四月，甘迺迪總統，簽署於〝國家安全行動白皮書，一四五號〞文件上〝這一本白皮書所載的主旨是「美國應與密克羅尼西亞建立恆久不可分的關係。」易言之，美國追求的目標是要把密克羅尼西亞「化」為美國國土，美國的這種政策，就是改變密克羅尼西亞的命運的〝符令〞，政府方面為了實現恆久統治必須提升政治、經濟、社會、文化各方面的水平，為此獲得一個共識，亦即是認為必須作地域開發，為了付諸實施，設立「塔斯克辦公廳」以利檢討政策之施行、改進。翌（一九六五）年五月，甘迺迪總統又在〝國家安全行動白皮書二四三號"上簽署，依據此白皮書，設置了「國家調查委員會」美國政府方面，深深體會到，對密克羅尼西亞的託管統治，最終的目標為"自治"或"獨立"而後予以合併為"美國的一部份"為達成這個目標，最先要讓密克羅尼西亞人自己得意思表示，「願成為美國人」也藉此，甚至再設法擬定策略—無瑕疵的理論，以利爭取美國全國人民及國際社會的認同，為了付諸行動，政府方面，命哈巴德大學教授，安索尼·索羅門為團長，組織「密克羅尼西亞調查團」赴該地作實質的調查，索羅門教授也承擔這重大的使命，戳力以赴，在本書介紹的索羅門調查報告文件，就是該調查團，回國之後，書就了之後，向甘迺迪總統提出的報告文件。

四、索羅門調查報告文件

索羅門調查報告文件的正式「標題」為「美國政府調查太平洋諸島託管統治報告書（A Report by the U.S. Gorernment SurveyMission to the Trust Territory of the Pacific Island）這個調查團的組織，是依據「國家安全行動白皮書，二四三號」總統令而成，正名為「密克羅尼西亞調查團」。團長為哈巴德大學教授，索羅門成員則由他指定的九個人，和團長，計十個人構成"調查團"十名成員中包括內政部領土局、太平洋軍司令部、國家安全保障會議、預算局，和平部隊事務局、大學教授、島嶼教育專家，經濟學家…等，由官民中選拔。這一支"密克羅尼西亞調查團"的主要任務是調查該地域的政治、經濟、社會、文化各方面的現象，而後訂定加速開發的各種有系統的計畫及釐訂國家對該區的政策。一九六三年七、八月，各負責人，親自到該地，作詳盡的調查，回國之後，依據自己調查的資料寫就"調查報告"每一位成員都去該地數趟，回來之後也為了不要誤導。報告文件費了精力和相當時日才完成它。

這一部厚的"密克羅尼西亞調查報告文件"－索羅門調查報告，分為"四部份"結論為「地域介紹及概要」第一部：政治發展，第二部：經濟社會發展，第三部：行政組織，文件上的每一頁上，下端部印有"Coufidential）「極機密」等字樣，作成報告文件之後，於一九六三年十月九日的日戳，提出於白宮。這一份報告書的第二部及第三部的內容，於一九六八年公諸於世，結論和「地域介紹及概要」及「第一部：政治發展」則如今仍以「極機密文件」處理，尚未公諸於世，如前所述。因為它的內容就是趁著對昧於國際情勢，或無知，不知防備的密克羅尼西亞人，一氣呵成型地併吞密克羅尼西亞，美國政府的這種企圖，坦率地邏列著。如此方式的調查報告文件，假使公諸於世，自有「諸多不便」不過，由文件中不難得知，美國政府立案之原旨，不予公佈時，可收抬高身價之效。

本調查報告文件中，結論「地域介紹及概要」闡述報告書作成之背景，同時將一－三部的「大意」－政策建言記述。看了結論之後，已得知報告文件的輪廓，各部則以各方面的「現狀」作徹底地研究、分析、補強了"結論"的申述。本書對調查文件的第二、第三部的詳細內容，並未提及。茲將二、三部的章節羅列於後。

第二部：　密克羅尼西亞的經濟、社會發展

〈A〉　民間部份的經濟概況及建言

第一章：一般問題，第二章：經濟展望，第三章：勞工。第四章：生產部門：農業、漁業。礦業、輕工業。第五章：商業、金融機構組織。第六章：建言概要。

〈B〉　公共部門的經濟、社會概觀及建言事業。

第一章：公共事業。第二章：海、空交通機關。

第三章：通訊、第四章：農業、第五章：教育。

第六章：公共衛生、第七章：地域性社會活動。

第八章：稅制、土地所有權及住宅政策。

〈C〉　開發經濟、社會計畫必需之資本及執行機關。

第三部　託管統治領的行政組織

〈A〉託管統治領政府的權限。〈B〉與華盛頓間的行政關係。〈C〉高等事務官屬下的行政組織。〈D〉基本計畫的實行。〈E〉預算。〈F〉供給。〈G〉人事行政。〈H〉司法組織。

附記（A）：一九五九年十二月三十一日修訂以後，在託管統治領法典中，行政命令、規約，修改項目之一覽表（list）

附記（B）：爲了使高等事務官的權限明確化，擬訂的內政部長令草案。

由上述的目次項目，可以得知，第二部，各章節均以開發角度來作「現狀分析」在「概要」申述之政策建言。作適宜的補充，因為基於事實作了現狀分析，進而藉此探索，訂定未開化地區的開發方向，它的「內容」並沒有作為「極機密」的必要。因此，這份調查報告的大部份資料，後來供給為，地域開發計劃的珍貴基本資料」。它把索羅門調查報告的「形式」改變之後，以另一個方式的「文書」公諸於世。這一型文件，在坊間則到處可見，至於第三部的「行政組織篇」即是就現有機構的整理、再編、補充等之建言，它的內容，大部分以「同樣的文章」反映在行政命令公佈了，內容均為〝公開公文〞因此，被收容在託管統治法典中，調查文件中的第二部、第三部，它的內容，可知已經以各形不同的方式，流通於市井。為此，本書是只把〝索羅門調查報告文件〞中的「全體概要」及第一部「政治部門」全部譯出，以饗讀者。

這一部「極機密」的索羅門調查報告文件，送到白宮。四十四天之後，把任務交給調查團的〝重角〞一個年青的甘迺迪總統，不明不白地被暗殺。也因此，這一部「極機密」的報告文件，它的建言，如何地影響密克羅尼西亞的各面，是世人矚目關心所在，由此觀點來看本書第二部。託管統治終結的步驟中敍述的，密克羅尼西亞各島與美國政治交涉的過程，吾人則可以深深體會到二次大戰後，美國對太平洋政策變遷的每一個步驟，要之。密克羅尼西亞，建立了三個〝自由聯合國家〞與一個美國自治領之後，再演變為今日的形態，在漫長的幾十年裏，為了詳盡地檢討在各島嶼產生的問題，社會的變化，以及美國及密克羅尼西亞政治交涉而轉移過程，索羅門調查報告文件是不可或缺的資料。換句話說，我們如果把這一份「調查報告」的內容為基本，檢討美國在密克羅尼西亞，將近五十年的〝託管統治〞吾人定能更進一步了解美國人在太平洋領域中的「施政情形」。

第一部：索羅門調查團報告文件

1.美國在太平洋託管統治領的索羅門調查團調查報告文件。

第一章：區域介紹及調查報告文件概要

一、背景

(1)美國太平洋諸島，託管統治領，密克羅尼西亞。本是日本在第一次世界大戰後，得自德國的加羅林（Caroline Is）馬紹爾（Marshall Is）馬利亞納等群島（Mariana Is）組合而成。密克羅尼西亞本是小島之意，大約二千一百個島嶼，分佈在美國疆域大小的海域上。全領域人口，約八萬一千人，二次大戰中被美軍佔領之後，一九四七年與國際聯合的安全理事會之間，訂定「託管統治協定」取得該地的統治權，計兩千多的島嶼構成的密克羅尼西亞，它們的結構極複雜，有的是低海拔的環礁而成的，但是也有火山性標高的，就陸地的面積而言，以帛琉地區的"巴貝爾隆普島（Babelthup Is）最大。面積約一五三平方哩，波拿貝島（Ponape）為一二九平方哩，塞班島（Saipan）是四十六平方哩，每一個島嶼都擁有自己的族系，就人口分布而言，塞班島上有七八〇〇人，波那貝島（Ponape）有一萬一千五百人，吐魯克（Truk Is）則約有一萬五千五百人上下。

在密克羅尼西亞全域，可分為好多地域、言語、文化是富於多樣性的，他們的社會並不是統合的社會。而是每一個島卻擁有自己獨立的社會，因地理環境的限制，缺乏自然資源、人才，為了相互連繫，交通的建設上，就目前的技術而言，不是一件容易的事，雖是在超級強國，美國的統治下，他們在施政上，開發上……各方面尚有很多的困難亟待克服，住民方面，傳統式的、人人以村子為中心，構成族群，或同一祖先的所出（Clan）是原住民、再說「土地」，並沒有私有土地制，社會是傳統性共同體，以此大原則，依"母體制"選舉酋長，繼承「世襲而下」但是，由美國導入的民選制度也並用了。

各色各樣的理由，前後約二十年，在美國統治下的密克羅尼西亞各島上的各種設施，已經老化，日見腐朽。經濟方面而言，毫無保留地予以評論，則已由昏睡狀態轉為病入膏肓。至於社會開發方面，進展得緩慢，猶如牛步。大部份的住民，教育程度低，因此，要參加政治、商業，以及各方面的活動，能力是很明顯地不足以勝任，大部份的住民，尚在自己摘果實，木果等"自給自足"（Self-Sufficieney）的原始生活，從事漁業的住民也不少。來訪的聯合國、美國的媒體記者，對美國的政治密克羅尼西亞批判之音，愈來愈大、越高，連密克羅尼西亞人也開始批判美國政府的做法。

(2) 到最近為止，美國對他們自己的託管統治領，密克羅尼西亞並沒有投入經營，但是，美國人及各國人士，都說密克羅尼西亞是美國安全保障的前哨站。從美國自己的立場而言「世界上擁有託管統治領的只有我們……」可知是一個唯一的場合也剩下不多，遲早，聯合國會要求決定密克羅尼西亞的政治形態。而且，這個時間也在不久的將來。

美國總統甘迺迪，於一九六二年四月十八日，在〝國家安全行動白皮書，一四五號簽署，亦即是確認上述的問題，這一份「白皮書」在美國政治圈中，表示美國將在密克羅尼西亞建立恆久關係，而促其實現的國家政策文件，在此表明為了達成最終目標，恆久統合密克羅尼西亞，必須在政治、經濟、社會、文化各方面，提升它的水平，積極開發此地域。

依據白皮書的內容，為了使其實現，設置「塔斯克辦公廳」他們在第一線上，可依據調查、統計、分析之後，得向密克羅尼西亞託管統治領的管轄機關，內政部建言。建言之內容，可及於「吾人為了達到恆久統治的目的，該如何採取措施，該如何擬定政策，如何計畫、執行、考核……」等等。塔斯克辦公廳的人員，由內政部、國防部、外交部、加上保健署、教育部、福利局，預算局、國家安全保障會議，等各有關機關派代表組織而成。搭斯克辦公廳檢討、建言，美國政府對此區域的擴大援助，作分段式的實施，亦即是撥款限度，由七百萬美元拉抬到一千七百五十萬美元，一方面也建言「現在在議會中討論中的法案〞H・B三一九八號〞對託管統治領，密克羅尼西亞的主要問題，希望本國派一支〝現地調查團〞來作深入研究、分析、作成報告，以利施政。

(3) 總統令，「國家安全行動白皮書，第二百四十三號，一九六三年五月九日 總統簽署」密克羅尼西亞現地調查團，他們所賦予的任務是，調查託管統治領、密克羅尼西亞住民的政治、經濟、社會、文化等等問題，同時，藉調查作分析、研究、統計，作成「加速該地域開發的系列計畫，釐定國家政策…等。建言之」這是基於託管統治的協定，美國政府為了盡應有的責任下，依據他們調查團的建言，獲得了十足可靠的情報。同時作自由的選擇，決定他們將來命運的。

(4) 「現地調查團」由團長從官方、民間選拔有關人士，計九個人，於一九六三年七月－八月之間的六個星期裏，分為數次，作現地調查。調查團的調查工作、領域，至為廣泛，把領域內的六個地區中心島及一個代表性事例的離島作為訪問對象，這七個地域，已經包括全域人口的大半。調查對象為「七個地方議會」「八個立法委員會」「七個地方評議會」「三個婦女團體」調查團與這些團體接觸。由會議的方式就教，請益。對美國傳教士則作二十五人次的接觸。密克羅尼西亞人也有四十五人次。作懇切的對談。一方面聽取託管統治中央政府及六地區行政長官及其職員的簡報、闡述。另一方面，一行也視察各地的道路、通訊、交通建設，農業開發情形、民間企業。及其他公共設施等。同時作評鑑。調查團一行。調查完成之後。回美國本土。再費了數個星期的時間。作成「調查報告文件」提出內政部。

二、主要目標與理由

(1) 調查團在廣泛的問題中，選出三個最迫切。最重要的問題。設定疑問。以作答的方式，進行作業。三個疑問如下。

(a) 舉行密克羅尼西亞公民投票之際：從如何組織，何時爲恰當時間，引導至所預期的效果。等觀點，準備工作，應有那些值得考慮的因素？這些對密克羅尼西亞的政策行爲到底會如何影響該區域？這種正確的政策行爲應如何向國內的美國人民作闡述才恰當!!

(b) 爲了引導到確實的"公民投票結果"認爲必需的事業實施，最小限度的資本投資額!!它的意義何在？又要考慮，最大又最迅速，有效地推展託管統治領事業之經費及其意義。

(c) 爲了現在的密克羅尼西亞政府及華盛間關係的改善，該作了那些事？目前必要的政治戰略及開發事業，確實地實施，使之發揮效率奏功，該如何安排!!

(2) 調查團設定了上述的「三問」自己也作出「答案」以勸告性的口吻，書就「調查報告書」計分為三部份。這一部含有勸告性語氣的「調查報告」是綜合性的"基本計畫"他們的意思是，如果由內政部及有關機關接受，為了下列目標的實施，一九六八年的會計年度裏，希望編入「國家行動方針」中去。

(a)　爲了贏得公民投票；使得密克羅尼西亞恆久成爲美國領土，必須做到下列三點。

(1)　先得解決密克羅尼西亞人。聯合國、美國三者之間，對立的利害關係；

(2)　必須接受密克羅尼西亞人的各種能力及他們現狀的政治情況。

(3)　將來的自治政府，必須爲議會所容許，因此，在盡可能的範圍內，宜組織富於彈性，柔軟性的政府機構。

(b)　爲了使密克羅尼西亞人諒解，引起他們的好感，必須拉抬教育，保健衛生及其他切身問題的水準，即使它是最起碼水準也得做。

(c)　目前密克羅尼西亞人的農業、仍停滯在採集果實的自給自足狀態，爲了取信於原住民，必須迅速就現狀開發，使原住民提高現金收入。

(3)　但是，解決密克羅尼西亞的問題，有若干敏感性的因素，為了實現我們的目的，往後數年間，美國對密克羅尼西亞的"基本方針"總統和國會，必須做到善意，真摯的溝通，敏感的問題如下：其一，將密克羅尼西亞合併為美國恆久的領土：這種併吞行為，已經與不合現時的"反殖民地潮流（Tide of Anti-colonialism）同時違反了第一次世界大戰後，美國不擴大領土的宣示，其二：世界十一個託管統治領中，十個地域皆為獨立或與鄰接國家合併，但是，只有密克羅尼西亞則被〝託管統治國〞所吞併，終結。其三：密克羅尼西亞是託管領中，唯一被指定為「戰略地區託管統治領」安全理事會，依據託管統治協定，能決定〝正式宣佈終結託管統治事務〞如果，終結方式被安全理事會否決，美國為了達成目的，必須採取一連串的活動。這一種「行動」由密克羅尼西亞人的觀點來看，是美國對託管統治協定的無視行為；第四：密克羅尼西亞，計有二千一百餘大小島嶼，美國合併之後，財政援助方面，已經可預測捉襟見肘；第五：對該域的援助款，目前以「戰略性支出」做為項目，具有它的正當性，但是，到一九六八年，必須為每一個密克羅尼西亞人支出三百美金的最低數額，做支援。嗣後，得依本調查報告中所列「綜合開發計畫」的各項事業，作長程計畫，謀求正確，有效的發展；第六：殿之：就長期性的援助金撥款，必須縮小它的數額，不過，到一九六八年的會計年度基於政治，戰略性的資本投資事業，必須著實計畫、執行。目前的託管統治領，統治的方式，很明顯地成為〝半殖民地官僚統治〞方式，因此宜設法改變為明確的海外疆土行政概念，以利施行近代的，而且有效率的廉能政府。

三、密克羅尼西亞的政治發展

(1)·去年被採用的「華盛頓政策」－亦即是要把託管統治領，密克羅尼西亞，將統合在美國恆久的領土中。這種政策，並沒有給託管統治政府帶來很大的衝擊。這些官僚們，不管是美國人，或是密克羅尼西亞人，他們的心目中皆認為「……密克羅尼西亞的獨立，這是仍然遙遙無期的事……」，一方面，各方面的跡象顯示，很少有人想「……密克羅尼西亞，將來變成美國版土也無所謂……」這種思想的缺點，所以會產生，就是因為美國政府在統合政策上，沒有採取〝統合概念教育〞的結果。因此，為了引導該地域住民到統合，帶來了困難。

(2) 我們發現一個明顯的事實，大部份的密克羅尼西亞人，不僅對自己的政治性將來，毫無關心，甚至沒有察覺到它的重要性，他們的腦海裡只能想到「……日本人走了，現在美國人來了，我們豈不是一樣過著現實的生活……」至於以前的「主人」－德人、西班牙人時代的史實，他們就茫然無知，不關痛癢。

(3) 但是，在政治上的精英而言，與一般住民不同。在密克羅尼西亞能發揮政治力量的有三種人，其一為傳統性的氏族酋長，其二，在託管統治政府裏工作，而受過教育的年青官僚職員，還有一種是，雖是規模不大，而有受過教育，常到外國活動，具有現代智識的貿易公司員工，這些人雖然明白密克羅尼西亞，有亟待解決的政治問題，但，他們對政治問題是不會自動參與解決，猶豫不前，其理由有三：

〈a〉 即使他們渴望獨立，不是可以具體地說出結果來。〈b〉 美國政府並沒有宣示過，可以獨立的政治形態，更不知道，說不定美國會要求統合。〈c〉 即使美國人的統合是可能的，統合之後，令人擔心安定性和確實性。

(4) 密克羅尼西亞人，有了這些不安、焦慮，它的原因很簡單，因為〝統合〞到底有何意義？今後的生活……將如何地起了變化？無法得知而生怕，就傳統的酋長而言，特別寄以關心的是土地所有權的「演變」了，因為就目前，傳統的土地所有權，是不許予以外人擁有此種權利。如果，密克羅尼西亞，被美國合併，美國法律，是否把〝領土〞允許美國人擁有。傳統的酋長們，所以會擔心「土地所有權」的問題而焦慮不安，就是因為「傳統的土地所有制度」它是密克羅尼西亞人，基於社會結構及社會習慣，久而久之形成的，長年以它來支撐共同體社會。如果它一旦發生了變化，酋長的權力基礎也隨著發生動搖，就當地的生意人而言，希望經濟開發，能作進一步的開展。但是，合併為美國版圖之後，強勁的本國競爭對手—美國商人，大批湧入之後，根本沒辦法相抗衡之下，倒閉，找不出生路了，至於政府內的官僚而言，本質上不會對〝統合〞發生恐慌。但是，政治精英的年青人而言，不希望〝合併版圖〞之後，那些美國人，大批湧進，因為不願再踏「夏威夷人的覆轍」易言之，不希望合併之後，失去原有地位，金飯碗。

(5) 從另一個角度來看，相當多的密克羅尼西亞人精英，不但滿意了自己的現在，易言之，在聯合國的託管統治下，自己的利益，已經沐浴在其恩惠扶翼下，過著有保障、快樂的生活，因為過去六十五個星霜，受了德國、西班牙、日本，以及現在的美國等強國的「照顧下」，不致於感到殖民地的殖民之苦，或受虐待的感覺。也因此，久而久之，在狹窄的地域中，產生了"依賴心"寄籬感，一部份的被洗鍊過的密克羅尼西亞人之間，雖然不說出口，但是，他們心底下深盼"恆久的政治地位"和自己所依據的"存在"早日確立上來，早日脫離不安定的託管統治。這一種思想，已經很廣泛，而且明顯地萌芽中。

(6) 託管統治的另一個障礙是一種自國際聯盟、委任統治時代承繼下來的「自然保護及管理」的觀念，依此觀念，在託管統治下，近年代，因世界的趨勢，急遽的近代化，或開發就沒有積極地進行。如此地開發精神，重視保護的統治政策，不能視為託管統治的優良行政，不過，開發和保護之間，對立的想法，卻是現在託管統治的表徵，參與託管統治的美國官僚認為「……維持著人類學動物園……」這是不合時代潮流的。但是，衡諸事實，仍然保持保護、管理的政策，這些美國官僚們的對立矛盾的想法，如今成為密克羅尼西亞人進退兩難的問題，易言之，密克羅尼西亞人，一方面希望為自己地域作積極的開發，但是，另一方面要開發當中，限制"非密克羅尼西亞人的入侵"土地所有權的取得，以及商業活動……等等。以利維持目前的狀態。如果只以迫在眉睫的公民投票，要讓它成功的觀點來看，這些限制是足於讓密克羅尼西亞人放心的。不過，同時把這些「限制的自由化」進行之際，必須明確地指出，如何作法，這是必要的。上述為調查團的看法。

(7)　密克羅尼西亞，與日本委任統治時代比較之下，美國的託管統治行政，成為強烈的對比，經濟活動停滯，公共設施老朽化，這種「行政特徵」將為公民投票帶來重大的影響。日據時代，經濟方面有急遽的成長，日人以大企業的大資本投入該地，也實施了附有獎勵金的事業，加之，日本人以及琉球人的執行下，推行「直接殖民化」事情上，當時盛極一事的製糖業，從事漁業、商業的勞工，日本人比密克羅尼西亞人多，這些產業，日本政府也撥出獎勵金。因此，當時的密克羅尼西亞人，現金的收入，幾達現在的三倍，又如日本政府支援之下設立的公共設施，密克羅尼西亞人也跟日本人一樣，能同等享受，自由使用。如把上述的情況，衡量之下，要得到預期的公民投票的成績，必須立即做到下列一點，亦即是，在公民投票之前，將睡眠狀態的經濟活動現狀，馬上投入大量資本，以利提升大戰前日據時代的水準，唯有如此，才能挽住密克羅尼西亞人的向心力。

(8)　託管統治領政府的預算中，百分之九十五是由美國政府從預算中撥出，為了獲得公民投票預期的成績：撥款金額是重要的一環，但是，美國政府的統治撥款，在下列幾點，並沒有予以密克羅尼西亞人良好的印象。理由(a)　密克羅尼西亞人官僚的意識中美國政府撥出款的相當額（事實上超過兩百萬美元）用於美國人。在密克羅尼西亞政府官員的薪水、津貼。理由(b) 密克羅尼西亞人的不滿，炮口都對準託管統治政府的行政能力及效率。（如果由專家施行行政則可言當用政策的資金，因為使用不當，官僚們也不會積極地去向美國政府請求資金，這是依據地區議會議員的申述。）理由(c) 密克羅尼西亞人認為美國政府的援助，是為了完成對聯合國託管統治而發的義務行動，並沒有受到美國本土的國民一般的待遇，這一種看法，已經蔚為輿論。

(9) 不過，上述的酷評之外，也有高評價之處。託管統治領政府，在民主主義市民的自由意識培養，卻有良好的成績表現。又如在地方政府中的各水準中（註：領土顧問會議，六地區議會，以及各地方的市行政府。）因採用比率高的密克羅尼西亞人，這一點受了密克羅尼西亞人的肯定。但是，地方政府是不是具有足夠的發揮機能的經驗，或基礎，這就明顯地不足。又如地方政府的多樣化，已經引起〝禍端〞尤其是出現在市行政的水準中，地域的各事業決定權，操控在市行政府的職員或市會議員手中。這些人員都是曾任公務員的村子長老所擔任。這一批人員的薪水，就是來自「美國政府強制徵收的市稅」為財源，這是他們目前大為不悅的事，如此情形，是過剩的政府組織帶來的弊害之一例。

(10) 密克羅尼西亞，二千一百多個島嶼，散佈於七、八百萬平方公里大的大洋上，各地區間的遠程，因此產生的「吾行吾素」的語言、文化，各具有其特質、異質。於是形成杆格不入的僵化狀。如此，六個地區的狀況，對公民投票，影響至鉅。調查團深深體會到，託管統治領中的密克羅尼西亞人，沒有意識自己是「密克羅尼西亞人」更甭談「國家民族意識」，密克羅尼西亞這地域，並沒有傳統的聯合。從歷史觀點來看，都是獨立的島嶼文化。各地區而言，如問一個人，其他地區的政治及其他各界的領袖人物是誰！？他就啞口無言，地域的人，沒有人想把地域全體的地區利益，讓他優先實施，根本沒有妥協性想法，如今，如此地"地域分離現象"是現存的，獨自的地區議會。在工作中「強化」易言之，今日的地域停滯，令密克羅尼西亞人走回「土著傳統統治機構」由此，不難看出他的保守性，因為他們傳統的思想、土地制度，社會習俗……等等。均有久遠而根深蒂固的觀念，因此對議會可使用的若干收入，被視為"該有"不必持以感謝之念，抑有進者，幾個地區，如雅浦（Yap Is）及波那塔（Ponape）等地區的中心島，因為美國政府把"主導權"緊抓不放，離島的住民，鳴不平之聲，正此起彼落。除此之外，還有些複雜的問題，這些狀況，因公民投票面臨在眼前，所以美國政府非常用心，戮力以赴，亦即是公平、公正的原則下辦理，又如馬利亞納群島，有興趣跟關島聯合上來，如此的特殊地區，也得予以考慮，所以會如此現象的產生，就是在這區域內的立法機構裏，因政治妥協的巧妙手法運用下，予以兩者或多邊的關係，建立共存關係。亦即是為此必要性中產生。（在調查報告文件的第一部，載有各地區的特殊事項，政治黨派之分，重要人物介紹等）

⑾ 即使「公民投票」毫無準備的前提下實施，因為有獨立志向的仁人志士，最多也2－5%之譜，因此只有五十分之一至二十分之一的人士，託管統治領的獨立，這是沒辦法成立的。調查團就是持有如此看法，在各地域之內，尚無法看出"美國政府恆久統合密克羅尼西亞的障礙。但是，也不少年輕菁英，對將來懷有疑問、焦立、不安，在這種情況下，可使用容後述及方式除去其疑慮。

⑿ 調查團，因為考慮下列因素，所以希望於一九六七年－一九六八年裡，把公民投票完成。

(a) 一九六四年秋季，在全地域設置地方議會時，各地集合來的議員諸公，在公民投票前的三年前裏，可獲得基本政治經驗，這種經驗，比現在全地域的"顧問會議"來得有效。

(b) 即使提案的「資本投資事業」已經著手實施，因民間經濟部門的發展，一九六八會計年度以後，向資本投資事業的削減撥款實現的效果，到一九六七年爲止，或六八年以後實施的，沒辦法期待。（註：因爲到那個時期，必要的優先順位，高價投資部門，由教育、保健，公共事業所占。）

(c) 爲了早日使密克羅尼西亞得來的政治地位，由美國政府來統合，調查團的看法如下。在地域內，不關國防上戰略的地方，允許日本的商人、技術者、漁船等進入該地域，如此藉用日人各方面的力量開發，而且可以減少美國政府在獎勵金的開支，更明顯的效果是三者均蒙其利。

如果有必要，可把議會發展的〝過程、日程〞濃縮下來，把公民投票於一九六六年即實施，提早也不可逆料，只要高等事務官指示下來，一九六四年春則可設置各地議會。但是，因公民投票的提早，議會的經驗不足，資本投資事業的效果不能顯著地表現出來，這兩種負由的影響是可預期的。

⒀ 在公民投票中，向密克羅尼西亞人質詢的事項，可鎖定下列兩種〝問題〞質詢之。

(a) 您是希望成爲獨立國家嗎!!

(b) 您是希望接受美國政府恆久統合嗎!!

有的聯合國會員國，或許察覺我們的〝企圖〞對這質詢事項作批評也不可逆料，吾人可預料的批評就是〈…吾人可已經，依據託管統治領的基本理念，託管統治領，因獨立而終結。因此「公民投票的質問」宜改為獨立，是!!否!!一個項目〉，或有人更提出另一個質疑，從一九六七、六八年的密克羅尼西亞的開發狀況，依此狀態來觀察，事實上無法選擇獨立。因為條件的不足，所以，可使用別的方式替代。可預料的批評如此，因此，加上〝第三個質問，則可壓下批判者的評論。第三個質疑就是可以設定如下。(c) 把美國政府的託管統治，暫時以現狀維持下去。加上這〝第三個質疑〞或許恆久統合的投票率，會減少了數%，但是，仍然可以占了大多數。

⒁調查團，為了完成公民投票的目的，在全體計畫中，特別勾勒出"長程展望中的密克羅尼西亞的政治發展，及"密克羅尼西亞人全體發展計畫"並且提出下列步驟，請按步就班實施。

(a)政府方面，應指派適當人選，到六個行政區去，與三個政治性批判團體的指導者之間，建立聯絡網，同時任維持關係，除此之外，爲行政區的住民，提供必要的情報，爲住民教育統合必要之知識，緩和統合的恐懼性。同時宣導統合的必要性，有利性等，以事例證明，以利將住民引導到「希望恒久統合」的境地，他們不僅管理目前由地區教育局長管轄的地方廣播電臺的節目，同時管理對成人教育有益的美國情報，世界性情報節目，選擇採用這六位報導官吏。請美國情報局協辦。這些遴選的報導官，在託管統治政府下，賦予常感不足的地域政治情報的蒐集、分析、研究、發揮任務的功能。

(b)華盛頓方面，爲了培養密克羅尼西亞人，關懷美國，忠誠於美國，必須採取下記三項措施。

(1)由國務院（外交部）支援之下，邀請密克羅尼西亞領導者訪問美國。

(2)在本調查報告文件，教育篇提示的現代"教育課程"（Curriculum）予以變更，爲培養愛國的觀念，必須導入美國式教育制度。

(3) 目前在託管統治地域內，成爲敏感問題的「授與大學獎學金的名額，應予以增額。」

(c) 在調查報告文件提到的六十名和平部隊（Peace CorpeVounteers）隊員的地域行動計畫，必須立即付諸行動，這一種行動，影響至鉅。亦即是公民投票的前哨戰，同時可把距地區中心去遠的離島住民的生活水準提升。提案的事業（註：在此不包括在學校制度下工作的和平部隊教師）爲了密克羅尼西亞人的現實生活必須的，能促其實現的是和平部隊的成員，任重道遠。

(d) 政府方面，爲了予以密克羅尼西亞人，在政府機構服務的公務員及其他薪水階級。領悟到〝良好統合前瞻性〞必須做到下記兩件事，其一：統合實現後，上列人員，公教人員及薪水階級的〝基本給與標準〞應與本國相同，易言之，以工作的專業性質及職位分類訂定給與差別，其二：密克羅尼西亞人在政府機構的公教人員，退撫制度也應建立，即使稍慢也應實施，領工資，或有所得者（註：大部份為公教人員）皆納入〝社會保障制度〞之內。

(15) 決定公民投票結果的關鍵因素，在於公民投票後，預定設置〝地域政府組織〞的密克羅尼西亞人指導者的想法而定。因為密克羅尼西亞人的領導者，個個都具有卓越的領導能力，而且可以在多方面的事務上，能發揮他們幹練及活用經驗、手法，這些領導者的腦子裏所想的，都認為〈密克羅尼西亞，到頭來是會獨立的。〉持有如此思想的密克羅尼西亞領導者，要他們樂意幫忙恆久統合的公民投票。必須在統合的體制下，予以設立的〝自治政府制度，如何而左右其成敗。這件事是要實現「獨立或自治」的託管統治管轄機構的聯合國而言，一定會重視。因為依託管統治協定，託管統治的目的如此，另一方面，嗣後必須留意；久而久之積習難返的議會，他們以他們的想法對待美國政府，地域政府組織，在這牢不可拔的舊觀念下，該如何繼續地域管理，在結構方面，方式方面，都必須考慮一套對應的方法。就目前的情形而論，密克羅尼西亞人的統治能力是有限的。

舉如上述的各種問題，互相重疊之下，為了順利得到治權，必須想出一套解決辦法。因此，調查團經多方考慮、分析研判，認為在密克羅尼西亞地域創設「政府組織，這個組織是由選舉選出的議員組織的議會，及議會選出的可信任的〝行政長官〞此即為〝自治政府〞惟此自治政府則置於華府派任的高等事務官之下。（註：這種方式，同琉球的施政方式）至於高等事務官的權限如下：

(a) 最低限度的行政權：美國政府撥給密克羅尼西亞政府的預算款項有使用權。並且軍事法案公佈權〞以及限於美國政府認爲安全保障上必要時的立法、行政權。

(b) 至於最大的權限而言，所有法律的拒認否決權。行政長官派任的主要部、局，局長人事的認知權，可隨時行使行政長官的解任權及議會解散權。

(16) 如果密克羅尼西亞人的公民投票是選擇〝恆久的統合的場合。並不意味著，議會等待著判斷之地域的開發，是否十足的進展，而是予彼等〝美國國民的地位〞就可承認住民的意志〞亦即因此地域的立法機構，可以改善保護土地及商業行為的習慣或習慣法，即使託管統治協定終結。安全理事會將討論時間延長下去〞議會毫無遲延地表明密克羅尼西亞人，對統合的希望，他們也因此獲得美國國民的合法地位。如此一來〝密克羅尼西亞人也明確地察覺解消了「將來政治性的疑慮」唯有如此做法，才是賢明的策略，國務院（外交部）方面認為，密克羅尼西亞人擴大其〝國民地位〞發生懷疑，但是，他們的行政權限，在託管統治協定下的託管統治領下是被認可的，由此觀點而言，是有其合法性的可能，調查團的看法如此，即使安全理事會，不希望終結託管統治，與此事並沒有關連，可成為〝託管統治協定〞解釋上的理論爭論的第一階段。

⒄　密克羅尼西亞的公民投票，或政治地位決定之後，放眼前瞻時，此地域的政治性將來，將帶來什麼結果！？由現狀來考量，最有可能的是「密克羅尼西亞及關島的聯合」這一種「構想」如果實現，將出現下記的效應：

(a)政府的行政、交通、其他設施的經費，可以節省了許多。(b)因經濟開發的刺激，經濟活動趨於活潑化。(c)密克羅尼西亞將成為美國在太平洋的最前哨，可以促進近代化、美國化。這種〝地域聯合〞在交涉上有很多棘手的條件。為雙方帶來重大壓力也說不定，但是對〝赤字地域〞的援助撥款必須縮小，這地域必須輔導其走向自立之路。（調查團報告文件的第二部。建言關島，密克羅尼西亞之間早日促成〝經濟聯合關係的開發行動〞。

就遠程來看密克羅尼西亞和關島的聯合，以後該做什麼!!能做什麼!!目前的情形來看，如由雲霧中的水晶玉，占卜它的命運一般，與國家的併合中，美國的第五十州夏威夷，發生過意想不到的事例，夏威夷的州長認為關島和密克羅尼西亞，合併的可能性高。但是，到目前為止，尚未能看到指導階級長期熟慮的政治性前瞻，領土的最終性政治地位，並不是分離而決定的，因為與美國本土所有的領土關係，作詳細的檢討之後，由美國政府來決定的。

四、爲綜合開發而投資事業

(1) 在此以前，美國政府對密克羅尼西亞的撥款，一年平均七百萬美元以下的水準，議會於一九六三、六四的兩個會計年度，決議撥款一千七百五十萬美元給予密克羅尼西亞，但是，實際撥出額為一千五百萬美元。

除了新交通網的建設，新資本投資則從來就不多的預算，亦可經營密克羅尼西亞這託管統治領，但是，這是把資本財呑蝕殆盡，各島嶼的建築物、機械類，及其他公共設施，已經有顯著的〝老朽化〞這種情形，在各地區繼續惡化中，從日據時代及美國海軍管理下接受過來的設施。大部份都成為廢鐵堆，可以報廢。如此狀態，卻是證明〝高價經濟〞。

(2) 如果美國政府決定把密克羅尼西亞恆久統合，必須計畫有系列的活動。其一是對公民投票要施以最高限的政治影響，其二為，提升住民生活水準。在地域推行有效的經濟開發，如公民投票的對策，提升將成為美國國民的水準，不僅這表面上的利益，反射利益也很大，易言之，以長程的眼光來看，上述的行為，將減輕聯邦政府的補助金。

(3) 一九六三、六四年度增加的聯邦政府撥款，大部份支出於「國民教育的擴大」充實而加速其事業用，希望把教育機會擴大，這是全體密克羅尼西亞人的熱烈願望（註：在擴大教育聲中，令人驚奇的，連具有傳統酋長身分的人也同樣舉雙手贊成）因此，把教育機會擴大、充實，教育經費為優先，在美國政府為了實現「恆久統合的目標」而言，它是正確的。

(4) 但是，依據我們調查的見解，把目前在託管統治領內的綜合開發及資本投資事業，它的運作計畫（註：包括教育部門），與美國政府統治目的相對照考核時現在的託管統治政府的行政，狀況的認識，部分人不能滿意的田地，高等事務官去年向議會的內政委員會提出高達五千七百萬美元的〝長期資本整頓計畫〞但是，他自己察覺這些計畫並沒有預先作十足的調查、分析、研判之後作成的計畫。因此這一份計畫並沒有分別各部門的輕重緩急，必要性等。爰之，它並不是最好的開發方法，更不用提它的政治性預收效果的達成。

(5) 為此，調查團雖然在短暫的時間裡，分別向六個行政區域作調查，尤其偏重於社會、經濟兩者，投入資本的必要性及可能性，調查之後，再三予以檢討，同時留意綜合性資本投資和開發事業兩者所關連而預見發生的相互關連性及系統性問題，各部門在政策上，行政上可能發生的均一一調查。結果，設定〝最高限的資本投資事業，推定一九六五年－六八年的四個年頭裡，必須投入四千二百萬美元的資本，每年得加上〝運作推進費用〞一九六五年要一千四百五十萬美元，一九六六年則要一千五百九十萬美元，一九六七年要一千八百萬美元，一九六八年要二千零二十萬美元，調查團的結論如此。調查團又檢討美國政府為了實現統治目的為前提的〝最低限度的事業〞在這一種情況下，教育及其他，或經濟開發的進度也許會有若干的遲延，但是，投資總額，四個年頭裡，只要三千一百萬美元即可足於應付，每年的運作經費也比最上限的事業計畫，花費少了許多。

(6) 把幾個事業，在〝將來的可能性範疇中〞去考慮時，所謂〝最上限的事業〞（註：除了教育支出）就是指二次大戰前，日本人所辦的小規模事業的開展。將此地域的年度支出，作「人平均」計算，一年約三百六十美元，這個數字把散佈在廣大海域的八萬一千人的託管統治領的現實狀況作比照時，並沒有什麼意義，丹麥人，計有二三〇〇〇人居住於格陵蘭。政府撥款經費，每人平均達一千三百美金，英、法兩國撥給太平洋屬土之金額，每人平均在六十美元之下。美國政府的撥款也略同，撥款金額之多寡，不足以表示對屬土的關懷，為達到政治目的，必須從密克羅尼西亞人的收入觀點去著手。興辦事業，目前，一個人的平均年收入為八十美元。如果把這八十美元，合於一九三九年的物價指數，只有相當於當時的三十六美元，換句話說，已經一百美元的平均收入，密克羅尼西亞人的人口增加率，約三・五%。現行的"技術協助效果"等於零了。為了解決地域的經濟開發問題，除非在本調查報告書的建言去解決之外，似乎沒辦法找到第二條路。

(7) 自一九六五年起，自六八年的四年間，最適宜的資本投資事業的主要部門和撥款金額如下：

教育： 九百九十萬美元。
保健： 二百四十萬美元。
公安司法： 九十萬美元。
經濟開發基金： 五百萬美元。
交通、運輸： 一百五十萬美元。
通訊、廣播： 二百七十萬美元。
公共事業： 一千三百萬美元。
設備修繕： 二百五十萬美元。
住宅援助： 一百二十萬美元。

在建言中的各種事業中，經濟開發事業所占的比率較低，這是因為已經有經濟開發基金的實施計畫所以然—易言之，就是期望密克羅尼西亞及美國人的民間投資，能發揮某種程度的效果。但是，衡諸實際，貧窮的生產資源及又小又分散的市場，這託管統治領內的條件，自然阻止了開發資金的有效使用，這種事實，已經突顯民間經濟的成長，到達了最上限時，這個地域的赤字仍然持續。但是，實施建言中的開發行為，一定會帶來良好的結果。一九六八年以後，如果美國政府為了縮小援助撥款於密克羅尼西亞，必須做好下列兩件事。其一：得撤廢加工漁產的輸入關稅。（註：美國領內的薩摩亞島（Samoa）則享有特惠條件）其二：公民投票後，應解除（除克瓦謝林島）日本人商人、技術人員，漁船船員的入境限制，將來的展望，將開朗化，除了上述的前瞻之外，如今無法預測更好的將來，或許，密克羅尼西亞，只具有戰略價值，其他並沒有可取之處，唯經營者，當道者，略動腦筋時，美國移居的民眾及觀光客為基礎的觀光事業，予以適當的開發，則無煙囪工業也因此蓬勃發展。

密克羅尼西亞，資本投資事業總經費中的大部份，因其必要性及重要性，撥到教育部門，教育預算，比一年的政府營運預算多。但是，這一種撥款，對經濟開發的資金，不得不作了限制。由倫理上論斷，陷入進退維谷的窘境。現在在教育方面出現了一個危機，特別是中學畢業的學生，不願回到離島的故鄉去從事開發，這些年青的一群，得不到大學的獎學金，失業了，產生了社會問題，這可能性很大，調查團為了防患未然，提出下列建言，輕而易舉的方法是把這些族群，送到美國本土去，求合法化的移民。所幸，密克羅尼西亞人遲早會成為"美國國民"。所以，這個問題是可以迎刃而解的。

五、託管統治領中的行政

(1) 經多方面費時費力的調查，把託管統治領中的開發各部門予以全盤檢討的結果，可以獲得一個結論，一言蔽之。託管統治開發的癥結，就是在〝不穩定的託管統治領政府的半殖民地官僚組織〞有以致者，調查團大言不慚的放言出去，真是抱歉，但是，事實只好歸事實，美國海軍統治時代起，以至現今以享官僚年功的無能、昏庸的美國官吏，占了很高的地位、經費。更慘的是由議會護盤而得的〝撥款〞並沒有被「當用」到處走走看看，可以發現政府方面，沒有在地域中積極地作必要的開發計畫，所以產生了危機。但是，處於如此的危機中，託管統治領政府，已經過剩的部長、局長，向政府要求「為擴大業務」之需要，再增加編制，進用了令人認為〝過多〞的公務員。

(2) 統治領的行政，必採取新方式，這方式就是行政機構，和議會所要求的結果，採取對應的方式最好沒有。調查團經調查、研究、分析，獲得如此結論。在本報告文件中建言的〝新法規、新方式〞或執行各部門事業，促其完成時，必須設法與聯邦政府有關機關「服務、代勞」亦即是，利用現有的機關、人力資源、物力等，訂立「業務契約」作代辦業務，唯有如此方式，可以在訂立契約之後，立即動員現有的人力、物力資源，付諸實施，易言之，為了新辦事業，不必再組織新機構、聘雇新進人員，添購必要機械設備，兩方均可蒙其利，何樂而不為。調查團為了推行如此開發新方式，作下記具體建言。比如，為了誠徵美國教師，由高等事務官，在夏威夷州訂定契約，把徵募美國人教師的工作，委託於夏威夷州。美國人醫師的準備則與醫師、或醫學院的學生（Medlco）訂定契約。建言的經濟開發基金，運作的方式則與民間的顧問公司，作顧問契約，這個地域的出入境管理則委託移民歸化局掌理。

調查團每一部的詳盡調查、檢討，結果認為，密克羅尼西亞起死回生的靈丹，唯有如此，以柔軟的方式對應方能奏功，如在事例中舉出的部、局、或契約者，為了擔當這些機能時，大部份的情形下，會承諾的，所以會如此，因為已經看到「結論」。

⑶　在塞班島的託管統治領政府中的各部、局，以及行政廳長官為首長的行政廳，基本上是可行的，但是本部部局與各地區對應部局之間，發生了高等事務官（High Commissioner）在重大的意志傳達上，易言之，發號施令上，逾越"中央集權之權能"在基本上，高等事務官，把各部局置於其管理下。在組織通則裡，部局長並沒有賦與地區行政管理權，不是對應部局的地區行政長官，高等事務官也沒有直接行使管理權之條文。所以地區行政長官等，常為折衝性政策，或關於事業的計畫，要求變更。因此，調查團認為，高等事務官，基於公民投票前的基本計畫及住民投票後的領土政府特徵，雙方能有適當的管理，必須把他與各部局長之間的"委任範疇"作明確的規定。以教育、保健、農業等局的事業為先，本部部局長則在專門性、技術性的範圍，賦予全部責任，這些行為即是"達到事業目的，必須走的

步驟：應向有關人員說明清楚，而後，把運作管理的專家派到託管統治領去。

(4) 在託管統治領政府方面而言，預算編製的方式，並沒有把主旨放在：預算如何執行才能發揮開發的效果：而注重設定支出的最高限額：明顯地違背當用政策。出發點的錯誤在編制、執行及支出經費的觀點上，出現了重大的缺陷。調查團發現了這些缺陷之後，作了下列的建言，基本原則，自將到的一九六五年，會計年度，全額出資的建設事業費與託管統治領政府的行政管理經費，必須分別編製預算。為此，再分別幾個具體的基準。

(5) 調查團自己調查、研究、分析的結果，到處可以看到供給的缺陷，特別是醫藥用品、機械，各項設施的零件抽換等。已經具有嚴重性，由各方的觀察得知，這是由美國以外的國家提供各種用品及資金不足使然，為了卻除這些弊害，必須建立確實的預算設施及實行精確的運作管理，才有起死回生之效。

(6) 美國人官吏，把它轉移到密克羅尼西亞人的手中去，這是聯合國的壓力和我們統治責任意識所使然，兩股力量的沖擊下，吾人明知密克羅尼西亞人，尚不足於任政府公務之職。能力之不足，已經明顯為了不要誤導行政，為未雨綢繆，調查團在研究、分析之下，擬訂可行的辦法，如政府行政的公務員、教師，從事醫療行為的大夫、醫技人員等的訓練方法，均作適切的建言。

(7) 建言：設定美國人從專門職業人員資格的最低線內政部予以要求基準義務化，藉此，可謀求教育、公共衛生機械、建設等部門局長級人員的素質提升。

(8) 在美國人，密克羅尼西亞人的公務員，基本給與，必須作同工同酬的單一俸制，為達到此境之前，儘可能減少兩者待遇的摩擦，為獎勵密克羅尼西亞人學校畢業生，為轉移公務於密克羅尼西亞人，得設置密克羅尼西亞人高級專門技術行政人員的〝給與基準表〞。這一份「基準表」宜與聯邦公務員的等級比較之下，設定其每一部門人員的資格標準。建言之統一人事制度實現之後，社會保障制度也擴大實施於所有的領土內雇用者。此時，由聯邦政府派去任事的人員之外，以新規採用的美國公務員，並沒有具〝聯邦職員的身分〞共具領土政府職員的地位。

(9) 華府，特別是內政部和託管統治領政府間，兩者或三者的關係，必須密切化。不得有疏離空間，就華府而言，提出新的政策，或新規定事業時，沒有作充分的準備、說明，在託管統治政府亦出現瑕疵。在行政執行上，怠忽了行政考核，所以會產生如此的結果，其主要原因，不外乎託管統治領政府在行政處理的習慣上，多少持有「有主權的外國政府」而發，關於託管統治領的行政權限規定甭提，三體間之連繫關係，有了疏鬆之嫌，可舉一例於後，大部分的高級公務員，對〝國家安全行動白皮書．一四五號〞的聯邦政策對託管統治領的「政策變更」沒有充分了解。有的公務員竟不知道有〝總統對託管統治領的政策演說〞總統的政治性演説，對統治領的行政影響至鉅，竟「一問三不知」為糾正這些問題，調查團在研究、分析之下，宜作下列建言。

(a) 依＂國家安全行動白皮書•一四五號＂設置的塔斯克辦公室，到公民投票完成爲止，必須發揮事業立案，內政部長對該地域政策建立的建言者，被採用的＂綜合開發計畫＂中其順位，或開發事業的變更，事業推展過程中，必須在華府作定期的檢討、修正、考核等。

(b) 「綜合計畫」是否依華府方面承諾的條件下，忠實執行只爲考核其過程，每年應派出＂評鑑調查團＂至託管統治領，這一調查團，當由內政部長派遣，在這調查團裏，應包括塔斯克辦公廳的人員。調查團作成的＂調查報告＂必須充分利用，至於調查團的派遣時間，最好在託管統治政府編制的時間內爲之，因此綜合計畫＂的每一部門，更能保證著實地實施。而且在此時內政部也能予以預算作「集約性檢討」。

(c) 高等事務官，不宜由總統派充，是由內政部長任命。但是，總統本來就有公務員任命權，唯對託管統治領的公務員任命，應與法中的但書爲之。不過，在基本上，爲了託管統治行政，能作繼續性的指導，所以把責任集中於內政部長爲宜。

(d) 內政部長對高等事務官，該委任的行政權限，宜作明顯的規定，本報告文件建言內政部長，可享有權限的事項，一一邏列之，並預測能發揮最大效力。

第二章 密克羅尼西亞的政治發展

一、前言

從克瓦謝林（Kwaialein）搭船到耶林的船中，跟一些當地的年輕朋友談到美國政府對密克羅尼西亞及太平洋託管統治領諸島的政策時，那些血氣方剛的年青朋友，毫不思索地回答我「哦!!那是叫人茫然無知的事!!」大部份的美國人，和密克羅尼西亞人，對於託管統治領的現在及將來的政治地位，仍抱有懷疑的態度。但是，密克羅尼西亞人，將與美國之間，建立恆久統治間。為此，不久的將來，將舉行公民投票，對於這一種決定自己「終身大事」沒有人矚目它，不會去關懷它，去年在華府發表的美國將恆久統治託管統治領。密克羅尼西亞的政策時，到現在，並沒有引起了明顯的反響。

不過，一般人的看法就是密克羅尼西亞人，將來能自治，或獨立之後，經濟成長了，能做到自立自強，自給自足的田地，必須在美國政府無限期的託管統治指導下，才有可能達到預期的目的，所以會演變出如此窘境，可得知吾人並沒有下注功夫，與國際託管問題和現實政治搏鬥的結果。

易言之，對託管統治的政策，採取了不穩定的姿態，施政方針動盪不定，缺乏了明確的目標。結果導致了密克羅尼西亞人的混亂，不僅如此，也給美國政府施政上，帶來了莫大的困擾。

二、託管統治制度衍生的諸問題

因為缺乏明確的目標，導致「混亂」就託管統治領中的公務員是不必負責的，因為大部分的公務員，在這偏離近畿的偏僻地方，在苛酷的條件下，付出體力。又必須以短缺的財力下，運輸極困難，通訊設備皆落伍幾十年的地域，為了完成任務，默默地奉獻。所以會帶來失敗的果實，我們不難推論到，美國政府一向沒有對託管統治領關懷過，加上他們「無限期性」的想法兩者之間，利害關係，背道而馳所以然。

美國政府而言，為了確保安全保障上的利益，必須對密克羅尼西亞作持續的完全主宰。具有其必要性，但是，為此，自己卻為"非自治地域的進展"這國際輿論所牽制。或許將留下污點，自己陷入進退維谷的窘境，把這矛盾的一點表現得最露骨的是，美國政府把密克羅尼西亞置於自己託管統治之下。但是，依安全理事會的特別協定助力之下，施政國的美國，因安全保障的理由，隨心所欲地可拒絕聯合國的監督。這決議是最尖銳的矛盾之處。

託管統治開始以來，我們的態度非常糢糊。另一方面，因人人的腦子裡想著（…密克羅尼西亞人，總是遲早會獨立去…）所以，為了他們達成獨立的目標，引導他們向自給自足，及可能自治的路走，我們為此，將自己的行動加以限制，適當地控制下來，審慎地守住中立的立場，美國政府在託管統治的全域中，慶祝「聯合國誕生日，十月二十四日」。但是，七月四日的開國紀念日則很少人去重視，託管統治領的國旗，雖然沒有美國的星條旗引人注目，但是已做到十足的分到人人的家中去，吾人，並沒有強制密克羅尼西亞人使用英語，尊重原住民的仍使用他們的九種語言。這些使用自己母語的人口，大約二萬五千人，吾人明知密克羅尼西亞人，並沒有合格的醫師或藥劑師，但是，病人的診治、看護卻委託當地的「診所醫師」去做。至於政治方面，吾人懷疑他們的效率，及受容能力，但是把自治推行到窮鄉僻壤之地，吾人自己很清楚原住民的指導能力、經驗，一般生活技能，卻是缺乏的，由原住民自己組織立法機構、司法部門，一直為他們向前推進，一方面限制美國人到此地域投資，也不許美國人企業自由滲入此地。

另一方面，吾人終於面對著現實與為了確保安全保障上利益的必要性兩者碰釘，國防部方面，不僅不縮小它的活動範圍，反而走上擴大之路，在託管統治領的行政機構占有位置的美國人，與五年前大約相同。如今，必要數量的美國人，不但沒有減少，反而增多的趨勢，當局的主要首長，皆由美國人所占，美國政府對託管統治領的經費負擔百分之九十以上，每年如此。

在美國政府內部的對立，利害關係的摩擦，在領土內，全部，或在一部分的行政機構內，內政部和海軍方面常有火爆場面。爭功諉過，為了權宜之計，權限不得不變更，因此，行政、計畫、開發的持續性非常不幸，常常被擱置下來，妨害了密克羅尼西亞人的進步。

因為吾人自己，對密克羅尼西亞的統治目標始終不明確。行之多年的統治政策，在某一種鬆動的框中，同於獎勵〝密克羅尼西亞人的自治早日完成〞結果，至少到一九六二年，吾人以〝管理者〞的姿態，在領土的保護、保全，維持三方面戮力以赴。吾人可以斷言，在這個期間裡，並沒有為這個地方的〝將來的發展〞或〝寄以關懷〞而採取應有的政策。被指摘之處，它自有根據，長期的通貨膨脹，物價直線上升，美國政府對國際事務參與費用的迅速而騰雲似的擴大支出，因此，美國政府從一九五二年到一九六二年的十一個年頭裡，向託管統治領，每年撥出的經費（註：四三〇萬－六三〇萬美元）之譜。由這些沒有多大變化的數字來看，美國政府對密克羅尼西亞人，並沒有盡保護的責任，對這一種搔到癢處的指責，美國政府卻提出堂皇的理由，予以闡述，「……吾人對託管統治領，作有限制的撥款，理由如下：因為在託管統治之下，擴大其行政組織。一旦獨立則難以自己的經濟能力來支撐下去。為此，就託管統治時，即必須予以限制。」這是指責下美國政府所下的〝反映〞。

居住於密克羅尼西亞的美國人，眼看著公路毀壞，學校、醫院及其他公共設施的老朽化，地域經濟的慢性衰退，停滯……等，雖為此坐立不安，但是仍然橫了心，袖手旁觀，不聞不問，結果產生了〝貧弱的美國行政樣本〞：荒廢的自然植物、溫和敦厚的族群。不如說，沒有智勇，任人擺佈，沒有膽識，不能同時承擔責任和義務的膽小民族。也因此，只把自己的能力，發揮到最低限度的密克羅尼西亞人，我們調查團，只好如此說明，爰之。如果不明確地指出〝託管統治領明確地政策目標，一定沒辦法推展密克羅尼西亞的政治、經濟，唯有明確的政策、政治、經濟兩者才能蓬勃發展。幾年來，美國政府，對密克羅尼西亞人抑壓彼等的進取精神，行政方面則只止於必要的業務活動，完全沒有採取過〝進步的創意行政〞。

〈甲〉託管統治的背景

如果，密克羅尼西亞人，向自治的康莊大道邁進，則一定有一天，將會發生什麼的，我們一方面如此想，另一面又想，如果非友好的聯合國中的會員國，為了託管統治提出了異議，吾人的託管統治協定，暫時是可以維持下去。但是，衡諸事實，託管統治是落伍的統治方式，託管統治領它在法律上的定位，只剩下我們美國人和密克羅尼西亞人間的稀有事例，到了這個地步，美國政府將被世人指指點點，世界上唯一擁有託管統治領的國家。

所謂的〝委任統治〞（Mandatory）和〝託管統治〞（Trusteeship）這個名詞，出現於第一次世界大戰中，它的用意，就是阻止列強在世界各地，擴大，或交換殖民地，由德國和土耳其分離的非洲、中東，或太平洋中的〝弱小民族〞為了不讓他們淪為〝戰利品〞的地位，將這些〝非自治區域〞編為〝委任統治國〞易言之，同意把〝非自治區域〞置於統治國的保護下。有了法令根據之後，統治國必須依國際聯盟的指導原則，在當地行使主權，以前土耳其領的委任統治領，在某一段時日過後，可獲得獨立，至於非洲和太平洋則由先進國家，列強來保護、監督。

聯合國則在第二次世界大戰中及戰後，承接國際聯盟的〝委任領方針〞沒有託管統治，不過加上一個條文：「各統治國家，必須為非自治地域，促進其獨立」在聯合國憲章的〝指導〞下，各統治國由委任統治，變更了名詞，這新機構的名詞為「託管統治理事會」這個理事會，可以接受報告〝請願〞為了監督託管統治領的一切事務，作定期的視察任務。

日本於一九一四年，從德國的手裡，將密克羅尼西亞（註：加羅林群島和馬紹爾群島）奪去，但是在凡爾賽條約中，日本企圖把這些群島占為己有，卻被否認了。不過，後來依國際聯盟規約，獲得C級委任統治權，終於在這區域中行使〝主權〞日本人得到，南洋群島的委任統治後，依〝委任統治規約〞的條文，把這些島嶼群視為〝與本國不可分割〞的一部份，努力經營，一方面把這地域要塞化，一方面進行了嚴密的殖民地位，在實行〝委任統治〞中，與其精神背道而馳。

美國於第二次世界大戰中征服了日本人統治的密克羅尼西亞，大戰結束後，軍方以「征服」為理由，要占有這地域。世界各國對美國的占領密克羅尼西亞，沒有一個提出異議，認定他們的優先權，在這時，既不能讓密克羅尼西亞人「獨步行走」又不能遽於還政於日本。但是，美軍方面的立場而言，與美國政府揭櫫的〝非侵略為旨趣的戰爭目的相違背，陷入矛盾之境，不過，就當時的政治環境而言，聯合國的指導原則是「促進國際正義，維持世界和平」所以，美國人也支持軍方的做法。

因此，美國政府據此，相反的利害為由，依聯合國憲章・第八十二條，與聯合國安全理事會間訂定了獨自的協定，美國政府就是據此「協定」獲得了在密克羅尼西亞施行「戰略性託管統治」（Strategic Trusteeship）託管統治的特色，依聯合國憲章・第八十二條第一項文之規定，並不是由聯合國大會管轄，而是由安全理事會付託於〝託管統治國〞令其發揮聯合國機能的統治方式，這一條文，包括「得以變更或修正信託統治協定的條文。」不過，聯合國大會及安全理事會，為了對〝託管統治領的統治負責〞兩方均利用託管統治理事會行使職權。

聯合國憲章第七十六條條文所述「託管統治制度」它的基本精神、目標，亦可適用於戰略性託管統治，不過，美國政府則依〝協定條款〞因安全保障為由，得以關閉託管統治的一部份或全地域，而且得以限定報告的地域範圍及供視察用而開放的地域。這兩方面都受了認可，這個託管統治協定，於一九四七年四月二日，由安全理事會認可，同年七月十八日，再由兩院通過。

一九四七年當時，太平洋諸島的託管統治領，是全世界一共有十一個「聯合國託管統治領」之一。但是，戰前的非自治區域，獨立的氣焰高漲，所以，到目前為止，只剩下三個託管統治領，我國的託管統治領之外，還有諾魯島，位於馬紹爾群島南方的小島，住民約兩千，澳大利亞擬把這些住民遷移到澳大利亞的海岸，打算結束〝託管統治〞最後一個〝託管統治地域〞在新幾內亞的東北部，把同一島內的澳大利亞領土，巴布亞併合之，由澳大利亞統治，依據可靠的消息報告，澳大利亞擬予以該地獨立，依協定，唯國防及外交則由澳大利亞負責，由此十五年間的演變來觀察，非自治地域住民的開發及培養方式而言，國際託管統治方式，已經進入尾聲。

（乙）公民投票的必要性

鑑於過去，委任統治，與託管統治，為新世界共同體的維護，扮演了優異的角色，易言之，兩種前後的統治方式，為改善殖民地政策，發揮了很大的功能。但是，委任、託管統治國，託管領的施政，是否比自己殖民地，或領土之內的施政，更有效率。這就難以證明了。

就是在現今嚴酷的政治、經濟的世界情勢來看，為了統合統治，其方式，是不是以〝託管統治〞最為理想，不由得令人發生懷疑。我國的託管統治，把重點放於保護。並不是〝適應與開發〞比如說，我們把當地的語言保護、維護，不以英語統一。但是，英語本身是成為世界語，幾乎成為〝世界交往的工具〞吾人把當地自給自足的經濟，以美國人的資本及美國人來經營，終能守住於最低限度，如果美國人能積極參加，當地的低廉工資，不完備的運輸系統，令人不堪入眼簾的住宅…等等情形，說不定獲得改善，託管統治的時間雖然沒有辦法確定，但是，由各方面的時空環境透視之下，它是長期性的。因為託管統治的政策目標不明確，終於給美國政府帶來〝保護的姿勢〞沒辦法開展。

美國政府的責任，是把密克羅尼西亞，按步就班，迅速地開發、扶助，讓他們適應現代社會的環境，調查國就這一方面作調查後獲得下列的結論。觀察美國政府，在密克羅尼西亞施行託管統治，因為不管它是直接，我周邊的目標不明確，有了目標卻漂浮不定，所以沒有適宜的方法，自然沒辦法達成目標，易言之，把重點放在〝保護政策〞住民本身，或住民的能力，完全沒有受刺激的機會，導致住民無法在現代世界可獲得適宜位置的社會制度和人才的培育，因此，與現實社會脫離託管統治，不予密克羅尼西亞人接受外來的援助，不予接觸外界斷絕一切刺激，如同向他們「宣告」——密克羅尼西亞人，該在貧窮、恐懼、匱乏中生活，真是如此，託管統治的統治法案就是「騙人法案」在託管統治轉移中工作著的行政官吏，真是五日京兆，想到將來，密克羅尼西亞獨立的可能性很大，在這〝動盪不安〞的政情中，他們當然會彷徨。那些純樸、單純、溫柔的密克羅尼西亞人，在如此令人焦立不安的狀況下，過著忐忑不安的日子。（…我們將來，將會如何〝定位!!〞）

聯合國使用〝託管統治〞為手段，（註：討論，批判或以各種方式，施以壓力）想為密克羅尼西亞快速開發，這是不可否認的事實，但是，聯合國的壓力，它最終目的是〝引導密克羅尼西亞的獨立〞則聯合國將早晚招來世人的不滿，達成現實的目標活動。一定會延緩，或被擱置了，密克羅尼西亞的獨立，唯一可能的途徑就是，美國政府和密克羅尼西亞雙方，以自己的立場去要求對方，而後，美國政府能虛懷若谷，繼續給密克羅尼西亞作援助，密克羅尼西亞則予以美國政府，在軍事上，防衛上的目的，供給領土作〝軍事基地〞使用，易言之，認烈美國人在密克羅尼西亞的恆久獨占使用權，以此為內容的〝協定〞雙方而言都是不明確，而且不能予以信賴的雙方協定為基礎。但是，除了這種方式之外，沒辦法找出另一個門徑。總之，美國政府，如果能繼續為密克羅尼西亞作財政援助，密克羅尼西亞人才會滿足，如果不採取財政援助政策，這個區域，將硬化、經濟狀況的衰退，日甚一日，加上無計畫的人口政策，將導致人口暴增，到頭來不得不把他們強制遷徙。

嗣後的日子裡，密克羅尼西亞人或許予以美國人施加壓力，在此時，美國政府如果拒於千里之外，在這兩者談判破裂，冒出一個有心之士—大國，要求特別的連繫，在實質上，兩者就把雙方捲進爭執領土的漩渦中去，但是，到頭來，兩方則以各自的立場著想，互相猜忌，無法建立恆久的信賴關係，這是顯而易見的事實。

由美國政府繼續以託管統治方式統治密克羅尼西亞時，聯合國方面一定會受嚴厲的抗議，美國政府把託管統治維持到〝最後一個〞託管統治領國家，有心之士一定向聯合國要求行動，如敵對國家、中立國家、新興國家……都會起而批判，我們將陷入進退維谷之境，甚至導致美國政府，在國際社會的形象，嚴重地受了損害，但是，美國政府卻毫無辦法抵擋這種淩厲的攻勢。

吾人就上述的情況，作了概括的結論。(1) 美國政府，因安全保障上的理由，必須繼續統治密克羅尼西亞；(2) 我們以託管統治方式統治密克羅尼西亞，已經顯露出〝眾矢之的〞其可能性愈來愈高；(3) 美國政府，對密克羅尼西亞的統治缺乏了明確的政策，為了徹底而可行的〝開發進度表〞在編制上，必須有正確而崇高的目標。

(4) 總而言之，美國政府以現今的政策，保護者的姿態，繼續統治下去，毫無目的的施政，將更惡化；(5) 到頭來，密克羅尼西亞是完全無法獨立，據而上述，調查團就上述結論，作如下建言，美國政府，現在就是該採取主導行動，先設定託管統治協定的期限，把密克羅尼西亞作恆久的統合，密克羅尼西亞人必須做一次公民投票，為了兩者的利益，儘早設定機會，完成公民投票，。

三、公民投票在統治區域內，影響所及之諸因素

公民投票的調整、日期、實施辦法，為了獲得預期目標而設定的程序等等，就上述的各公民投票要項，作討論時，必須先塑造密克羅尼西亞人現在的姿態，同時把密克羅尼西亞人，現在及將來的政治制度，領導者培育等六大要素也得考慮上去，這些相互關連的要素，對政治的影響力，住民的保護、掌握、主宰等，對於問題的分析上必得影響其本質。

〈甲〉 現有的統治機構

託管統治領政府，並不是由傳統的族長（Narmarki）—酋長統治。而是由依據安全理事會協商而定的，託管統治協定（Trusteeship Agreement）（註：一九四七年七月十八日，議會的共同決議承認）和國會制定法（四八年聯邦法規集·六八。但是，於一九五四年六月三十日修正）認可下創設的統治，依託管統治法，第三條美國政府得以同協定條文之規定，「授於行政、立法、司法權」至於各種權限的執行人員及其方式則由總統指示之。

總統於一九六二年五月七日，依政令一一〇二一號之規定，將此權限，委任內政部長去處理，內政部長則依總統令的政策，與其他各部局協商之後，依"託管統治協定"的規約執行應實施的任務，在此以前，總統是把託管統治的權限，全部委任給海軍總司令，後來將一部份交給其他有關部局，迨至一九六二年，發佈新政令，塞班島和馬利亞納群島北部，劃入內

政部管轄。託管統治領再由單一的政治機構統合。

而後，內政部長把行政權委任高等事務官、司法權則交給託管統治領的最高法院院長去處理事務、前者，行政人員由總統任命，後者是由院長任命。

高等事務官，在長年的時間裡，在託管統治領裡發號施令，久而久之，這些命令、規章，形成該地域的基本法。（註：為了明確規定高等事務官的司法權，其必要性，已在本報告文件，第三部申述之）高等事務官及其所屬人員，隸屬於行政部門，該地域的中央政府設置於塞班島，為了推行各方面的行政事務，設有各部、局、處，這些各機構包括治安，公共事業、教育、保健、農業、漁業、通信、運輸交通，政府財產管理、供給等。

託管統治領，為了統治的方便，分為下列六大行政區，馬利亞納群島（Mariane）帛琉（Palau）雅浦（Yap）吐魯克（Truk）波那培（Ponape）馬紹爾群島（Marshall）等，各置各地區行政長官公署，各行政區長官由高等事務官任命，代理高等事務官執行各地域行政事務，所謂"行政事務"即是規劃，申請地方行政機構向中央政府的補助，使用，以及地區、中央兩者間的事務調整，地域行政長官，負責得自中央政府的經費，依法律之規定管理、運用，各地區依選舉選出的議員，構成「立法議會」（Iroij Laplap）議會賦予地區輸出入物品，及酒精性飲料的"課稅權"徵收的稅金。經議會的"議決"可充當地方事業開發的支出：就一般而言，大部份分配在各地域的教育事業，特定的地域政府活動的補助，或支援各地方立法議會議決的"小型建設經費"地域立法議會，立法權的範圍，僅及於"託管統治法"的規定範圍，各議會議決的〝法律、規章〞非得地區行政長官或高等事務官的認可不可。

託管統治領全域，擬設地方政府為目標，使得密克羅尼西亞人也能參政的運動，已經蔚成風潮。但是，這一種規模的大小不一，大如八千人為一個地方自治團體的塞班島或不到一百人的地域社會有之，就自治的範圍而言，被選上的行政長官，他們的權限不大，議會的課稅權，及其他權力微不足道，在行政長官而言，在權限的行使上，受了層層牽制，市行政廳在施政上，所以會受到〝綁手礙腳〞的結果，是因為他們以傳統的「酋長統治」的統治方式運作有以致之。

就託管統治領的統治標準而言，現在開始組織〝密克羅尼西亞評議委員會〞這種委員會，自一九五六年以來，作定期的開會，它是密克羅尼西亞的領導者，把過去的「地域間諮詢會議」發展擴大的，評議委員會的委員，由一般地區，以投票產生，每一地區兩名。計十二名，（註：波那塔島是由地區議會選出，雅浦島則由酋長或地區行政長官指派）評議委員會，於一九六二年及一九六三年，各召開一次，在會議中發佈宣言，各種議決，及高等事務官提出的「必須即行提案」予以承認之外，此評議委員會，並沒有賦予立法權。

〈乙〉 遠程、運輸、通訊

吾人環觀密克羅尼西亞，它是散佈在太平洋中的一連串小島嶼構成，但是廣佈範圍之大，與美國本土的七百五十萬方公里，大約相等。即使它的環境令人首肯，他們各自以自己的島群構成自己〝獨立的區域〞形成一個獨特小型社會，人口最多的是土魯克環礁，人口約一五〇〇〇人，波那塔（Ponape）的一千一百五十人次之。塞班島（Saipan）約有八千人，珊瑚島（Coral Is.），約四千一百人，馬吉尤羅（Majaro）約四千人，但是，這些島嶼雖說"鄰居"都相距幾百幾千公里之遠，因此，與外界"阻隔"與其餘的託管統治領也分離著，其餘一半，約四萬多人的住民則在這些島嶼的周邊，各自建立自己的小小社會，過著自己的生活。

託管統治領政的本部，中央政府所在地—塞班島，距統治領的大門—關島，不到一個小時的飛行航程。

現在，要從塞班島本部，到任何地域去，必須搭統治領的飛機。飛到各地域中心去，但是，必須經過關島，由關島飛到最近的雅浦島，約要四百六十哩。（約合七百四十公里）從雅浦島到帛琉島也有二百五十三哩（約合四百一十公里）由關島向東飛，可到土魯克島，大約有五百五十四哩（約合八百九十公里）由土魯克島到波那塔，又有三百八十二哩（約合三百七十公里）要往克瓦謝林則還要飛五百八十三哩（約合九百三十公里），要到最北方的馬紹爾群島的地域中心，馬吉尤羅，也有二百六十三哩（約合四百二十公里）之遠。

本地域的運輸交通、通訊，在本調查報告文件中，另闢章節作成報告，因為此兩者，必須由技術的觀點說明，總而言之，這個分佈在廣大區域的島嶼群間的運輸交通、通訊，令人不由得推論，因環境的限制，一地區到另一地區之間，它的班次少又慢，既不便又價錢昂貴的有線、無線通信網……這些都是構成妨害行政上的執行效率，連帶的將政治、經濟、社會生活的合理統合都受了阻滯，政治性信條的統一，一元化思想的推行上，無法滲透下去，由此可知，如果不把目前的運輸交通、通訊設備更新，符合現代化，形成的〃地方至上主義〃及〃分離主義〃到頭來，無法消弭於無間。不過，吾人建言執政者，必須先將本地區的運輸交通及通訊網，兩者作了徹底改善，上述的危機才能消弭於無形。

〈丙〉 多樣性文化

無可諱言的，因各島嶼之間，各自分離，而且相距甚遠。所以造成〃密克羅尼西亞〃多樣性文化，不管在政治、經濟、社會……等各方面，都自成一個形態，產生獨特的制度，不相統屬，總之，到了一個島嶼即可看到令人訝異，目不暇給的多樣文化形態，所以在這八萬多人的總人口中，有九種主要語言，和幾種方言，因語言的不能統一，到最近的〃包括鄰近各島嶼的單一聯合地區〃這一種觀念，是沒有辦法由地域住民所接受。

在這些島嶼上行使過主權的德國人、西班牙人、日本人，到頭來，沒有辦法把他們統一在他們的行政權力下，再說，統治此地區將近三十年的日本人，除了教「本地人」一些簡易的日語文之外，並沒有突破〃密克羅尼西亞人〃自己意識的政治性，或社會制度的刺激性行動，日本人從帛琉諸島的珊瑚島施行〃委任統治〃易言之，為了收攬民心，在珊瑚島下注功夫，設計成有魅力，令人嚮往的繁榮的首都，美國政府則海軍部及內政部兩者摸索、混亂之間，由檀香山而關島，而後，把本部移轉到塞班島去作〃託管統治塞班島的住民而言，對比較類似而近程的關島，有親近感。但是，與其他地區的住民則有疏離感，主因在於文化的不同，不過，美國政府而言，為了統合全密克羅尼西亞，設置"密克羅尼西亞評議委員會"這一種措施，企求的功能，在於溝通六大地區間的感情，打破傳統的孤立觀念，是密克羅尼西亞統治史上的第一遭。

密克羅尼西亞全地域，它是不同住民族群、語言、文化的地域，是孤立的島嶼及環礁的環境組成的群落，先由德國人、西班牙人，而至日本人，如今由美國政府把它分成六大區分別統治，自然不免流於擅意行政，現在劃分的地區，在文化面是迥異其質，馬利亞納群島的文化大略相同，小數派的加羅林人的文化性、政治性，與佳摩洛（Chamoro）就大異其趣，比如說波那培地區有兩個小島和克薩伊耶島（Kusaie）這個地方要說密克羅尼西亞不如說是玻利尼西亞（Polynesia）這些島的住民，和波那塔島住民的語言不同。克薩伊耶島的住民，自認為與波那塔島民匹敵，甚至比他們優越，因此，自己認為必須獨立，所以自行劃分地區之後，向上級報告"獨立請願書"又如東部加羅林群島，可以看到另一個景象，地區"邊界"附近的離島住民，不會親近自己的地區住民、政府，而對鄰接地區的住民、政府抱有好感。

被選為「地區中心」的地方，因各方面的需要，進步神速。交通、運輸、通訊設備等，樣樣齊全。離島的住民則否，因此，兩者之間會起了摩擦是理所當然，例如：帛琉地區的中心地，珊瑚島，和貝里留島（Peliliu）等。它們周邊的各小島之間，各方面已經有顯著的落差，又如雅浦島地區的離島，還沒有代表參加地區議會。沒人代言，總之，各地區離島的住民，深深感到自己是被中央政府流放的摒棄於邊陲的。

密克羅尼西亞人所缺乏的是〝在一個共同的制度下，共同體會的經驗，不是七十年的歲月裡，被四種不同語言、氏族、經濟、政治、社會制度的強國。在上述的各面，又以不同的獨立的政策統治。又如三十個年頭裡，換了四個不同地方為〝首都〞過去與現在的異民族統治，當然成為〝密克羅尼西亞人〞要獲得共同體驗的最大阻力，易言之，這個事實，就是否定了〝密克羅尼西亞人的文化結合的可能性〞。

〈丁〉 家族及族群型態

除了馬利亞納群島的密克羅尼西亞地域的家族以及族群的生活形態，自成為政治要因，基本性的，政府機關的中心甭說，大部份的區域，家族及族群必須盡忠，輸誠於族群，有的地方，甚至島嶼全部被視為「私有地」分割殆盡，由族群主宰。土地使用權的分配則依傳統、歷史的習慣，共同體的合意，或由族群的長老，或由酋長的仲裁決定。（註：以傳統方式酋長來分配的，這是要把酋長的權利，予以永久承認的方式，令人訝異而重要的原因是，因為酋長本身具有〝解開複雜的土地權利結構上的土地界線及權利的權威感性知識〞。）土地，它是把家族和族群緊接在一起的絆繩，持有〝族群〞保證的土地，而且有使用它的權利，它將保護年青人及老年人，同時是階級社會的表徵。比如，在〝雅浦島〞而言，所有的有用、可耕之地，分別由數個族群分別擁有它，傳教士擁有的一小塊土地，政府使用的土地為例外，長有常綠樹的河口濕地，就是公有地。

由美國政府託管統治之後，在馬紹爾、波塔、土魯克，帛琉等地區實施〃公有地的墾殖、私有地的租賃，私有地交易的登記，以及有關土地的政策〃作積極的推展〃，一方面，予以建地。農地作明確的劃分，使土地所有的增加，家族或族群的土地所有權、酋長一個人擁有絕對的權威，不過，年青人向都市一窩蜂地擁上去，都市化形成了，加之通貨經濟的膨脹化、複雜化，隨著家族族長及酋長的權威，日漸式微之勢，但是，吾人發現，在政府機構，或在貿易公司謀有差事，而且口操英語，抱有西方思想的年青人，對族長、族群的酋長，仍然敬拜七分。易言之，還存著強烈的族群感情，所以會有這種根深蒂固，牢不可拔的習俗，是因為酋長本身是最親近的族長，是個德高望重，而且具有卓越的領導能力所以然。

德國人和日本人統治的時代，予以酋長當〃地域主宰的代理人〃亦即是藉他們的聲望加以利用，以利達到統治的目的。但是，美國政府的用心良苦，以民主的選擇方式導入之後，所得的結果卻如出一轍，易言之，大部份的地區，原來的酋長，由〃選民－族群〃被選上為該地域的行政長官，換湯不換藥。不過，也有一部份地區，由酋長以外人被選上為行政首長，這些地域是比較大的，人口集中，都市化的地區要選上〃該地地方政府首長〃必須先求得原有酋長的同意，點頭、支援，否則會自討沒趣，這種事例已經產生。

密克羅尼西亞的酋長，大部份是四十五歲以上的男性，德高望重之齡，他們雖然口操日語，不以英語下達命令，酋長在自己出生的地方居久了，比年青的密克羅尼西亞人〃保守〃因此，對自己「家鄉的利益」他們就極力爭取，這一種心態，並不是表明他們的態度是反對的，就目前的情形而言，對教育非常重視，因為人人認為受教育、治學問是「提升收入的關鍵所在」年老的酋長也一再勉勵年青人，一心一意受教育，更上一層樓。一樓樓地往上爬，當地的住民，對教育的關心，令人可佩，由時日中觀察，大部分的酋長，他們卻具有卓越的領導能力，資質高，所以集族群的尊敬於一身，平時不說英語的密克羅尼西亞人，大部分的回答，是由密克羅尼西亞人女性的一般談訪中得到答案。他們把自己的酋長和行政首長，能指名道姓，但是，地方議會的議員，如果不是同一個人則他們是完全不認識的。自己地區的代表如此，其他地域的代表的名字，更甭說了。

〈戊〉密克羅尼西亞的青年領導者

依據一九六二年，向聯合國提出的第十五次年度報告表中得知，託管統治政府及當地的美國政府機關，已經把百分之六十五的密克羅尼西亞人的勞動者僱用著，不過，這個數字，並沒有包括小學教師，因為大部份的小學教師，從託管統治領政府領「獎金津貼」地域行政機構的部長、副部長，或本部中，擁有特殊地位的官吏，他們之間，大部份具有潛在性的密克羅尼西亞領導地位，這些人，大約三十年代，具有英語能力，豐富的知識，更接受過現代高等教育。所以會被選為衙吏，其中，一部份的年青人，被選上為地區議會會員，同時兼任密克羅尼西亞的評議委員，具有雙重資格這一部份，將占「大部份」的趨勢。

這些接受西方思想及高等教育的密克羅尼西亞人，就是「親美派」美國人對他們說話，最容易溝通，乍看、乍聽之下，與調查員之間最為融洽。但是，吾人詳察他們本身的能力及在密克羅尼西亞的影響力就不能為他們"評估"得太高了。首先，我們要先了解，這些年青一輩，三十年代的若冠，有志之士，以密克羅尼西亞人的基準來看，他們是年青人，年齡上，在家族或族群中的地位，在大眾的心目中，都不能被視為"德高望重"的人。沒有一言九鼎的功力，不過，他們在幾年後，於行政機構中工作了，透過行政，作了些大眾福址工作，地位也許更上一層樓。議會安定了，擴大其功能時，他們的年紀也逐漸加大，影響力也隨著加強，族人、族群中的"望重"也一定自然增加。其二，這些所謂"新生代領導者"他們所受的教育、經驗都有限，有學士資格的只有一小撮，特別是"美國本土大學"畢業的學士，尚未見其人，如土魯克島裡，沒有一位獲得學士學位的密克羅尼西亞人。一九六二年，在關島大學肄業中的密克羅尼西亞人，計有七十八人，夏威夷大學十三人，往美國本土，進入該地大學就讀的，計十二人，包括兩名女性，我們可知，這些一百餘接受高等教育的密克羅尼西亞人也好多人，沒具備政治領導能力的，有的沒有政治細胞，有的根本對政治發生不了興趣。在海軍部裡，內政部的行政機關做事的這一批年青人，所接受的高等教育，就是在第二次世界大戰中，或大戰結束後，於"踉蹌走路"搖擺不定的脆弱基礎，接受其小學教育。易言之，兵戎倥傯中或惡劣的教育環境下，得到"學歷"因此，學力就被懷疑，是否能為密克羅尼西亞擔當大任。

在這樣的環境下培育茁壯的人才，雖說不是一[illegible]，但是，將來能成為"最高領導者"卻從這群中產生就目前的情形而言，最迫切的，並不在於"再接受正規的，而高一層的教育，而是接受「特別訓練」，準備訪問美國本土，其他地區，及行政機構等，就公共事業、保健、教育等方面，作廣泛的討論、請益，為了達成任務，必須先充實自己，一方面，必須改善自己及美國人上級之間的〝個人指導關係〞他們在乍看之下升級了，賦予較重大的職位，負起重任，但是所做的是〝機械性事務〞沒有一點創作性。

〈己〉 密克羅尼西亞的利益集團

密克羅尼西亞人，就目前的情況而言，以廣大範圍的自給自足經濟過活，民間企業及個人企業少了又少。這些情形的演變下，缺乏了組織化的勞動力及專門技術人員，沒有一個密克羅尼西亞人當律師開業。再說，宗教界，也由美國人執牛耳，如此環境下，以西方政治用語來談密克羅尼西亞人的〝利益〞殆不可能，唯有經濟開發的藍圖，次第實施，教育改革了，一定為密克羅尼西亞人帶來生活的多樣化，各種制度落實之後，具備獨立的指導能力及利益團體產生，而且，將把這些能力培育，其茁壯。

不過，以目前而論，可稱為〝利益團體〞的是貿易公司罷了，除了一家船舶公司之外，託管統治領中的主要私人企業，只有輸出入公司三家，目前較具規模的有馬紹爾群島輸出入公司、土魯克島貿易公司、爾浦島貿易公司，其他在自己地域社會中，據重要地位，創立民間企業公司賺錢的人也有。這些人，勇敢地走出密克羅尼西亞，遠走日本、菲律賓，甚至到美國本土，開拓眼界、累積經驗，這些〝前進者〞水準最高的，身居首長、地區議會議員，密克羅尼西亞評議委員會代表等，到政府機關中去，吸收各方面，更多的經驗，這些有心之士，以外部感覺或以累積的經驗，不僅為財政自立的目標而設想，還帶回自己出身的故鄉，作現實性的評價，其內容包括日常生活上必要的，最低限度的需要，經濟狀況等，環觀密克羅尼西亞人目前為止，並沒有現在受僱於議會。從事公務對等的人才集團如果美國政府，有健全的政治感覺，必須建立人才訓練計畫訓練他們，鼓勵他們參加公務，則必有裨益於密克羅尼西亞將來的發展。

四、地區的政治型態及亟待解決的問題、住民

把分佈於七百餘萬平方公里的廣大海洋上的密克羅尼西亞，他們的文化是多樣化的，因此，要一言蔽之恐怕成為茫然、模糊了其觀念。在兩千多大小島嶼中，有的離島，一年裡只見了三、四艘船舶經過的地方有之，可知島嶼分散，人口分布極廣，將這種況作概述則容易引起誤會，吾人放眼看各地區，各有各的政治問題，也有幾個政治實力者。

〈甲〉 馬紹爾群島（Marshall Is.）

在密克羅尼西亞中，受了美國影響最大的，莫過於馬紹爾群島，這個地域的人對美國政府有強烈的猜忌與反抗心態，美國政府，為了原子炸彈的試驗，於一九四六年，從比基尼島強制移民於外島去。一九四七年，又從耶尼威托克島（Eniwetok）把一百三十七個住民遷

徙於外島，一九五四年，烏狄里克島（Uterik）和隆格拉布島（Rougelep）兩島的居民，因蒙原子彈試爆的原子塵之害，二百三十六個住民，又被強制移民，比基尼島和耶尼威托克島的住民移住於基利島和烏謝蘭。後來，烏狄里克和隆格拉布的住民則回家鄉去。

美國政府，為建設軍事基地，克瓦謝林島的住民，被強制移民到三十分鐘航程的不毛之地，又有令人作嘔的貧民窟地方耶拜環礁去。這個地方，於兩年前流行了"小兒痲痺症"襲擊為數不尠的兒童及幼兒，因為缺乏預防疫苗（沙克、沙賓等預防用疫苗）沒有及時阻止流行病的蔓延。造成二十位"四肢殘障者"加之，克瓦謝林諸島的住民，和美國政府之間，尚未達成"永久租借為海軍基地的合約"這個"合約"的不成，成為兩者之間，糾紛不斷，住民就藉此鬧事。鬱悶的情結，隨時有爆發的可能，住民能在自己的島上工作，但是沒辦法生活，此處住民的生活費用，由美國政府支助，所得的標準，在於密克羅尼西亞人的平均所得之上。但是，住民和託管統治領政府之間，最疏遠的是"克瓦謝林島"偶爾到耶拜去，很少與住民接觸，難怪感情難以融洽。

所幸，馬紹爾群島擁有最有能力的政治指導者，諸島中的最尊貴的"酋長會議伊洛伊吉·拉普拉普"（Iroij Lap lap）成員都是家族、族群中的傳統領導者，土地使用上，他們擁有絕對性決定權。其中有敏銳的人物，如卡普亞、卡普亞（Kabua Kabua）、列休隆·卡普阿（Lejelon Kabua）以及他的公子，亞瑪達·卡普阿（AmataKapua）卻是族群中的佼佼者。尤其是亞瑪達·卡普阿，他任馬紹爾群島貿易公司董事長，身兼密克羅尼西亞評議委員會委員。在政經兩面都居於要津。能力超群，再說，其他的酋長中，如馬洛耶拉普（Maroerapu）的安德留（Andrew）他雖然年紀上了，沒有英語文能力，但是經濟基礎雄厚，頭腦清晰，對族群的影響力很大，這些人物都是密克羅尼西亞的希望。

在密克羅尼西亞的領導階層中，具有卓越的領導能力的，也許可以推設籍於馬紹爾地區教育部的德威托．海納（Dwidt Heine）在全地域中，具有強烈的政治關心群中的領導人物，美國政府及住民，都對他敬重有加，如果在馬紹爾和其他的地區，公開質詢，「請推薦具有潛在力的領導者」這時，也許第一個就是"德外德．海納，會被推薦，他所以擁有如此的魅力，就是不談他四十過了的年紀，祖父為德國人，並擁有"阿拉普"（Abura）這傳統的地位（註：是地主。但是在大酋長之下）與美國人之間的交往也很緊密，他的根基深厚，由此產生的能力，使得他在酋長會議和地區行政府之間，擔負起"溝通橋樑"的重責大任。有了他的存在，密克羅尼西亞的政策才能推展得順暢。

次於海納，也具有相當教養、政治感覺，行政能力的人物，可推"威廉．亞連"（William Allen）奧斯卡．狄．普拉姆（Oscar deBrum）兩人。他們曾留學於夏威夷大學，還有一位是"馬休洛市議會"（Majro Iroij Laplap）的議員，「亞果吉克．必恩（AdjidrikBien）他的血液裡流著中國人的血，是個有教養，富有的貿易商。但是對公益事業非常熱心。總之，卡普亞．海納．必恩三個密克羅尼西亞人中的傳統性權力者，也是近代官僚，同時是"貿易公司的主人"，是密克羅尼西亞三巨頭政治結構的縮影。

〈乙〉 波那培島（Ponape Is.）

就波那培而言，公路設施，電力事業，醫院設備提升等等，是他們的事業中心，此地的哈恩里喜·伊利亞德（Heinrich Irlartei）是傳統性權威的代表，他的哥哥，是波那培島，納德市"南馬基（Nanmarki）。（註：是大酋長，或王之意）近代官僚的代表。在當地是牧師，又身兼波那培地區議會副議長，名叫貝斯威爾·亨利（Bethwel Henry）加烏斯·耶德威恩（Galus Edwin）是地方行政廳的「政治問題顧問」。不過，兩人卻不能與馬紹爾群島的指導者相提並論。除了上述的人物之外，年青一層有一位，名叫貝里·歐爾達（Beiley Olter）的調查團訪問時，尚在夏威夷大學讀書，任職於地區法院職員的"史德利克·尤馬（Strik Yoma）和耶德威爾·聖德士（Edwel Santos），這兩人都有良好的知性，前途被看好的幹才，如果，只幹商業，他是一個能力卓越的。但是，在人格上受了批評，質疑的，就是因都市化日見茁壯，外島住民也來了很多的波那培中心地，任科羅尼亞的市長。馬丁·克利普（Martin Christian）。島裡的鎮及郡內地域的住民，已經發生了不少糾紛，在科羅尼亞去不遠的郊外，由"卡賓卡蘭基"酋長率領下，二百多玻里尼西亞人，入殖於該地，這是他們的跳板領土，但是，這個小地方，正發生了飲用水的不足，漁業器材的不足等問題。

被編入波那培地區的"克沙伊耶島"（Kusaie）住民，很希望自己升格為地區，所以產生了這種念頭，就是當地的住民深感多年來流入的歐風，及經濟恩惠，他們都沒有辦法沐浴其中，這一個島，從來是由施克拉（Paul sigran）一家主宰者，波爾·施克拉。他是克沙伊耶島"君主世襲的酋長"與他的弟弟，施克拉，在選舉中吃了敗仗之前，由波爾任行政廳長官，波爾的長子，喬亞普（Jeap）雖然被任命為"新制中學"的校長，但是過了一段時間之後，被評鑑為不適任校長職務，不過，他身兼地區議會議員，又兼有"密克羅尼西亞評議委員會的委員，曾到夏威夷大學留學，克沙伊耶市長，吳德耶（Wtwe）他是個有教養的人，以外並不是沒有第二人。但是，大部份都沒上過學校，過著純樸的鄉間生活，甘之如飴。

〈丙〉 土魯克島（Truk）

土魯克島，它是在這個密克羅尼西亞中，人口密度最高的地方，但是，面臨了經濟問題，缺乏了交通機關，每一個人的食物供給量及一年的平均所得偏低，在這地區中，距中心地區，莫托洛克島（Mortlok Is.）甚遠的地方，有一個島，以自己的文化統一的島，吐魯克島環礁，這個地方，有卓越的政治領導人才，就傳統性權威代表的，可推"貝德拉斯．麥羅（Petrus Matlo）酋長，年紀過還曆，置身於土魯克貿易公司。任董事長之職，次推，同樣身為酋長又兼首長的林普斯（Ring Puos），他備有明晰、正確的認識能力，溫和體貼的人際關係，賦有天才領導能力，為土魯克慶幸的是，這個地域，有俊雄、中山（Toshio NaKayama）一般的年青，有衝勁的優秀官僚多人，他也出身於夏威夷大學，出任美國駐聯合國代表團顧問，最近的日子裡訪問過日本，他的地位並不高，但是，他在專門技術界，享有極高的聲譽，他如律師，安頓．亞瑪萊吉（Andon Amaraich）也是年青層領導者的代表，身任地區議會議員，擁有兩家小商店。路格旅爾市的雷蒙德．謝狄克（Raymond

Setig），身任地區行政廳的財政官員。又兼議會議長的要職，（註：土魯克地區議會）在目前的情形下，地址的官僚，潛伏著不滿情結，易言之，密克羅尼西亞的官僚體制中，美國人與當地人的公務員，現金給與有差別，如果不予設法改進，恐怕成為不定時炸彈。

調查團訪問土魯克島時，在這個機會裡，由託管統治領政府的職員尼克拉斯．波（Nicholas Bassy）的口裡聽到，反美情結的意見，他不滿的就是雖然接受就職訓練，但是所派上的職位，竟不能〝學以致用〞易言之，不適才、不適所之田地，同時把行政上的缺陷，不滿，美國人的優越感行為，赤裸裸地表達出來。他們已經送出盈尺的請願書，而且派出〝請願代表團〞到各地去陳情；但是，密克羅尼西亞的一切情況卻沒有改變，尼克拉斯本身的經歷及他周邊，予以他的評判，並不足令人首肯，但是，頭腦清楚，不久之前，剛被選為〝土魯克地區議會的議員，他的言行、思想來推察，他可任激進的〝民眾煽動家〞。

〈丁〉帛琉（Palau：Belau）群島

最近成立兩個政黨，政黨政治之每一個政黨，當然有他們自己的黨綱，不過，由〝一黨〞分裂〞而出的兩黨，原有合一的地區議會的議員，何去何從。尚費思量，舉棋不定的大有人在，所以要脫離〝一黨專制〞的局面，據說當地行政廳的政治任務官提出，政黨政治理論，密克羅尼西亞人才動了心，付諸行動的，目前的情形而言，只不過是因受了刺激，作技術性的嘗試而已，帛琉同其他的地域，必須亟待解決基本經濟問題及社會問題的明確化。到實施先進民主國家一般，以兩黨的政見爭取選民。作政權輪替，恐怕還要費一段時日，因此，目前的"兩黨政治"尚在桌上企畫階段，帛琉這個地方，有個比較特殊的非暴力宗教團體，莫狄克肯（Mdekgnei）他們的主旨是排外，反近代化，思想落伍，揚言在選舉時，一定採取統一行動，依估計，可獲百分之二十五—卅的選票，不可能成為"政治運動"火候不足明矣。

帛琉地區的珊瑚島曾經是密克羅尼西亞的首都，繁榮一時的都市，特別是日本人的委任統治時代，是相當繁榮，南洋群島中的樂園，富麗堂皇的建築物，寬敞的馬路，櫛比的商店街，非常熱鬧，如此，這些令人回憶的事蹟，全沒了，已經由新建築所取代，航程約半小時，珊瑚島的細長水路可到達密克羅尼西亞最大的的尚留有開發的處女地，巴貝爾薩普（Babelthup）不過"企劃中"的這個大島，如果要開發，先得在交通、通訊方面著手，方能得心應手地推展開發。

傳統的權力者，由愛巴德爾．科里阿克魯（Aibedul Ngeriaki）和阿魯克萊．普烈爾（Bekilai Burel）為代表，科里阿克魯在珊瑚島（Coral Is.）的首長選舉出馬競選。但是，吃了敗戰，政治問題事務官拉沙魯士．沙里（Lazarous Salii）地區教育問題事務官，而且身兼政黨秘書長的狄威特．拉魯麥（David Ramarui）還有地區司法官，行政助理．羅曼．梅秋爾（Roman TMetuchul）三人均為"地區議會議員"都有相當的幹勁與能力，梅秋爾目前任地區議會議長，曾赴菲律賓研究一年，是個頭腦清晰，富於獨立心的政治人物，據說，有一次搭美國船隻旅行時，受了令人難以忍受的差別待遇，而激起"愛國心"但是，調查團卻沒辦法看出他溢於言表的「由衷之言」由多方面的觀察，他是個政治評論家，有理想，有信念，他將成為密克羅尼西亞明日之星，此地區議會的副議長賓謝民·梅爾塞（Benjomin Mersai）他是兩個政黨的創建者之一。據說，將代表企業界，為民喉舌，年過不惑之年，有教養，予人深刻印象，受地方人尊敬、擁戴，為當地第一富豪，他的女兒，現任地區行政廳長官辦公室的秘書。

〈戊〉雅蒲群島（Yap Is.）

雅蒲島及其周遭的各島嶼是各地域中進展最慢，最落伍的地方，而且保守性最強，雖然也有地區議會，但是，各離島均由酋長治理。議會的議員則缺之，目前並沒有一個議員，不過，正進行由雅蒲諸島選出議員送進議會的工作，法令制定好之後才得以解決此癥結，各島的情形而言，因為雅蒲本島主張「自古以來世襲了很久的酋長，主宰久了，所以……」各島的住民，對這種主張頗不以為然，各島嶼之間，為此起了摩擦。

雅蒲地區，傳統的權威人物，可推華納吉爾（Fane Chour）法官，他服務於雅蒲地區法院，任法官，但是，十四年之間，再三被選為"卡基爾的行政廳長官，再說，議會的會長尤亞基姆·華拉莫拉（Joachim Falamoa）他身兼地區行政廳、土木建築部部長，予人的第一印象是溫厚篤實、和藹可親、平易近人、為人勤奮，但是，他的領導能力則令人質疑，年青的官僚中，可推尚在夏威夷大學肄業中的"耶德蒙德·基魯（Edmund Gilmar）他在大學的成績，在中上，但是，對密克羅尼西亞的將來，何去何從？並沒有下個明確的判斷，企業界而言，可推雅蒲貿易公司的副董事長，喬·達瑪克（Joe Tamag）他曾經遊學舊金山，學過經濟，現任地區議會議員，並兼密克羅尼西亞評議委員會委員，如果要推薦"無黨派色彩的政治家"，可推有教養，富於知性的女性，卡緬·吉基爾（Carmen Cigil）女士，她本來是公務員，後來到夏威夷大學學了兩年。在校中與認識的雅蒲人結婚，雖然年青，但是，關於雅蒲的事，研究頗深，比誰都關心自己的「家鄉」所以受了大眾的敬愛。

〈己〉 馬利亞納群島（Mariana Is.）

馬利亞納地區的人口，約九千五百人，其中約八千人居住於塞班島上，地區及統治領政府本部，設於塞班島，密克羅尼西亞評議委員會會議也在此地召開。因為"島本身"成為一個市，因此可能發展為少數中之一的「地方自治團體」與關島之間的聯合關係，積極地推行"政黨政治"的地方。目前而言，是唯一的，走上民主政治正軌的地區，計有兩黨。一為人民黨，另一黨為民主黨，前者，人民黨，由當地的多數派吉尤洛摩族及低收入層構成。他們的政治理想是即時聯合及終結託管統治。後者，民主黨，是由少數派的加羅林族及深恐被強而有力的關島企業侵呑的企業界人士所構成。他們的政治目標是擬與加羅林人的多數派，永恒地提攜，希望與美國聯合，但是，不願成為"關島的另一部份"。

於一九六一年，在塞班島議會的主持下，實施公民投票。投票的結果，百分之六十二的住民，讚成與關島聯合之後，成為"美國國民"百分之十六的住民，希望成為他國的國民，只有百分之一的住民，願意保持現狀，調查團在塞班島作業時，地區議會以過半數表決了"馬利亞納群島"決定與關島聯合起來，並通過託管統治的終結法案。

馬利亞納住民，所以希望與關島及美國聯合，即是鑒於託管統治領中，其他地區存在著的親族意識及共同體意識。有水火不容之勢，因此，必須說服這些地方的人。（註：不要把託管統治領拆夥、解體，這並不是困難的事。再說，終結了託管統治，為了統合美國等全般的問題所舉行的〝公民投票〞是我們對聯合國盡義務上必須做到的。）如果美國國會，為了強化行政，單純化，予以考慮密克羅尼西亞及關島的聯合，作為後日併合兩地區的橋樑，把塞班島編入密克羅尼西亞去，在政治上將利多於弊。

塞班島，它不僅有託管統治領的本部，發號施令的中樞、地區行政廳也在此地，市政廳在此，因此，全地域的精英，幾乎集中此地，他們是年青、有能力、有遠識、有幹勁的，就中可以首推拜仙德．聖德士（Vincente Santos）他任地區議會議長，人民黨的領導者，又身兼地區教育部的教師，他對於關島的聯合，以穩健而合作的方式作指導，喬科魯茲（Joe Cruz）就不同了，他公開宣佈（…如果合併的請願不成，我將發動革命…）如此煽動民眾，民主黨方面的重要人物，可推〝企業界的喬．狄諸里奧（Joe Tenorio）高中校長的阿達（Ada），土地請求權執行官，聖里阿斯．薩普蘭（Elias Saplan）等，還有一位是診所大夫貝奴斯德．凱巴德（Benusto Kaipat）是加羅林社會的領導者，馬利亞納群島並沒有「共同土地所有權制度」也沒有〝傳統性家族酋長的制度。因此習俗以及各種措施都美國化、西方化。

五、向統合之路邁進的住民感情

據而上述的個人的，組織的，他們對將來的〝政府〞到底有什麼樣的看法，利害關係將如何影響於住民？

首先發現此地，密克羅尼西亞的三巨頭，傳統的酋長，年青的官僚，企業界，三者，即使合作無間，也不能「單獨完成建國大業，必須以美國的援助才見其成」已獲得共識。其次：一般性的問題而言，為因應社會、政治、經濟的各種問題，人人必須受教育，唯有受過教育，才能使密克羅尼西亞脫胎換骨。易言之，因受教育、知識提升之後，現金收入也因此增多。隨著降低自給自足經濟的依存度。（註：就這一個觀點而言，國家安全保障會議，搭斯克辦公廳和美國國會，為了訂定密克羅尼西亞大規模事業開發要項中，特別選上〝教育部門〞是具有慧眼的做法。）「明天會更好」的理想，在目前的情況下，和最後的獨立構想有差距，在情感上，傾向於獨立的人士，這是長遠的計畫，在現在的情形下，沒有辦法考慮到這一點，在躊躇、猶豫中。第三：這些人的腦子裡，密克羅尼西亞和美國之間的關係，在各方面熟慮之後，陷入混亂、矛盾之境。易言之，他們自己也不知道。（…密克羅尼西亞人，是否虔誠地希望〝統合〞那些人，對密克羅尼西亞的關心，是否恒久的!?）這些疑慮，是沒辦法解決的，又不得不想，（…我們併合於美國，我們既得的權利又會如何？）也沒有人能提出肯定的答覆，因此，遇上這樣的問題時，不覺地令人疑慮、不安，甚至陷入恐怖的深淵。他們也因此，一定把這些問題〃考慮在先〃。

傳統性的酋長，如果被「置於美國法律之下」自己傳統性的土地保有制度，以及隨著它形成的社會結構、制度文化等方面，將起了如何的反響？自己也沒有辦法〃透視將來〃而發生不安，再說，年青的官僚，對於託管統治領政府裡的密克羅尼西亞人和美國人的現金給與待遇的差別，心態相當不平衡，寄以莫大的關心。換言之，如果與美國合併，各種問題，將會引起如何地影響，沒有人有辦法透視它，企業界人士也有他們的「恐懼感」他們認為與美國統合之後，資本雄厚、歷史悠久、享譽全球的美國大企業，洪水般地湧上來，把密克羅尼西亞的大小企業統吃吞噬了，根本無法招架，酋長及企業家，把自己的土地使用權被奪去，在〃強權就是公理〃的「大道理」下，從政治、經濟圈趕走了夏威夷就是最好的一個例證，密克羅尼西亞人也因此覺悟了。（…為了備於將來對外挑戰，非多受教育不可。否則會走上被〃趕走、欺壓〃之路。

雖因地區多少有差異，但是全地區裡，對美國行政公務員的「資質」發生了強烈的質疑，特別是帛琉和馬利亞納的住民，領導層而言，他們對美國官吏所關心的是深怕他們把傳統的政治制度、習俗破壞殆盡。但是，他們對密克羅尼西亞人的立場所看的緊急性，必要性的問題卻毫無關心，延伸為不信任了（…美國人奇妙的美國作風）不能只責怪美國執行官，密克羅尼西亞人，把多年的觀察所得，向調查團以實例申訴。「美國的執行官，把地域內的共同努力，或資金投入於不當的方向，把地區帶到歧途，因此，在政治上也發生了很多不良的影響。」

就一般的密克羅尼西亞人而言，「將來的地位」是毫不考慮的，似乎以船到橋頭自然直的看法，要聽天由命了，連託管統治領政府也沒有暗示過，將來將會如何!!有人問一群大眾，其中一個雅蒲的婦女回答道：「我們密克羅尼西亞，將來何去何從!!這……這是個天大地大的問題呀!!我該怎麼說!!」與密克羅尼西亞人的聚會中，提起（……密克羅尼西亞，在五年後，或十年後，將會如何？該怎麼辦!!）他們的回答是千篇一律，都回答，地域經濟的提升，社會結構的調整，地域政治的變化與對策…等，為範圍，比如說：「我們的一切在改善中。」「如果椰子乳，能漲價多好!!」，「公路交通能改善，每天可以看到多一點的船多好!!」「教育方面，美國人來了以後，改善了很多。」又有人說：「日據時代的產業，比現在發達，不過，美國人讓我們加入政府中去，美國式的學校、生活……都把我們送到更好的境域，這太好啦！」又有人說：「我們跟政府學到了很多東西!!」「好多人對地區議會的功能都還沒有了解，為了達到目的，恐怕還要一段長時間!!」…等等，由上述的情形而言，密克羅尼西亞人自己能了解〝由託管統治的地位脫胎換骨的可能性，這一定要經過長時間的微妙對答下，才可有答案，除了塞班島人和密克羅尼西亞的精英，還沒辦法了解「成為美國的一部份，這是具有什麼意義!!」易言之，在目前的情形下，很少人能作〝理性的分析〞。

經過六個星期，一共四十多天的調查訪問中，走過託管統治領的十八個島，計與地域住民聚會七次，與地區議會委員會，開會八次，與市議會，開過七次會，與婦女會組織，開三次會議，他如與美國牧師接觸，三十五人次，與密克羅尼西亞人的個別接觸，不下四十五人次，與高等事務官及六位地區行政廳長官作個別談話，作簡報，依據調查團的廣泛調查，經分析、研判，結論如下：（在密克羅尼西亞的領導層及一般民眾中，對"美國的統合，並不能發現強烈的反抗核心組織"。」由各方面的跡象指出，（與美國政府聯合，而後設立自治政府，或獨立的好!!）這兩問提出的時候，大部份的密克羅尼西亞人，一定會選擇前者，易言之，與美國成立聯合政府之後，享有自治政府的日子，但是，密克羅尼西亞人裡，好多人有各自擔心的事，如既得權利，將會如何？甚至有人昧於知識，作杞人之憂，總之，美國統合的「定義」不明確的時候，大家的眼光集中於此，公民投票時，棄權的人必然居多。

六、公民投票的調和與時間

公民投票的結果，密克羅尼西亞，將在不久的將來，與美國作恒久的統合，這才是雙方雙贏。不過在公民投票之間，必須做周詳的考慮。其一：對公民投票會引起的要因，必須透視、分析、研判。其二：對公民投票要採取對策，使投票的時期要成熟，使投票率提高。把住民帶到最有利的地方，美國政府和聯合國也必須就公民投票採取必要的措施。

現在的情形而言，就調查團的調查報告來看，大部份的密克羅尼西亞人，對"美國統合"

有好感，但是他們的"恐懼感"則必須清除於先，祛除所有的疑慮，而且施以適宜的宣導、教育，抑有進者，美國政府和聯合國的利害關係也先得考慮。

就這一點而論，我們面臨腹背受敵的困境，就是說，美國國內而言，必須獲得國會方面的同意，另一方面，必須準備，聯合國、密克羅尼西亞人都能接受的計畫和決策，就美國政府及國會而言，得保證在這個地域的利權保護及保證聯邦政府的資金，在此地運用具有很大的效率，我們必須對聯合國及密克羅尼西亞人約束，提供開發適時、適量的財源。一方面，在美國合併之後的「適用政府機構」的名稱、性質、功能等，應採取措施，予以全住民周知，以利推行一切政府事務。

調查團，到公民投票的二、三年之間，及其後繼續使用的政府、社會、經濟等各方面的綜合性及現實的計畫，提出來作大膽的嘗試。我們的基本目標，就是尋找一個最成熟，最適當的時期，作一次公民投票，而且期許發揮最理想的效果。易言之，令全部當事者，能首肯的計畫，這是必須準備妥貼的一件事。再者，我們必須努力，產生一個託管統治領內的人，以及其資源，為了今後的開發事業，總動員起來，得發揮最大效率的環境及結構。

(甲) 調和

密克羅尼西亞，於第二次世界大戰結束不久之前，美軍占領之後，以至迄今，前後約二十年，在美國的管轄下其中的一十六年，在美國託管統治的協定下過日子幾個密克羅尼西亞人，曾向調查團的人員指出日本人以同樣（註：一十六年）的時間裡，在經濟方面有飛躍、充實的進步、繁榮一時，如公共事業的基本開發，也比現在著實。

至於我們美國政府採取的統治姿態，傾向於保護政策，因此，把密克羅尼西亞人“嬌生慣養”失去他們的率先性、依賴性，我們的行政。住民本身都恍恍惚惚，混日子過來，把各方面的要因，作通盤的分析、研究時，在不久的將來，不是十年一秩之內，亦即是二、三年之內，作一次公民投票較恰當。據調查團的判斷，必須立即採取有效措施，在當散佈開來的“毫無關心的一群”或“依賴心”或“突發性思考”之類的心理狀態，有效地遏止它。

諾魯（Nauru）及新幾內亞（New Guinea）他們的託管統治，已經進入尾聲，準備工作的進度也達百分之八十左右，環觀世界的託管統治，美國政府恐怕殿後，如此政治性的，令人困惑的問題，必須設法，早日回避。

雖然明乎此，託管統治方面，還沒有十足的準備，所以現在不能立即採取行動，最理想的公民投票時間，如調查團提出的建言所述（…必須有幾年的準備時間。）調查團，依調查結果建言，將來將原有密克羅尼西亞評議委員會改為有立法經驗的立法機構，設法奠定密克羅尼西亞的行政基礎，為達成這個目標，或許要有數年的時間，如果不走過這些步驟，密克羅尼西亞人，仍然對自己的定位—美國聯邦中的一個自治政府，會抱有疑慮態度，就美國政府而言，無法將這地域，予以十足的自治水準，向聯合國報告，要他們點頭。

殿之。在本調查報告文件提示的為經濟、社會的開發而投資計畫中的“優先順位”為了實踐它，也得費了數年的歲月，如依照調查團的「建言」去實行，這些事業計畫，應於一九六八年則執行完畢，這些開發計畫的投資行為，付諸實施，但是，在這區域，要使他們做到自立發展的境地，這就有其難度了，為了不讓密克羅尼西亞人感到失望，可利用資本投資事業的心理效果以防患未然。使得合併後的密克羅尼西亞人，有更好的明天。

由上述各種時空的環境來看，調查團將建言，於一九六八年初，實施該地公民投票為宜，如能縮短密克羅尼西亞議會的設置時間，又將公民投票經驗期間也縮短它。可在一九六六年則得以實施公民投票，唯六六年是可能期而不是「理想期」。

（乙）公 告

目前最迫切的問題就是「公民投票要項的公告」嚴格說來，由密克羅尼西亞人的觀點來說。「公告」應於公民投票的兩、三個月前最為適當，我們調查團的看法如此，因為有了這一段時間，可有緩衝衝擊的時間，易言之，在定期間裡，不與密克羅尼西亞人及聯合國內部，引起反對運動的時間、空間。

另一方面，調查團建言的「為實施開發計畫必要的撥款基金的增額承認，以及預算分配，必須提交議會，盡可能的範圍內，在議會開議前，到公民投票的次序予以規範，作成表，如果，對聯合國的立場上，或戰略的必要上，把一九六八年的公民投票的日程，於六四年予以發表時，為了緩衝或消弭密克羅尼西亞人的反對，政府方面，不得不把地域的各項開發付諸實施。易言之，它有激發作用，非徹底執行不可。

（丙） 條件提示

聯合國的託管統治制度之下，密克羅尼西亞人，是不是完全獨立，或合併於美國，住民必須「二選一」就調查團而言，公民投票的結果，並無可置疑，但是，必須考慮聯合國、友邦，敵對國家以及，開發中國家—第三國各就各的立場，各有其想法，這些意見分歧的環境下，把〝二選一〞如何地接受，就令人懷疑了，如果是〝一個選擇〞友好國家也沒辦法同意，站到同一邊去，吾人也沒辦法做到，就敵對國家而論，對美國是一個最好的攻擊機會，他們的砲彈中寫著「美國帝國主義在拓展殖民地」做非難。

又如，不僅與美國政府，單純的合併問題，比如說，有可能以關島、夏威夷的〝選擇模式〞沿用之，不過，依據我們的判斷，這一種模式，比密克羅尼西亞，似乎不能〝適用〞因為它有下列理由，其一：沒有任何保證之下，只帶來了複雜的要因：其二為公民投票帶進〝反射性問題。導致混亂，甚至在特殊的地方，對統合引起否定的想法亦不可逆料，占有密克羅尼西亞島人口，三分之二的加羅林人，大部份的住民，我們宜留意厭惡關島合併的馬利亞納地區現住的加羅林人的反應，以及其影響所及的情形。

公民投票的〝第三個選擇題〞似乎可加上〝繼續託管統治〞一項，不但「可以加上」，而且有其必要性，依據我們的感覺，把這一項加上去的時候，原來主張〝統合〞的贊成者，或許改變其意轉投「繼續託管統治」所以會產生如此的反應。是因為對統合還抱著疑慮的人們，會想「託管統治這一種政治結構，要跟美國政府作交涉時，非常方便。」易言之，這一種〝制度〞繼續保持下去的時候，成為「最有魅力的選擇」不過，衡諸實際，聯合國方面，要託管統治的國家，儘早結束了"這一種不應有的政治形態"就是因此，把第三個選擇加上"公民投票"中去，似乎沒有可能。

由上述的各種要因予以研究、分析判斷，調查團對公民投票，將作「兩者選一」的建言。

㈠ 您是否希望成為獨立國家？

㈡ 您是否希望與美國作恒久的統合？

如果，聯合國方面要求的話，在"第二問"中，加添"公民投票後，國內行政機構"可作簡明扼要，或詳盡說明均可。

七、公民投票的準備

（甲） 議會與美國

在民主政治中的議會，如果託管統治公民投票實施發表後，或實施前，如果美國國會表明反對，或公民投票雖然得到"贊成"到頭來，國會不予承認時，這樣事情就麻煩了，不管如何，國會不把"公民投票"的結果予以承認時，美國政府的立場，將陷入窘境，同時予以密克羅尼西亞人，無法挽救的不良影響，職是以故，下述議會必須採取之措施，亦即是，得明示密克羅尼西亞人接受於美國體制中，為此明示其證據，就是「提示密克羅尼西亞人，將予以美國國籍」，再説，提案中的各開發事業，必須與該委員會商談。這種不可或欠的事，不待贅述。

或以「替代案」代之亦有可能。亦即是，在公民投票前或實施後，制定地域的基本法時，請議會直接參與，衡諸事實，基本法，雖沒有付諸實施，但是，於一九四〇年代乃至一九五〇年代初期，曾送議會過。關於這一件事，高等事務官曾建言：「密克羅尼西亞評議委員會」於一九六四—六五年之間，成為〝立法機關〞時，把基本法送到〝立法府〞去。這個時期，是否最適當？如此做法，我們可以得到一石兩鳥之效，一是議會得到「批准」的機會；另一則是託管統治領政府的統治機構，可以得到法律上的保證。

但是，調查團對此建言是，就此，不宜立即採取行動。因為，往後的兩、三年裏，可以預測，將有激烈的變化，為了不致於留下問題或它的後遺症，初期階段，制定法律及修正法案的遲滯，將成為阻止密克羅尼西亞發展的絆腳石也不可逆料。導向密克羅尼西亞的統合動作，達到最高峰時，亦即是公民投票完了時。託管統治領的發展狀況，被判斷為最適當時，就是最恰當的時間。

為開發密克羅尼西亞的事業，必須與議會取得協議，白宮及行政當局，必須讓美國人民，有十足的統合的心理準備。為達到此目標，在公民投票的公式發佈之前，須有一段很長的時間，採取對策。美國人中，對這個託管統治，知道它定義的一定不多，密克羅尼西亞的資源有那些？總之，密克羅尼西亞人，以及其資源，及把該地統合為美國領土的可否？影響將如何？大家的手頭下，根本沒有這些基本資料，沒有從美國的評論家中提出一系列的情報，單就「殖民地主義」的觀點，高喊，其補助經費太高，藉此指責政府的情形，將出現也不可逆料，再說，完全沒有了解實際情形，遽然實施「公民投票」時，將出現「獨立國家」這一種想法，將有人藉此，小題大作，加以指責，非難。

依調查團的調查、研究、分析，為了提升美國人對密克羅尼西亞的認識，必須由白宮，內政部及國務院，以及相關的機關負責，如總統向國會的咨文，其他的高級官員的演說中，提起密克羅尼西亞的概況，甚至觸及該地對美國的重要性，休戚相關等關係，予以提及時，將成為周知事業的一環。除此之外，把照片、雜誌等，有關密克羅尼西亞的資料分贈給市民團體或壓力團體，邀請密克羅尼西亞人訪問美國，同時增加了次數，一方面也應作報聘，或在美國人的集會中，邀請密克羅尼西亞人參與、發言，這些舉動，都對認識密克羅尼西亞有助益的，特別是邀請密克羅尼西亞人的合唱團，因為他們是出眾的優秀團體。所以讓他們到美國國內，作巡迴演唱，任親善大使，必有裨益。抑有進者，國防部可以派人，向大眾演說，「該地域在保障安全方面的重要性」時，必有補於事。

（乙） 聯合國

在聯合國憲章，第三十八條，第一項條文中，可體會列〈密克羅尼西亞一般的戰略性地域，聯合國方面，把託管統治協定的變更，以及修正，把全面的行使權，賦予安全理事會〉，至於在協定的變更或修正前，可能付諸實施的公民投票，卻隻字未提。不過，聯合國憲章中又記載著「安全理事會要行聯合國的職責時，將依賴託管統治委員會」在聯合國憲章的第七十六條表明〃獨立與自治〃的定義，簡言之，託管統治制度的目的是「各地域及其人民的特殊個案以及關係的人民，能以自由意志表明其願望，使之適合之導向自治，或獨立……」易言之，表明了促進託管統治的分段性發展，根據憲章的精神，必須把密克羅尼西亞人依自由意志表明的意思，包容下來。唯決定這自由意志的決定機構，在聯合國憲章，並沒有規定，顯然可由施政當局作〃自由裁量〃不必法規裁量。

調查團，在前次實施的聯合國託管統治下的公民投票檢討會中，獲得的結論是，託管統治理事會，沒有理由拒認〃公民投票提示的選擇問答範圍〃也不會不同意施政國，美國政府為公民投票所採取的措施。再說，公民投票後，如果密克羅尼西亞人依自由意志表明的民族自決的決心，被安全理事會承認。但是，在上式的〃託管統治協定的終結〃時，被否決權一舉阻止時，美國政府方面，必須立即採取對策，在聯合國採用如何地全面戰術，予以提案，這不是調查團的職責所在，唯作強調建言，簡言之，由密克羅尼西亞人的立場而言，不待聯合國的冗長討論，希望美國政府方面，盡早承認密克羅尼西亞人，民族自決的意志。

至少限度，予以密克羅尼西亞人「美國國籍」（註：檢討美國國籍法，雖留有些問題，但是，依據託管統治協定，第三條的文字下，可作表面的允許）這是予以保證密克羅尼西亞人將來的政治地位，必不可或缺的行為之一（註：向聯合國報告的義務，必須做到，或報告非自治領委員會，代替向託管統治理事會或安全理事會）為了使託管統治協定走入歷史而加上的步驟，這種令人懷疑的問題，則得有當地全面的狀況之上，衡量適當的時機，必可解決大眾的疑慮。

（丙） 密克羅尼西亞人

美國政府方面，應立即準備，密克羅尼西亞人的公民投票事宜，吾人為了準備公民投票，必須顧慮到本章。（三）所舉的事項及下列的要因，才能作周詳的準備。

(1) 立法權限：依然集中於高等事務官的身上，至於行政權限而言，仍然掌握在美國人的手裡，中央及地區均是，現存的地區議會而言，缺乏人才、實力。

(2) 密克羅尼西亞的文化：因環境的限制，呈多樣化是不可諱言的，本質上「地域的單位」是以人為劃分而分，因此缺乏共同體體驗。

(3) 遠程：交通、通訊，等的諸問題，自然阻害情報的普及。

(4) 大部份的島嶼：傳統性的酋長，尚有強大的主宰權，而且可支配土地所有權制度，傳統性習俗也受了強烈的尊重。

(5) 年青的官僚中，雖然發現若干具有領導能力的人，但是，能力的開發以及訓練是亟待推展的。

(6) 就貿易而言，只有小規模的企業界。但是缺乏了有競爭能力的「利益集團」。

(7) 各種問題的存在：如馬紹爾群島上的土地權利關係的複雜性，馬利亞納群島對關島的聯合要求等。

(8) 到目前為止，對統合的反對核心組織尚未出現。但是，這是對這個可能性，沒有作考慮所以然，如考慮及此，統合和未知的將來，他們的心目中自會產生懸念、疑惑、恐佈，更切身的問題就是"自己既得的權利"將何去何從!!發生不安、自虐的可能性大。

上述的各種陰影下產生的問題，並不是一朝一夕則輕而易舉地能解決的，其中，為了緩和住民的恐怖，非審慎處理不可。非常明顯，在如此的環境下，問題的解決，宜採階梯式、辨別輕重緩急，循序前進，一方面就工作，做好文宣工作，美國政府才能一勞永逸，我們政府將統合的政府的形態，明確地畫出其輪廓，掃除他們的疑慮。更把我們開發密克羅尼西亞的基於善意的事業計畫，必須以具體的行動表達它出來，唯有如此，才是聰明、而且是必要的做法。又如，預先提示「如果贊成公民投票，投下贊成投票時，將有優惠措施，也是一種聰明的措施。」

因此，在下一章申述的，吾人於一九六四年，將把密克羅尼西亞評議委員會真除為「立法機構」的行動，必須著實付諸實施，如此舉動，即是把密克羅尼西亞的政治發展日程，載於紀錄上的第一步，接著，發表住民投票之際（註：如附記B的草案）以總統令的方式頒佈之（註：完全與公民投票的結果如何？毫無關連）並宣佈密克羅尼西亞政府，將於何年何月何日成立。也無妨，在"總統令"中，如本報告後述的。附有各項限制，但是設置"行政長官的職位"這一件事卻影響極大，它就是認為此地區為美國領土的範圍，也是予託管統治領的市民，國籍的授與宣示，在兩者的明示之下，恒久統合所得的全面而具有魅力的反射優遇，使三位政治領導者的群體，皆由衷贊成投下「同意票」的方案，調查團考慮而建言的優惠策略及保證要項如下。

在準備密克羅尼西亞自治的準備上，將浮現的問題，顯而易見的有，共同經驗的不足，根深蒂國的地域主義，多樣性的文化，熟練人才的發掘等等，這些要因，要經過一段時間及累積了經驗才得以解決。不把密克羅尼西亞的指導者，以及大眾作開導，使人人認識合併為美國領土的可能性，及糾正錯誤的觀念，這種啟發性宣導是必要而立即可付諸行動的。就此工作的完成，調查團將建言，可召開"密克羅尼西亞領袖會議"聚集一堂時，以廣泛的話題，交換意見，同時把包括美國及託管統治領內的利權，活的情報交換、傳達。這些工作，必須作集中性的努力，在這一種情形下，參與的關係人，必須把地區以外的立場，為自己的立場，亦即是要設身處地地去考慮問題，特別是年青、有能力的官僚，或年青企業家，應予以重視，宜培養將來的指導層，對密克羅尼西亞的年青領導者，在美國大學中，設立獎學金，以便送他們到美國本地去研究，吾人建言，應與「行政學」方面，有績效的大學合作為之，密克羅尼西亞境內則設立"行政研究所"這也是可以補救行政缺失之一項良好的措施"他如，高等事務官及地區行政長官選拔的密克羅尼西亞人優秀群體，派到美國本土的大學去，讓他們去研究政治、行政法。並加以"領導者"訓練。這也是一項前進的措施。

同時，予以一般民眾做開導，以文宣方面為重，宣揚美國的國力、魅力，關心的事項等。政治性意識的培養，這是不可或缺的一環，吾人不能低估密克羅尼西亞人，他們不是無知的，不是低能的，吾人在小小的村子裡，可以看到，以椰子葉蓋好的矮小屋中，沒水、沒電，沒有盥洗室的地方，半裸著身子，過著自己滿意的生活，所以能如此刻苦自勵，這就是代代相傳的〝知能〞使他們得以適應，維持下去，我們可以看到他們珍惜人類的尊嚴，支持著市民意識的行動方式，只不過是對聯合國的託管統治，美國人在本地的角色，將來的政治的發展，等等，幾乎沒有這一方面的知識，甚至皆無了。

對美國本國的知識、了解的程度，並不是皆無。教育程度較高的集合區，都市中心，這個地方的住民，喝的是酒精飲料，跳著狄斯哥舞、爵士舞。看西部片，逛超級市場……都是西洋化，染西風。而且與身邊的美國人接觸之後，對西方的一切了解都多，如克瓦謝林島上，有了幾百位馬紹爾人、把加州、舊金山的郊外景觀，「再現」於此地，生活在豪華的美國人社會中，不過，大半的密克羅尼西亞人，除了自己以外的社會，世界發生的事情，美國人對他們採取的政策，政府機構，他們都不做任何接觸，因為沒有遇上任何切膚之痛的情形。

在編輯「學校教育課程」時，美國政府方面，並沒有採取輔導方式，更沒有強制密克羅尼西亞人如何接受，如何的方式，由於如此結果出現了，各地方很少見美國國旗，美國的照片，以及展示物等。但是，聯合國的海報卻到處可見，最為明顯的〝失策〞就是到國小六年級，並沒有實施英語教育，即使以「缺乏教育理論及英語老師」為由，所以無法實施，如此說法，似乎難以自圓其說，因為在予以及早學習英語，可以溝通感情，產生共同的利益，它可以把情報，可在領土內迅速的傳遞，由此可知，在這漫長的時間裡，美國方面，白白浪費寶貴的時間。

至於「收音機」的持有數而言，沒有正確的調查數目可稽考。不過，一九六二年，現在依託管統治政府的推測。北區住民中，大約有兩千台收音機，是保守的估計數目，這個數字有增加的趨勢，目前的情況而言，收音機是廉價而實用的傳播媒體，塞班島人，可以受聽關島的廣播，馬紹爾群島的，可以接受克瓦謝林廣播電台的廣播，但是，不懂英語的話，聽了也不能了解新聞內容。在不得已的情況下，只好聽小電台的馬紹爾語廣播，波那培則目前計畫建立廣播電台，雅蒲尚未有廣播電台，但是，有帛琉語廣播的電台，地區的人就以此聽新聞，再說帛琉及土魯克地區，電台的節目，以音樂節目居多，英語的廣播節目少了又少，甚至皆無，帛琉則每星期作三次新聞廣播，加羅林及馬利亞納兩地域，可以聽到中國、日本及莫斯科的廣播，不過，調查團在調查期間，並沒有進一步了解，這些廣播網，如何去影響住民感情，至於「美國之聲」在大部份的區域，不能清晰地聽見，但是，地方的廣播電台，播放著美國情報部（CIA）的錄音帶，提供住民享受。

此地區，並沒有〝報紙〞以英文打字、複印的，所謂顧名思義的「機關報」由地區的行政當局，沒有編輯者的說明下發行，這一種「機關報」送給美國人或由一部份必要的人購買、閱讀，並沒有大眾化的報紙發行，每一個地區都有商業性戲院，放映的以美國片居多，政府也很少播放記錄片，或精神訓練用片，特別是距中心區較遠的地方則完全看不到娛樂措施。

竊自實際，目前在這區域裏，面臨了很多問題，人才的缺乏。島嶼間的距離性，缺乏購買各種器材的資金，因薄弱的共通語言基礎下，產生的沒有系列的通信手段等等，問題……必須在公民投票的準備期間裡，一一付諸實行，解決問題，以利迎合民心，調查團的這些建言，即是以此各點及其他應考慮及者配合上。

但是，並不是只有「技術性的不足」是癥結所在，在向公民投票邁進的期間裡，把溝通、通訊網擴大到極限，必須有健全而正確的情報內容。為了予住民有勁的政治影響力，得有對最有效率方法的知識，以及其思想的評斷能力，這是不可或缺的，這些能力，端賴美國政府審慎而且不斷的努力才能奏效，因此，本調查團要做下列的建言。

(1) 報導執行官，發言人，編制在高等事務官或地區行政長官之下，與密克羅尼西亞的精英群，取得密切的連繫，在地區內徹底實施傳達情報！電台廣播以及推行成人教育。

(2) 情報人員及成人教育專家，納入於本部編制之下，開發影響大眾思考的節目。

(3) 為了提升溝通，通訊的水準，而辦理的成人教育及文宣工作。(註：本報告中所提的溝通行動計畫，第二部B章，已提起。)可視地域活動的一部份，可把和平部隊隊員派充之。

在開發這些事業必要的技術人員(美國籍)的徵募工作，可透過，美國情報局服務處。(或請國務院)而後分派到統治領報導官(發言人)下去，他的任務，宜訂定其職務範圍，易言之，透過各種媒體，作系列的情報活動，以期建立，與美國政府密切、友好的政治關係，另一方面，幫助選拔住關島，夏威夷去研究、旅行的人員之外，凡是對公民投票，可引起重大影響的活動，思想動向，必須以報告者，評價者為己任，完成任務而戮力以赴。

八、現在及公民投票的統治領政府

託管統治領現行的行機構，是由美國政府撥款，同時發號施令。在高等事務官的指揮下的政府及其下部組織，亦即是"密克羅尼西亞評議委員會、地區議會、市行政廳、及議會"這三層的政府機構"構成，他們就是立於傳統的民族制度上，猶如屋上有屋的格式，高等事務官辦公室指示，美國方面忠實地執行其「指示」走向自治政府而舖路所以然，在這種理念下形成的制度，除了傳統的氏族統治機構、酋長之外，竟成立了「過剩政府」亦即是全密克羅尼西亞，總人口，八萬一千人中，其中的一千人，在一個或兩個的議會或地方的議會中排上名，還有二千二百人左右的高比率人數，在託管統治領政府裡工作著。

現有的密克羅尼西亞評議委員會而言，只不過是把原有的"各地區間的諮詢委員會"予以「修正易名」者，改稱是一九六二年各委員，並沒有立法權，同時不能找到"對策的執行機關"現在評議委員會而言，只能把高等事務官認為適當的議題，要評議委員會宣言、決議：或把提案通過，只不過是如此機能，又沒有法律規定這種機能，也沒有選擇「評議委員會」

的法律根據。選舉、罷免法，不過，每年（註：一般是春季）高等事務官會宣佈，何月何日起，於何地將舉行諮詢機關會議，請各地區選出代表（評議委員）以此為前提，因應派出各地區代表，在各地區議會選出代表，除波那培島，各地區則以一般投票方式，選出兩名代表（評議委員）傳統性的而言，比如說，塞班島，可選出馬利亞納人一人。另一個代表則由提南（Tinian）或羅塔島（Rota）選出，又如雅蒲島，由地區選出一人，另一個人則由地區行政廳長官，從離島中再選出一個，從選舉的方法來看，是把地區作某種程度的細分。

為了掃除密克羅尼西亞人的疑慮〈……美國人統合後，到底會變成什麼樣的政府!?〉又如為了使他們投下，統合贊成票〞必須施下誘因政策，為了達到此目的，現在的密克羅尼西亞政府，必須比現在的中央政府更要有效率，已如前述，眼看目前的〝軟弱態勢〞恐怕無法擔當大任，這些都是調查團的建言，要說服國際社會，是同樣重要的，不僅是新興國家、中立國家，要求他們統合而支援的友邦，也都得表示，美國政府有十分的誠意。予以密克羅尼西亞人，合乎人性、理性的自治政府之意，如果沒有如此做法，國際社會的輿論，對吾人是相當不利，他們的政治評論，一定說「美國政府無視密克羅尼西亞人利害、權利，將把他們陷入殖民地的地位」一事情演變到如此境地，吾人就難以招架。

由此可知，吾人應如何到公民投票的短暫時間裡，以何種方式，將既存的「軟弱組織」化為有板有眼，廉能、有效率的中央政府。調查團的看法，目前的密克羅尼西亞中央政府，有效地發揮機能，所以高等事務官及美國政府在託管統治領內的行政權、立法權、司法權的一部份讓它出來，不過在三權部份轉讓時，宜保留美國政府在同地區的利權及政府及有關美國政府資金運用的權限，不待贅述。

（甲）立法議會

高等事務官已經向聯合國表明，到一九六五年之前，密克羅尼西亞評議委員會為立法機關，這是把密克羅尼西亞引導到正確方向的一大步，密克羅尼西亞議會創設的草案，由內政部起草，於一九六三年初，交密克羅尼西亞評議委員會的會議中提出討論。

但是，在這一望無垠的廣大區域，各大小島嶼，兩千多的地方，要設立一個議會，並不是說來簡單，前途是滿佈著荊棘亟待走路人去披荊斬棘，只要到過這個大洋中，分佈於七百多萬平方公里的兩千多個大小島嶼，環礁、地區中心島的人，看到馬利亞納群島，以至馬紹爾群島、雅蒲島、波那塔、土魯克、帛琉等……這廣大的汪洋中的遺珠，一瞥之下，立即目眩神搖之感，這些島嶼的住民，並沒有共同的歷史性傳統，因此，在如此條件下的廣大區域，語言、宗教均不同，各異的經濟狀況。要他們在一個立法體制之下，作「概括解決所有的問題」恐怕沒有人有辦法提出〝超越的條件〞。

從另一個角度來看，因財源的不足，資金管理能力的不足，資金有效運用與執法行政機關的不足……創設，中央立法議會，或許言之過早，單就創設「立法機關」而言，或許有人認為，起初的幾個年頭裡，並沒有什麼工作可以做。所以何必花了很多人力、財力去辦這件事，是不是值得一搏，但是吾人在這〝過程〞中，不能忘了一件事，任何組織，都企圖發揮其機能效果，不過，比它重要的是"學習效果"了，由這個見地來看，議會這個東西，它具有很大的教育意味，由國民選出的代表，作定期的集會，在會中的討論中，浮現出共通的問題，到頭來搬到檯面上，激烈討論下，做成可獲得共同利益的結論，甚至編出「問題」共同絞盡腦汁，在這過程中，能訓練領導者的責任感，易言之，這些歷程都是走上民主制度不可或缺的步驟，抑有進者，將立法權轉移到密克羅尼西亞議會時，將享有"課稅權"賦予課稅權時，即是有責任的負擔，為民謀福祉，這就是最確實的「政治家教育方式」。

職是以故，調查團將建言，為了建立有效率的"密克羅尼西亞中央政府"希望把目前的"密克羅尼西亞評議委員會"賦予立法權限的真正議會，所謂"真正議會"就是關於統治領內有關一切事項、政治、經濟、社會各面都包括上去，轉換的時間，宜於一九六四年秋天之前，至於立法機構的結構，以及有關必須即予處理的問題，得於一九六四年春季會中，由現在的密克羅尼西亞評議委員會完成，而後，立即發佈訂定其構成、權限、選舉、立法手續等，政令的發表內容時間，則應於一九六四年八月－九月間，實行第一次選舉，同年十一月，可以召開第一次大會方可，如此依序做好之後，一任三年任期到來之前，於一九六七年秋季，實施"第二屆議員選舉"這三年的時間，能讓立法議會議員累積了不少經驗。吾人在這期間裡，仔細觀察政、經、社會各方面的演變。在一九六七年的選舉前，或是選舉即後，宣佈「於一九六八年，將實施公民投票」如此做法，是否有當。

調查團的另一個建言，就是把立法議會的創立，以「總統令」頒佈。或「總統承認的文件、伴隨於內政部長令之上」，有了這個動作，將使立法機構的權威增強，州廳間的聯繫也較容易。

依據內政部起草的〝立法機構草案〞其大要是由二十一席代議士組成的一院制，議席由人口比例選出（註：人口較少的雅蒲，馬利亞納為若干人，亦即是與人口比例之下，獲得的議席較多。）議席的分配，每十年調整一次，被選舉人、候選人的年齡，最低為二十五歲，必須在選舉前，於統治領內連續住滿十年以上的公民為積極條件，任期二年。由各地滿十八足歲的男女公民，具有投票權的人選出，年歲費，二千零八十美元。得以其他的僱傭關係獲得收入，定期大會兩次，並規定特別會期。

依內政部的「密克羅尼西亞立法議會草案」中的立法議會，只要不違反條約，國際協定，美國法律、以及託管統治領法，其他的一律可以立法，法律制定則必須獲得高等事務官的承認，高等事務官，據有否決權。但是議會議員，三分之二以上的請求下，可以翻案，不過最後的決定權握在內政部長，高等事務官有「緊急法令制定權」唯必須獲得內政部長之認可，如關於聯邦資金的運用問題，事關重大。高等事務官，將把預算案，送到內政部長之前，先送到立法議會，作通盤的檢討而且得以陳述意見。

密克羅尼西亞評議委員會的作業部會，雖把內政部的草案略加修正，但是，評議委員會本身，看了以後，於一九六三年三月，提出異議，因為其草案與實質上有出入，當時，以大略而不正確的人口比例選出十六個議席的下議院。以及各地區，不分大小選出兩位代表組織的上議院，亦即是兩院制的議會，上議院議員的任期為四年一任，被選舉權為三十歲，經過一年之後，在下議院就「兩院制」作檢討，草案又規定議員不得在政府機構內兼職。薪津給與則由法律規定。至於其他事項，與內政部的草案沒有多大差異，不足取。

不過，在此必須下決斷的重要事項是「立法議會構成份子」的決定，評議委員會，以毫厘之差，贊成「兩院制度」所以演變成如此局面。有兩方面的考慮，第一個是為傳統的酋長準備上〝上議院〞一方面顧慮，如果以嚴格的人口比例來選舉，如土魯克島，人口多的地方，在議會中所占的議席多，可占優勢，在議決時，易流於不公平，有一位議員事後向大家提起，「我們應該一院制即足於立法。」但是，沒有一個人站上來申述其理由，所以我就投下贊成票。不過，這種說法，似乎缺乏了魄力。

依據調查團的判斷，在密克羅尼西亞，這樣環境下，統治領內的議會，讓它把「上、下院」兩院去生根，紮根，是否不太妥當，因為密克羅尼西亞而言，支撐者，「立法上部結構」的總人口，只有八萬一千人，不必再有多的組織，因為缺乏富有領導能力的密克羅尼西亞人，所以，必須把卓越的領導者，必須集中恐怕找二十位就難，要比這數字多的卓越人才，送上密克羅尼西亞議會，這問題就大了，衡量一院的秩序，要它發揮議會的功能，就密克羅尼西亞人及人口而言，已經相當困難，何況上下兩院的話，更需要能力較高的領導者，同時，必須動員，議會運作人才，如此阻礙下，會期會延長，人員的動員也得增加，人才的動員，已經有不足感。

抑有進者，吾人的理想目標，在於培養共同夥伴意識。就目前的密克羅尼西亞各島嶼根深蒂固的"派閥主義，地域主義"千千萬萬不能因「兩院制」的實施，助長了其發展，易言之，我們企求的目標是要一地區的密克羅尼西亞人。認為〈……我們是構成整個組織中的一部份。〉有了言一種認識之後，才得以達到統合的目的，從美國政府的角度而言，應視密克羅尼西亞議會的存在。就是引導他們統合到美國的第一步。在首屆議會中的領導者，對他們的將來，如果能定位，為此作發言，這是不能避免的。但是，在一個機關中，領導者也參與討論，各種障礙也可能排除，而且能循序以進。

再說，依調查團的判斷，議會議員的選舉，不宜以現在已劃分的"地區全體"為一個選區，宜採取一人一小選舉區，唯有如此做法，代表的「全面性、周延性」得以保障，以一例言之，如波那培地區，將克沙伊耶（Kusaie）畫為一個選區，雅蒲的情形則"離島全部"為一小選區，如此考慮，才不致於人口密度高的地方，把議席占滿，小地區就永遠派不出一個代言人，予遠距離，窮鄉僻壤的住民，選出自己的"代表"，這種特惠，比小選區產生的一票人格差產生的不利，還來得高。

據如上述，調查團衡量密克羅尼西亞的現在，希望他們「將來的立法機構－立法議會」議會的選舉，不要以現有的「地區為單位」儘可能劃分為一個小選區，選出一人。以二十人左右，構成一院制。較為恰當，如果有了特殊的理由，在密克羅尼西亞評議委員會下一次的會議中，依上述的建言，無法取得委員的同時，可採取"暫定政策"亦即是由各地區選出兩人為「地區代表」離島也各選出一人。將作〞地區細分〞之後，將議會同現行的評議委員會一般設立即可。

調查團認為內政部及密克羅尼西亞評議委員會提出的〞議會組織案〞有矛盾之處。第一：我們認為，議員的被選舉權，必須年滿二十一歲，此則用意很明顯，曾受過教育的密克羅尼西亞人，特別是為數不多的大學畢業生，盡量囊括上來，作為〞被選母體〞。第二：任期方面，在密克羅尼西亞的現況而言，兩年似乎太短，宜改為三年一任，方能發揮才華，同時不致於浪費。第三：在議會工作的人才，是有能力階級，年薪應為三千美元。這個數字，同區行政廳局長同級給與。第四：就現在的情形而言，有期限的議會，被選上之後，有現職的人，強要他們辭職。是非現實的做法。又如在統治領政府裡工作的，當選議員之後，強制他們辭職，這也是非現實的做法，假如受「政府指名」及「高級公務員」之間，有明確的區分的必要，基於這種想法，在數年後採取實施的話，另當別論，吾人也贊同這一種做法。但是，如上述地區的議員，大部份的席位，由政府官員所占，在這種情況下，密克羅尼西亞議會的議員，暫時也不得不依存於集團中。如果議員在任中，不能從公家及議會個地方兼領薪晌，如身兼公務員時，任期中的公務員給與即不得兼領，或擇其優者領之。

殿之，密克羅尼西亞議會自己能以自己的法律，享有託管統治領法的修正權限之前，高等事務官得內政部長的承認下，須將現有的託管統治領法完整化，就中重要的是明確劃分各政府部局的功能、責任分擔。分層負責的法律，及早公佈，這一種〞法律的制定〞不能委任現在的行政當局，或提案中設置的〝密克羅尼西亞公務員協會〞第三部則詳述提案的實行要項。

上述調查團對立法議會的見解，我們書寫於附記的草案中，新的全域有關的立法機構，各地區的住民抱有關於既得權益的疑慮、懸念，尤其是既得權益的疑慮應設法減輕，掃除他們的疑雲。同時具有政治教育之效。對少數、弱小團體不利的立法，高等事務官，得保留否決權，立法權限。不宜涉及權利章典所列之各項，包括傳統性的土地持有制度亦不可提及，又如向大眾說明清楚〝為選舉將地區再分割為〝選區〞其用意所在乃是為防止人口密集的中心區，仗著人多的優勢，獨占主宰體制，唯有小選舉區才能打破這種體制。再說，為了連帶合一的有利性，明確化的話，必須造成大型的社會集團較佳。至少，到頭來，密克羅尼西亞統治合完成時，再脫離這大型共同體社會，不如對政治、經濟、社會的各面，盡我一己之力，參加大團體來的好。

〈乙〉 法令的執行機關

密克羅尼西亞議會創設成立了，託管統治領法令制定之後，隨著來的是設置行政機關的必要性也增高，剛開始時，由高等事務官執行議會制定的法律，執法是經自己的機關，撥出資金。但是隨著時間的消逝，很明顯地出現了它的變則性，這種要因，發生於密克羅尼西亞自治而必需採取現實對策的國際社會及為了使密克羅尼西亞人自己緊急的要求，予以滿足的必要。在這立場上，先得發出「至上命令」易言之，一定要配置密克羅尼西亞人的行政長官。這一個「職位」的設置，不外乎密克羅尼西亞人的政治性發展的第二個步驟。

但是，在高等事務官之外，再置當地人的行政長官，無異表明了美國政府從來行之已久的，歷史性領土主宰，將使之脫離之意。但是，公民投票後，如果密克羅尼西亞併合為美國的領土之一則關島、處女島（Virgin Is.）美國領薩摩亞（U.S.A. Samoa），加之，最近才併入美國一州的阿拉斯加（Aaska）、夏威夷（Hawaii）……等，皆以同樣的模式完成其路線，比較合乎邏輯，如果依照此模式，就是與地區行政廳長官同樣的模式。總統指名的州長、代表美國政府來治理這地域。

但是，密克羅尼西亞這個地方，必須考慮更上一層樓的方策。這個地方，目前並不是美國領土的一部份，而是希望將來成為「這樣」所以，為了實現這個目標，先得把他們導向自治去，為此得說服聯合國及密克羅尼西亞人，如果，這一種想法是千真萬確的，把所有的行政權，全部掌握在高等事務官的手中，如此一來，這種想像是不能兩立的。另一方面，高等事務官仍然予以存在。但是並行密克羅尼西亞人的行政長官，易言之，兩方同時配置，並行的話，為了達成自治的目的，可把現實的責任，作柔和而和平地轉移到密克羅尼西亞人的手中去。也因此，可以避免矛盾的所在，不僅如此，美國政府也因此能有效地確保自己的權益及資金。如果設置的密克羅尼西亞人行政長官，能得到議會、住民的肯定，從來我們沒有辦法鞏固地盤的地方，將為我們造出「有責任，有擔當的政府」在這種情形下，立法部門和行政廳，分別依存在不同的「權限」中，因此不必同在一起，作建設性動作。

由上述的理由，調查團建言如下，在密克羅尼西亞政府之下，應設置一位執行長，易言之，應置密克羅尼西亞人行政長官，在琉球群島的行政廳，置有這一類「職位」隸屬於高等事務官，這一種職位。發揮了高度的行政功能，吾人可明鑒。

調查團對密克羅尼西亞行政長官的設置時期，作各方面的檢討，最好的時間，是立法議會設置之時，與它同時作平行的設置，如此做法，可使高等事務官，執立法議會法律時，看不見的矛盾，可消弭於無間也不可逆料。但是，這樣的措施，如果執行不當，將複雜的問題，更行複雜化是可預卜者，為了除去大型障礙物，先得設置議會，讓他們發揮功能，再給他們累積數年的經驗，不過，如此性急的措施，美國政府方面，因角度的不同，或許會引起他們的反彈，到頭來，在公民投票之前，以〝想妥的、莫須有的理由〞解除行政長官的職務，就密克羅尼西亞人而言，帶來反效果了。

為了對自治政府，表明我們的善意，在公民投票發表之前，比如說，於一九六七年前後，設置這個職位，是否適當，因為在此時設置這職位，到公民投票時，予密克羅尼西亞人，某種程度的經驗，與美國政府聯合國的政府，可為它勾勒出明確的輪廓，或許可以出現這樣的利益。但是，另一方面顧及，公民投票之前，行政長官的職位，說不定會遭撤除的厄運。因此，決定不予採用。

到公民投票的期間，可以向大眾宣佈「……公民投票後設置自治政府……」同住民來個「預約」調查團建言，在公民投票舉行前或即後，宜發佈設置行政長官令，亦即是告知公民投票同時發生之為宜。這「設置令」必須告知聯合國，所以得以總統令為之。唯有如此，才能證明吾人之善意，發令的時間則立法議會，累積了三年的經驗後，較為適當，到彼時，被美國政府統合的政府的實體像，可以掌握在手中，亦即是住民將投下贊成票的誘因，同時，可以排除大家的疑慮（……公民投票前，行政長官將遭撤廢……）這種謠言，自然消弭於無間。

至於選出行政長官的方法，可有幾種方案，其一：由統治領內的住民，直接選舉。但是，如前述，在地區內部，不容易得到他地區的有關情報，距離、交通、通訊等問題，加之，為了解決這些問題，也沒有「政黨」這個組織，衡諸現時的環境，這種直接選舉的可能性不大。其二：是由議會選出的方式，如此，由小數人選出時，近乎自治政府形態，沒有人敢保證，成為「人緣投票」易言之，行政長官，單就受了議會多數派的支持罷了。調查團又考慮到，高等事務官，由立法議會推薦的人物，確認他是議會大多數議員肯定的人物之後，予以任命，這一種方式也無不妥。如此做法，議會將成為政府機構的形態。為了使制度完整化，行政長官宜由立法議會中選擇。這種選擇，不必由法律規定其積極、消極條件，以「習慣法」成為「不成文法」即足。

至於成熟度而言，必須確保之，惟不宜把行政長官的選擇範疇，作嚴格的限制，調查團在多方面考慮之下，行政長官的資格要件，除了年齡必須三十足歲以上，以外，均與議員的條件同，至於薪給則必須與美國政府的官吏相同，不得有差距。因此，調查團建議，必要的事務辦公費也包括在內，應年給一萬七千五百美元為度。

在此會出現的一個疑問：就是現有的，在高等事務官之下的各部局，到底將如何？這些現有的部、局，以後也隸屬於高等事務官之下，讓它發揮各部局的功能，不合併於密克羅尼西亞政府去，照此建言，他們計畫的進度情形及管理情形一目了然，聯邦政府資金的運用上，比以前更能發揮管理效能。但是，衡諸實際，高等事務官政府，把百分之九十的密克羅尼西亞的財政，掌握在手中，執牛耳的高等事務官政府，及弱小密克羅尼西亞政府形成之後，出現了不倫不類的制度。易言之，政府的重複及對立的發生，這可能性很大，我們如此做法，將帶來了莫大的危險性。因為把立法權限轉移到密克羅尼西亞議會去，高等事務官政府卻繼續依法辦理業務，這兩頭並立的狀態，非常難以消除＂眼上瘤＂簡言之，把密克羅尼西亞自治政府的框邊，大幅縮小了。

為了避免這種可預見的危機，在設置行政長官時，把現在隸屬於高等事務官府的執行部局，以及機關，轉移到密克羅尼西亞政府中，唯先施行確保美國政府利益的安全措施後，使之隸屬於行政長官之下。這些部局或機關的權限及行政職責，現在就畫分清楚，而且以法律規定之，各行政官的裁量權，要明確化，這些部局的職責範圍內行政，並監督密克羅尼西亞的法律追加的事項之外，行政長官得任命部局主管及機關首長，地區行政廳長官，密克羅尼西亞立法施行的認可，密克羅尼西亞法律的執行……等等，通常執行被賦予職責的任務，再說，把密克羅尼西亞人官僚提升更有責任的地位，或為提升而培育人才，這些都是必須注意及者。

從高等事務官府把若干經常業務及行政權轉移出去，最終的目的在於高等事務官代表美國政府，把政府組織內部的利權確保，能使他在管理業務上不必分心而構想，高等事務官也因此，可用少數官僚即發揮管理功能，一方面對密克羅尼西亞政府提出建言，到培養一流而能獨當一面的人才，仍然可把在託管統治領工作的美國公務員僱用，如此的權限轉移，根本不會影響到聯邦政府的各機構去。

密克羅尼西亞每年的運作經費，殆乎由聯邦政府撥出，有關事業的開發，轉移到密克羅尼西亞政府去，為了確保聯邦政府的利權，必須監視、監督。此時，不僅是資金，必須普及密克羅尼西亞去，澤被全民。至於管理方式，能做多方面、多方式的考慮，為了維護聯邦政府的利權，執行得有效率，最適切的方法，就是管理密克羅尼西亞人使用的聯邦政府撥出的運用資金，沒有聯邦政府撥出的款項，密克羅尼西亞政府就陷入癱瘓，密克羅尼西亞政府，每年向內政部提出的〝預算案〞必須提出附有建設性意見及建言表，而且能把它繼續下去，建立體制，聯邦資金撥下款項，則由高等事務官視事務的必要，分配於事業單位。（註：衡諸實際，行政長官及其部局、機關必須參與預算編制）為了監督的方便，高等事務官必須確保，密克羅尼西亞政府運用資金管理權，除了支出的全面監督之外，認為不當的開支，立即予以糾正，停止支付。必要時予以撤銷收回，保留如此的權限之後，密克羅尼西亞政府，不得不依高等事務官的〝原旨〞行事。比如說，某一個行政長官，所作的言行，違反了美國聯邦政府的利益，已經非將〝強制免職〞不可，在如此情況下，必須保留撤回資金的權限。但是，只有保留這樣的權限，就聯邦政府而言，這是令人困惑的事。在利益保護的觀點而言，這是不利的，例如，議會不同意行政長官的選任，是有可能產生的問題，有時，高等事務官認為適任的人選，他們會拒絕同意的。又如，議會在自己的利益為前提下，制定違背聯邦政府利益的法律也不可逆料。把行政組織大幅度調整之後，在預算運營上，發生了深刻的問題也說不定，為了解決這些問題時，行政長官不在的場合，或立法機關，在合理的期間裡，沒有選任令人滿意的行政長官的情形下，高等事務官保留有「指派行政長官」之權限，這是調查團建言之一，由高等事務官「指派的行政長官」迨至立法機構選任"同意人選"為止，如果在「追認」上發生對立的情況，必須徵求內政部長的同意後任命，高等事務官，視聯邦政府的安全保障，將受損，必須保留「行政長官任命承認權，對立法的否決權，或法令無效宣佈權，公務員解雇權，等等。

密克羅尼西亞政府機構，行政長官對行政官廳有關的上述各事項見解，表列於「附記」—的行政命令案中，在這行政命令中，明確記載密克羅尼西亞政府的職責範。易言之，是對密克羅尼西亞政府行政的管理。在權利章典上，可記載"密克羅尼西亞人得以保留各種習俗"可取得財產。得以維護事業利益"如此做法"。將可減輕密克羅尼西亞人對各方面的疑慮。

九、公民投票的催生誘導策略

公民投票後，將設置〝行政長官〞一職的行政命令發表同時，必須為公民投票，誘導於聯邦政府有利的策略，予以共議，設計〝以適當的方式公佈周知，就中，能一針見血的策略即是〝如果選擇與美國政府連合，將保證密克羅尼西亞人獲得美國國籍〞把這可行的保證發表同時應予以說明〝美國國民地位保證的享受權益，以及象徵性意義，做剴切、審慎、反覆的說明、闡述，人人聽得耳濡目染，才舉行公民投票，必能投下〝贊成票〞不過，實施此種行為時，得先與美國國會事前協議，但是，調查團在這個時期，並不予考慮〝授與密克羅尼西亞人的市民權理由是，現行限制的土地保有制度，美國企業的進出規制等，對密克羅尼西亞人既得利權的一部份，會發生威脅其各制度的危險性，如果對「授與市民權」的可能性予以考慮時，宜先考慮美國企業進出規制的方策。

在公民投票時，認為適宜而可行的〝催生策略〞可有下列兩項。㈠對薪水階級的社會保障制度的延長，如退撫制度的確立。㈡在政府機構工作的美國人及密克羅尼西亞人，現金給與體系的平等化。

至於公民投票後，確定的順序及設置行政長官一職之兩事，現在提案，或許有言之過早之嫌，各項釐定的政策，一一付諸實施之後，制定一系列的法令、辦事細則……在這時看準了情況，自然可以強化組織。但是，開始檢討密克羅尼西亞和關島的合併。已經不算言之過早，從文化、民族、社會、習俗等的現有結合來看，兩者的合併是合乎倫理的，有了這種不可或分的要因，有助於行政效率的提升，自然經濟活動也活潑化，無可置疑。

十、地區性水準的政府

由選舉產生的地區議會，在託管統治領中的六大地區，均成立了。但是，回顧過去，密克羅尼西亞人，在這種〝議會制度〞下，經驗不足，交通、通訊方面，均落後的情況下，把這民主議會，在短短的六年裡設立完畢，是值得稱讚的一件大事，美國政府為了許可地區議會的設置而引導它。幫助密克羅尼西亞人做好議會手續，議案的擬草等。還教以立法、預算分配，及其他有關立法業務作全面性的諮詢、站在見證人的地位，完成其角色任務，地區議會的法律制定，必須經地區行政長官的提案，而且要高等事務官的認可才可以。

衡諸目前的情況，地區議會的真實問題，可以使用下列五句話概括它。㈠ 因歲入財源的不足，為住民擬開發的事業計畫，沒辦法付諸實施。㈡ 制定而頒布的法令，沒有執行的母體，易言之，人才缺乏，目前，法律的執行者是中央政府中的地方代表，地區行政廳長官。㈢ 議員，大部份是由地區行政廳的職員所兼。㈣ 有的地區，並不是由選出的議員充任，而是由傳統性的酋長充任。㈤ 一般說來，缺乏了政治經驗及領導能力，易言之，人才深感不足。

近代「立法制度」的歷史，就是發足於「基於合意的支出分配」為基礎，開展這個的業務為中心，逐漸完整化，一個議會，如果沒有徵收稅金，不能支配公款的權力，他們的〝角色〞就難以發揮了，密克羅尼西亞的地區議會，對其他地域內的財源，多少有主宰權，但是其能力極有限，例如馬紹爾群島地區，一九六二年徵收的稅額為九萬三千美元。為此地區中的最高額，雅浦島的徵稅額只有前者的三分之一，約三萬一千美元，一九六三年美國政府，為兩島嶼區撥出的款項，不含整備建設經費，只有經常費。前者為八十二萬五千元美元，後者也獲得三十八萬五千美元，再說，一九六二年，密克羅尼西亞地區及各市，稅收及其他收入，進入公庫的金額，共七十五萬美元，但是，美國政府的撥款卻約九倍的六百三十萬四千美金，一九六三年，聯邦政府，擬撥一千五百萬美元，這一種撥款數字，將地方歲入影子淡化了。

就現在的情形而論，各地區政廳支出，大部份撥自美國政府，這些撥來的資金，在高等事務官的管轄下，經一定的手續才能動用，這種收支手續，雖把一部份權限轉移到密克羅尼西亞人的手裡，仍然被沿用，因為地方收入的數目小，中央政府的下層機關之外，不必再設置〝地區行政府〞設置了它也毫無意義。但是，調查團建言，地區行政廳長官編制預算時，宜向地區議會提出諮詢，並要求其建言，這是聰明而不是屈服之行為，唯有如此，編制的預算案，才能把地方稅收和美國政府撥款配合使用得當。易言之，議會本身能決定自己〝資金的用途〞預算分配則包括地區分配預算，作成〝地區預算〞才可以。如此做法，行政廳長官可以考驗議會的議員諸公，到底對地方的需要是多少？同時，可得知，議會議員，對自己行政，作如何評價，具有兩面效果，吾人可知道，最大的目的是地區行政廳長官及地區議會，共同了解，合作，為了解地區內的需要。建立了合作無間的緊密關係，衡諸目前的情況，地區行政廳長官和地區議會，似乎各自為政，吾行吾素之嫌，調查團道出了一個例子，議會自己選出一位地區出納官，自己支付款項，稅金的徵收，有時候，與地方行政廳作另途支付脫節行為，如此附隨於議會的創設性執行機關，必須取消。此風不可長，凡是地區的稅收及支出，是由地區行政廳長官，或由其指定的代理機構管轄業務才是正軌，否則弊端百出，這種〃原理、原則〃在帛琉則已載明於「帛琉議會公法四－六三」一部份的議會已經認同，同法曰：「對市政單位交付四千二百五十美元，管理運作權則由地區行政廳長官掌之，但是，因決議公正，當用基金，且被視為善用於公益，地方行政廳長官，認其必要性和正當性時，得以變更其用途，」如此聰明的規定，宜請全部地區，明確化，效法並宜付諸實行。

吾人不厭其煩地再三建言，密克羅尼西亞地區，最缺乏的是〃人才〃在託管統治領內，要找到完整的，具有行政能力，政治領導能力的人物，確實很難，問題深刻化，結果，僅有〃才華〃的人物，就要其兼一或二以上的職務，一兼二職、三職，不克分身就自量輕重緩急。輕、緩部份就〃敷衍了事〃比如，一個具有英語能力的人才，同時〃侍候〃兩位首長。就現實的執行業務上，完全沒辦法做到將〃重任〃扛下來，吾人見了不少事例，地區議會設置之後，為了找到有能力，能勝任的議員，這個責任，竟落在行政府的肩上，成為一個重擔，密克羅尼西亞人中，已經接受西方思潮，親近於美國式政府思想，頭腦清晰的年青人，現在，大部份服務於地區行政廳。他們在六個地區，各議會中，均可立為候選人的人物。事實上，這些席位（註：馬紹爾七十九，波那培四十等）並沒有全部由託管統治領中的領袖人物所占，規模太大了，這個問題宜解決，現在為了減少議席數目，正與本部檢討中，但是〝人才問題〞仍然無法解決。

據統計數字顯示，行政府職員，身兼議員之數，占三十—四十%，有的地區，竟超過半數，如雅蒲島，三位議員，均是同一個公司的職員，三人並沒有職業，十四人是教師或其他政府機構的職員，對稅收及支出，均有支出，分配權限的人，竟由批判、學習行政府行政權的行使人員，議會議員出任，這一種情形，就違反制衡原則，身兼立法、行政，為近代史實所詬病者，不但不健全，因大權獨攬，容易造成弊端。如議會會期中，因主要職員的兼職，請假外出與會，又沒有健全的批判、考核制度，政府的業務也因人不在，業務則不得不停頓。

既然明知這些缺陷，即必須採取緊急措施，作有效的救濟，但是，遽而宣佈「…今年中身兼議會議員的行政廳公務員，應辭去一方……」這樣的措施一出，或許立即造成議員不足的現象，可知這一種方式行不通。另一方面，由待遇、給與來看，議員的待遇低，身兼公務員的議員，一定沒人願意奉獻全部的智慧精力，時間於議會。不過，翌年以後，發佈〝基本原則〞不算行之過早，因此，調查團要作下列建言。〈一〉地區行政區長官及其長官秘書等，不能兼任議員。〈二〉兩、三年之間，地區行政廳的局長，不得出任議會議員，應辭去一職。但是，目前議會大會的會期中，可將本職請假，但無給職。

在密克羅尼西亞的議會情形而言，以一－兩個月為會期的獨立地區議會，為了求發展，必須由下列人員來構成。可由民間得到所得的人，因給與，能足於支付生活及議員活動的人，在密克羅尼西亞地區議會制度下，能找到個個都有獨立能力的議員，似乎時期未成熟，為了支援這一種目的態勢，地區議會，必須以「日酬計付方式」作支援議員的方策；又如，為減輕財政負荷，行政府方面，應擬一套〝議員在會期中，免費供交通工具〞的辦法付諸實施。

如果使地區議會，更能發揮其功能，必須做到下列幾種狀態的形成。如此市當局才能出現更強有力的權限。（註於下記中提案）地區預算案的討論參加權，議員的減員數目，經濟活潑化時的稅收的增加，等等。（註：一方面禁止徵收輸出入地區稅，另一方面，將地區教育行政權轉移到中央政府去；又如充裕地區業務財政等）為了這些「方向導正」支援各地區議會，擬編制三－五人的〝執行委員會委員〞任命之，讓執行委員執行「法案的研究，詳細檢討預算，行政案件的調查，陳情書的傳達，議會議題的準備……等等，議會會期及會期間的各項業務，均由彼等負其全責，至於執行委員的酬勞，可與行政廳部長級同級支領，較合理公平。

十一、市區性水準的政府

一九六三年六月，本部「政治問題局」的一位事務官向高等事務官，寫了一封信，曰：「我們希望上級政府，多關懷我們地方政府……義務與責任方面，一部份的地方官吏，已經誤解而發生混亂，地方財政的限制，與其比較之下，薪津高，稅收及管理上困難問題叢生……造成財政問題，法律的規定，發現執行上的偏差，大部份的市當局，已經呈「破產狀態」……地方自治體，並沒有得到大眾的支持，市民不滿市政之聲，充斥於耳，如果這些事態，繼續惡化下去，積極的政治性發展計畫的基盤，將崩潰殆盡……」。

一九五七年，馬達拉紐姆（譯註：波那培地區）為嚆矢。託管統治政府（Self Government）把市中及最小的村落組織，均設置〞自治政府〞這是一個大規模的更新計畫，在日本委任統治下，議會這個東西甭說，在政策裏也不能看到民主政治的「隻字表現」日本人是把一道命令，傳達到村長，以一條鞭式的為之，但是，現在的市當局就大不同，市長一人，是民選的，評議員復如是，有的地方的市當局，連出納及秘書也以選舉方式產生，這些人，獲得了行政長官的承認，賦予政令的執行及稅收的權限，因為稅收的收支權限，並沒有多大限制，結果地區及統治領的稅源重疊的地方出現，一條牛剝兩層皮的苛政。

到目前為止，公路、學校、警察及其他各問題，為了讓密克羅尼西亞人，背負〞地方自治體的責任〞一顆熱心，行之過度，操之過及把促進行政效率的簡單的行政性的，政治性的小事情都擱置下來，甚至沒有提醒自己去辦。比如，最大的馬紹爾市當局，有超過一千人的公民，擁有選舉權，在此地，畫分為四個選舉區，選出市長一人，十個議會議員，其他的市裏，有了這種例子，有選舉權的公民，只有二百三十八人，初步以個別拜訪方式，決定"議員候選人"但是，以投票方式決定選出議員十六人，還有其他的三個市裏，分別有四百六十人，二百人，一百八十人左右的潛在性選民，但是，因交通情況的不良，地區行政廳，連選舉管理人也沒派出。

至於波那培區，有四個市，各擁有一千多一點的選民，分別選出十一人，十七人，二十人，二十一人的議會議員。科羅尼亞市議會的市議會議員，以選舉區為單位，選出議員，但是，第二選舉區的住民，只有五十七人。

土魯克島而言，於一九六二年，歲收超過一千美元的市府，只有五個，如巴烈姆（Pareemu）市，由九種稅源，徵收了二百二十美元，其中的三十二美金支付給交通費及事務局辦公費，三十六美元撥給警察用，其餘的則作市長、評議員，秘書的薪津給與，帛琉最大的市裡。一九六四年的總預算額為一萬五千五百零二美元，但是，其中的八千零六十三美元，則支出在市長、評議員、事務員、稅務員、大酋長、酋長，地區議會議員的薪津給與。易言之，人事費占去一大半，馬紹基尤克市（Marchiyock）年歲入只有八百四十五美元。但是其中約八成的六百四十美元，將供作薪津給與，卡拉斯馬奧（Ngarsmao）年支出，分別為租船、車、支付十美元，雜費、十·九元，餘下的三百九十四美元則供議會使用。

我們依據調查，有上述的事實，如果據此，把市一般化，則將成為"誤會之源"比如說，塞班島，它因為建立為美國海軍基地，畫為單一的「市」，此「市」的年歲收，約三十萬美元，人口約八千人。占全區域人口的十分之一，再雅蒲而言，還沒有被認為「市」的地區，尚未有一個地方，被認為「市」的地方，人口多。但是，相當於市的地方多，費盡九牛二虎之力，獲得的人民膏血－稅收，幾乎沒有用於公益事業，把大部分的稅收，付給被選出的官吏，在財源不足的情況下，複雜的政府機構，一窩蜂地湧上來，結果，所得到的就是公式的選舉。會議，文件的書就等，課以重擔，地方上應興應革的事業，一切停頓著。至於在民主選舉中，多方設法，擬女性也同男性一樣，有投票權，這種努力是值得稱讚的。還有一件事，必須提起的是，在制度作全面性的檢討完成之前，不宜允許升格為〝市〞。

「市」的行政長官－市長，是由選民依選舉法規選出的。這一種選舉，在基層推行民主制度上。是最聰明的方策，但是可享有〝薪津給與者〞必須限於市政府的職員，如果將來也繼續沿用這一模式則，議會議員及其他臨時雇員之類的〝指派職〞得以〝名譽職〞聘之，除此之外，稅制的結構，必須合理化，合乎此地域及近代思潮而設計，一方面得排除現狀，市和地區政府，吾行吾素的矛盾做法，宜設法使兩者－市和地區政府之間，建立一個連繫體系。更進而合作無間，將這兩件事實現，則市長的薪給宜由地區行政廳支付，如此做法，市長執行法律及方針時，將採取地方自治體的水準，必能增加他的責任感。

最後，對於採取〝取消市徵收稅款權限〞也得採取對策。在中央政府隸屬的二級、三級機關，不能隨便允許有〝徵稅權〞只准許地區政府有之。

在長程的目標揭櫫之，對小規模社會的選舉及行政的重擔，必須減輕它，由地區行政廳下達市級事業活動，提升其連絡調整及管理體制，以免停滯、浪費，地區級把權限與責任集中之，藉此提升預算編制手續及稅收徵收手續，上記事項，擬速辦。

附錄〈A〉內政部長令草案（一九六四）

內政部令：第　號

主題：為設置託管統治領內「立法議會」修訂之託管統治領規定。

㈠依太平洋諸島託管統治領規定第二十八項。修訂條項，將章內容的部份條文修訂如下。

第三A章（立法機構）

五十一項：立法權

太平洋諸島，託管統治領的立法權限，除了本章規定之外，由二十一名構成的單院制，託管統治領議會的議決所規定。立法權限，除了下記事項外，及於領域內所有有關立法事項。

(a) 聯邦政府的條約或國際協定。

(b) 在託管統治領內可適用的聯邦法令或行政命令。

(c) 託管統治領規定的第一條至第十二條各項規定。

高等事務官，為了向內政部長提出託管統治領年度預算之前，為了將預算案與議會檢討及承認，必須先向議會提出年度預算案，高等事務官，就一般情形而言，將議會承認的議決預算案採用之，但未被採用的部份亦將議會議決內容併報於內政部。議決之預算，應包括下列各部份，內政部及高等事務官提示之金額。或不只是年間預算的支出預算，應包括託管統治領的年歲入部份。

五十二項：議會議員數

為選出託管統治領內之議會議員，依本規定，第三十九項條文所載，將全地域，分為六個地區，議會議員總數為二十一名，分別為馬利亞納地區，三名，帛琉地區，三名。雅蒲地區則雅蒲島本島一名。其他各離島也一名，土魯克地區五名，波那培地區則由克沙伊耶島，選出一名，波那培本島三名，馬紹爾群島地區四名，各由各地區有選舉權的公民投票選出。如上述之代議士（議員）人數的分配，依託管統治領之法律，再依各地區人口數，劃分選區，依人口比率規定代表人數，由各地區選出的議員數，及選舉區之劃分，以一九八〇年代初期，亦即是預測十年後的〝推定人口比率〞作公平、合理的分配。另一方面，應考慮每一地區均為代表而著想，每一地域必須有代表。不宜少於兩名。

五十三項：議員資格

滿二十一足歲的託管統治領內市民：候選人的積極條件，在選舉日之前，至少兩年居住於託管統治領內，消極條件則曾收受賄賂，或因犯刑法被判罪確定，被免去議員職務。他如道德上有顯著缺陷者，依法被判刑，除刑期期滿，〝褫奪公權〞的原因消滅，才能立為候選人，要之，積極、消極條件皆齊備方可。

五十四項：選舉權

年滿十八足歲的託管統治領市民，必須居住於地域內者，其他資格條件則由議會規定。但是，除了上述的積極條件之外。語言、財產、收入多寡、人種、膚色、祖先、性別、宗教等一切不得有差別條件。

五十五項：選舉

通常例行選舉，於一九六四年十一月的第一個星期一的次日，星期二為選舉日，為三年舉行一次。議員選舉以每一選區為單位，選出若干人，以無記名投票方式為之。

五十六項：任期

各議員任期，一任為三年。職務執行開始日，亦即是就職日。除法律有明文規定外，以選舉後，翌年一月的第三天正午為生效日。易言之，於選舉當選後的翌年一月三日，正午起正式就職、執行公務。

五十七項：議會

通常議會的會期，除了法律有特別規定之外，定期大會為一月的第三天及六月的第三天正午開始。一年兩次會期，各議會，於託管統治領政府所在地召開，會期不得連續開四十五天，如高等事務官，明定時間，場所作“指定召集”即為“特別議會會議”高等事務官，如沒有特別指定召集時，或會期中沒有特別通知召集時即沒有“特別議會會議—臨時大會”。

五十八項：法案立法化，否決權

所有的法案的立法條款，必須由太平洋諸島託管統治領議會立法化任何法律都不得在議會外立法化高等事務官，得將法案提交議會審議。在議會通過的法律，在立法化之前，必須送到高等事務官，如果高等事務官同意該法案時，予以簽署，不予認可時，除了下列情形外，在議案提交到高等事務官的辦公室起，十日內（禮拜天，固定假日等例假日不計），可把不同意見書明後，送還議會，如果，高等事務官，在規定的期間內，無送還於議會時，視同已簽署，如果，法案的送達在議會會期中，高等事務官的簽署時間，可延長為十三天，除此以外，不得有立法化的法律，法案由高等事務官，添加意見，或提出異議，送回議會時，議會得將該法案，予以再審議，經全議席三分之二的贊成時，再送達高等事務官辦公處。再送達的覆議法案，如高等事務官同意則簽署之，不同意則書明意見，送達內政部長，內政部長，接到該法案後，九十天內，予以認可則立法化，否則成廢案。高等事務官認為緊急的案件，將法案提出於議會。如果議會沒有在會期內審議通過，或沒有把修正案提出於高等事務官時，高等事務官，可逕行得內政部長的認可，即能把自己的法案發佈，予以立法化。

由議會提出於高等事務官的任何法案，如果法案中有關預算的支出，高等事務官可從法案中取其一款或一項，或作部份的，或予以分立後，在承認某款項時，提出不予承認部份的「異議」在此情形下，高等事務官，予以簽署。同時在反對的法案部份，或在全部條款中，得以書明理由，反對的部份即不能成為法律。

五十九項：手續

(a) 議決定數

議會議決法案的成立定數為十一名，任何法案，經審議後，投贊成、反對票時，必須由出席議員數之半數以上作〝議決決定標準〞可否同數，由主席加之。

(b) 法律名稱：

所有的制定法律，必須把「主題及它包涵的內容〞標出表達明確的〝法律名稱〞如果沒有具有〝法律名稱〞則不具條文或法律之效力。

(c) 依付託而作的修正、修訂：

任何法律、不能只以易改名稱作修正或修訂。唯修正的法律條文的款1項，修訂時，必須將修正，修訂部份，作詳細說明理由而且必須公開公表之。

(d) 議事錄：議會必須將〝英文議事錄〞存擋，同時以英文發行，經議會通過的法案，對任何質疑的贊成與否的意見，均須載明於議事錄中。

(e) 會議之公開

所有的議會，委員會的審議，必須以公開的方式舉行，不能以秘密開會的方式進行。

(f) 手續上的權限

議會，它是主持選舉公正的機構，是審查議員資格的唯一的機構，又是行使立法議會具有的權威及權能的機構，在議會期中，或其他必要時得以請證人或關係者召來調查，具有調查權，指揮權的機構。

六十項：免除權

議員在議會開會中，發言及討論以外，任何裁判也不得把議員的反對論封緘其口，議員除了叛逆罪、重大犯罪，妨害治安之外，在議會大會期中及往議會途中或返回途中，免除其逮捕之特權。

六十一項：報酬及其他職務

各議員，其職務上可獲年薪三千美元，至於支付次數另以法定之，各議員得以請領交通費。如在託管統治領內或關島執行公務時，可向政府請領：單日津貼：議員在議會業務外，不得向政府申請任何報酬。

議員在任期屆滿後，未滿一年，不得就任政府機構任何職位，兼有職務者，在任議員期間內，不得享有任何給與或增額之報酬。

六十二項：缺　額

至下期之任期，議席在任何原因，尚留有六個月以上任期時，高等事務官依法辦理補選，至下期之任期為限。不滿六個月則不予辦理補選，但，高等事務官得指名派員補充其席位，至本期屆滿為止。

(二)　依太平洋諸島託管統治領規定第二十八條規定。

本規定中二十八項，予以刪除、修正。

(三) 上記及前述之條令，依一九六二年五月七日，總統令，第一一〇二一號擬定。

(四) 既有的法律、規則、命令、及其他的法令類，在本命令生效之前，續有效。但是本命令發佈之後，有抵觸部份，皆失去效力。

附錄〈B〉 總統令草案（一九六四）

總統令：第　　號

主題：在託管統治領內設置政府機構之規定

第一項：託管統治之機構。

聯合國依聯合國憲章第七十五條的規定，繼承國際聯盟，委任統治的保護，管理為目的創設國際託管統治制度，國際聯盟，於一九二〇年十二月，依國際聯盟約章第二十一條，將赤道以北的舊德國領諸島，委任日本統治，為日本委任統治〝太平洋諸島〞之依據，第二次世界大戰後，因日人失去領土權、聯合國將此太平洋諸島區域，納入聯合國託管統治領地域之一，經美國政府，與聯合國安全理事會之間，訂好〝託管統治協定〞後，美國獲得施政權國，其地域包括，馬利亞納群島，（不包括關島）馬紹爾群島、加羅林群島，將此地域為〝太平洋諸島託管統治領〞（以下，以託管統治領稱之），託管統治令，依同協定，享有行政權，管理權。為達成兩權之目的，美國政府，依本行政命令，將全地域分為下列六地區，以利統合，計分為：

㈠馬利亞納群島：北至北緯二十一度，南訖北緯十四度，西邊為東經一百四十度；東至東經一百五十度為範圍的水域內的諸島。

㈡帛琉地區：南起北緯二度，北至北緯十一度。東至東經一三六度的水域內。

㈢雅蒲地區：南起於北緯二度，北至北緯十一度。西起東經一百三十六度，東至東經一百四十八度水域內，均屬之。

㈣土魯克島：南起於北緯0度，北至北緯十一度。西起東經一百四十八度，東至東經一百五十四度的水域內，均屬之。

㈤波那培地區：南起於北緯0度，北至北緯十一度。西起東經一百五十四度，東至東經一百五十八度，東南則北緯五度起，東經一百六十六度的水域內，均屬之。

㈥馬紹爾群島：起於北緯十一度，東經一百五十八度，東南為北緯五度，東經一百六十六度，南起北緯0度。東經一百六十六度，東北則北緯四度起，至東經一百七十度，西起北緯四度，東經一百七十二度，北至北緯十六度，東經一百七十二度，西北為北緯十九度，東經一百五十八度的水域，均包括之。

第二項：內政部長

託管統治領中，文官政府行政的責任，均由內政部長所賦予，行政管理上，認為必要的行政、立法、司法的權限。依本行政命令的規定，隸屬於內政部長一般的管理之下，在法律範圍內，必須根據總統頒布的各項有關政策，以及美國政府各部、局的共同利益考量之下，內政部長應基於聯合國憲章和美國政府作成之協定，完成各種行動，遂行責任。這些條件中，依協定第十三條的規定，因戰略上的理由，可把託管統治領的一部份，或全部封鎖，在聯合國憲章，第八十七條，及第八十八條亦規定之，總統有權劃定封鎖的地區。內政部長則把國務卿通知於託管統治領的美國對外政策中，會影響政策的行動、作適宜的調整，調整行動應及於有關的美國各部局，有關託管統治領的聯合國各機關的活動，經國務卿，由內部部長指揮，易言之，內政部長擁有指揮權。

內政部長為了完成責任，必須堅持民主原則及以健全的財政結構支撐、發展。在託管統治領中，建立有效率，有責任感的文官政府，因此，在各種活動中，必須依此原則，循序以進，爰之，一切的努力目標，為提升託管統治領內住民的福祉及生活水準而為，更須為推展住民的政治、經濟、社會、文化等各方面戮力以赴。

第三項：人民的權利

(a) 在託管統治領中，關於宗教的設立，不得有自由嘗試的行為，或如良心、言論、表現的自由，或結社的結合，和平集會，為了不方便，向政府提出請願等等。人民的權利，不能制定法律限制之。

(b) 在託管統治領中，除非有法據構成的機關，予以犯罪人，判決罪行外，任何人或機關，不得科以人民苦役或強制勞動。

(c)不得侵害人民身體、住居、書類文件，因此不得有不當的搜索行為或逮捕行為，搜索狀、逮捕狀，不得任意填具。非有宣誓供述書，證言書對搜索場所，將逮捕、羈押的人或物，非有詳細的記載，研判之後。確有理由方可為之。

(d)任何人，在沒有法律上正當手續，不會被奪走生命、自由、財產；私有財產無受政府機關的補償；不得使用於公共目的，任何人的同一犯罪行為，不得有重複有判決，任何刑事訴訟的場合，不會被強制，於己不利的證言，刑事裁判的被告，必受迅速且公開的審判，被告應告知其起訴的犯罪條文，為辯護自己，得以請求設辯護人，被告得以與不利的證人對決，必須准予對被告有利之證人，出庭，上述的各種權利、刑事被告皆享有託管統治領內之法律中。並沒有處以死刑的條文。

(e)不得制定「私權剝奪法、事後法、契約義務減輕法」等法令。

(f)不得請求過重的保釋金，亦不能科以過重的罰款，更不能科以殘忍而標新立異的刑罰，於法定者外不得為之。

(g)第一級殺人罪、及其他犯罪證據明確，或嫌疑成分甚明，予以拘留之外，有了被認可的保證人，所有的刑事被告亦可保釋候傳，身為辯護人、律師，或告訴人時，任何人都不得為犯罪人裁判。

(h)在託管統治領中，不得制定人種、性別、語言、宗教的不同為標準的差別法律，法律之前，必須能人人平等，損害平等的法律將被否定。

(i) 為維護公共秩序及安全的保障上，有其必要性時，託管統治地域的住民將被限制遷徙或不得他遷。

(j) 在託管統治內設立的公立小學、中學，一律免費入學，中小學學費均免費，由公家供給。

(k) 託管統治領內的任何人，不致於單純的〝還債義務未履行〞或借款而坐牢。

(l) 有人謀不軌，擬發動叛亂，或外敵侵略，易言之，內憂、外患之一，情勢緊迫，要求公共安全為首要，除此之外，人身保護令的特權是不會停止的。

(m) 身為軍人者，平時非得所有者的允許，不能借住於民房，即使戰時亦必須依法律的規定行事。

(n) 託管統治領的法律，應容納原住民的習慣法，因此，非託管統治領之市民，法律得以限制，或禁止財產取得行為或營利企業活動。

第四項　高等事務官辦公廳

(a) 內政部長，指派的〝託管統治領高等事務官〞（註：以下稱高等事務官）是託管統治領中內政部的首席代表，在〝本命令〞的有效期間內，內政部長委任其執行各項義務及行使其權限，高等事務官，必須將其辦公廳及託管統治領政府之運作情形報告於內政部長，高等事務官如遇對政府的叛亂，或外敵入侵。或其緊急脅迫事項臨頭，為維護公共安全的必要上，得視需要，可在託管統治全域或一部份宣佈戒嚴，俟內政部長的命令下達前，得先予以停止"人權保護條例"高等事務官，在託管統治領內，美國聯邦政府各部、會、各級機關的所有活動，予以調整、合作，掌握一般業務，但是，依總統的行政命令，而有關部、會，以及各機關來此施行之行為，高等事務官，並不負有調整，或掌握一般業務之責。

(b) 內政部長，得以任命高等事務官次長，高等事務次長的權限、義務均由高等事務官賦與。高等事務官次長，在高等事務官出差或其他理由離開辦公廳，或一時之移動，退職，或喪失能力，或一時之休職……等等，得代行高等事務官執行之一切業務及權限。

(c) 如高等事務官及高等事務官次長兩職，同時因出差或離開辦公廳、喪失能力，或一時之移動，或休職等時，內政部長得指派，美國政府官吏或其雇傭者，任高等事務官，執行其權限及義務。

(d) 內政部長為了發揮機能，行使權限，履行義務，完成責任，必須由高等事務官，高等事務官次長及其他編制內之政府公務員群策群力完成，託管統治領必依文官政府依法行政、管理，為完成必要之業務，創設高等事務官及高等事務官辦公廳，這一所辦公廳的職員，必須具備積極、消極條件，易言之，具有美國或託管統治領之國籍者，或有市民權者，並備有"美國政府公務員資格"或雇用資格者，"高等事務官辦公廳"的運營經費，悉由美國聯邦政府撥款充之。

第五項： 託管統治政府

太平洋諸島託管統治領政府，由行政、立法、司法三部門構成，在其名稱下擁有訴訟權，為法人，首都與中央政府，其機能，置於馬利亞納群島地區的塞班島，託管統治領政府任職之官吏及受雇者，必須具備託管統治領或美國國籍，或市民權者，才得以充任，因事務，事業上之需要，必須雇請外籍人士則非經高等事務官批准不可，託管統治領政府的政府權限，依〝託管統治協定，政府十三條的規定〞及於託管統治領內之自然人、法人及所有場所。但是，總統因戰略目的之需要，指定封鎖地區，且內政部長，依本命令，第十四條，指定為軍用區之地域則不在此限，託管統治領政府，對領土內，享有各項權利及擁有財產的個人、法人，得以課稅，在指定地域外發生的民事、刑事訴訟，或權利主張，履行義務等告發的問題，有處理之權限及責任，託管統治領中的任何政府的權限，在指定的區域外，關於住民權利的主張，與本行政命令及美國法律不發生矛盾的範圍，根本不能和美國方面共同發揮妨礙機能，同時對所有選舉的公民投票權也不會受妨礙。

第六項：行政部門

託管統治領政府的行政權及權限，賦予行政長官，行政長官，年滿三十歲，任用資格與議會議員之任用資格相同。行政長官，對託管統治領政府所有的部、會、機關及有關機關。具有總指揮權、管理權，並負有忠誠，依法律執行託管統治領政府之一切行政，與應興應革業務之責，行政長官，對違反託管統治領法之犯罪者，得宣佈赦免、刑罰之緩刑、罰款，科罰金之免除等權限，行政長官，除了特別法令規定之外，握有職員、雇用人之指名、雇用權等，對聘雇人員，得委任其權限，又有〝行政規則發佈權。但是，不得與法律相抵觸。行政長官，在任職期間，得居住於政府費用租借的馬利亞納、塞班島上之「長官官邸」託管統治領預算中年付一萬七千五百美元的薪資給與。

(b) ⑴行政長官的任命，由託管統治領的議會推薦，經高等事務官的同意，認可後派定之，經議會推薦後，不得高等事務官的同意時，議會必須再考慮另擇人選，如果議會方面，以多數決決定〝同一人選〞再推薦時，決定權則在內政部長，行政長官，除非死亡，或自動辭職，非經託管統治領議會的〝多數決〞決定罷免之外，其任職期間，並無限制。

⑵行政長官，因故缺位，託管統治領議會，不在規定的時間內，不予推薦行政長官之候補時，高等事務官或內政部長，可逕行指派行政長官，補其缺位，執行其任務，惟未經議會之推薦，逕行指派的行政長官，必須依本項⑴之手續，新出任之行政長官接任為止，任其職。

⑶行政長官出缺時，託管統治領議會，正適休會，高等事務官，在三十天內，為推薦行政長官的候補人選的目的，得召集〝特別會議〞—臨時大會決定之。

(c) 託管統治領政府的行政部門，依其需要，由部、會及有關機關構成，其權限及機能，均依法賦予，其部、會及機關首長，由行政長官選拔，經高等事務官之認可後，由行政長官任命之。

第七項：立法部門

(a) 託管統治領政府的立法權限，由二十一位議員組成的一院制設立「託管統治領議會」（註：以下簡稱議會）此議會之權限，及於領內所有的"立法事項"但是，以下各項，違反法律之立法，不在此限。（一）聯邦政府的條約，或國際合約。（二）在託管統治領中亦可適用之聯邦法律。（三），在本命令揭櫫之各項條例，議會內辦事的職員工，得以自行選拔。

(b) 為施行"代議制度"於本託管統治領內，依本命令劃分為"六地區"作為選舉區，均由公民投票產生，計二十一位議席，分別由馬利亞納地區三名，帛琉地區三名，雅蒲地區則雅蒲本島一名，離島一名，土魯克地區五名，波那培地區的克沙耶島選出一名，其他的波那培地區選三名，馬紹爾群島則可選出四名，每一地區，在議員分配議席的範圍內，將來在各地區，能以人口比率選出議員為考慮，依託管統治領法，可調整選舉區，依人口比率選舉的各地區的議員數，與選舉區界線，於一九八〇年調整一次，以後每十年調整一次，但是，不拘人數的多寡，每一地區的代表，不得少於兩人。

(c) 議會議員的積極、消極資格，見於命令中，滿二十一歲的，託管統治領市民，到選舉公告時，在本地住滿二年以上，除此以外，因案被刑法判決確定者，或犯了道德罪，以及被褫奪公權，未復權者，均不得候補為議員候選人。

(d) 選舉權：年滿十八歲，居住於該地區的市民，均有議會議員的選舉權，但是受刑事判決確定，或犯罪判決確定，受刑後，未復權者亦不能享有選舉權。

(e) 議會議員的通常選舉，每三年實施一次，第一次選舉日期為，一九六四年十一月的第一個星期一的翌日的星期二開始，在三個星期內完成，各議員在任期的三年中，均擁有辦公廳，其職務則於選舉後翌年的一月，第二天的正午十二時開始，執行任務。

(f) 議會大會會期，一月三日起及七月一日起召開的為定期大會，定期大會，不得連續超過四十五天，議會，得由高等事務官或行政長官召集特別會議，臨時大會，在特別會議中，除了召集目的的法案，不予審議，所有的議會議程，必須公開下為之，議會必須以英文記下議事錄，作成的議事錄，必須公開，議事錄的內容必須載有通過的法案，任何質詢的內容，年月日，均一併載之，不得遺漏。

(g) 本議會擁有一切立法權限，並具有完成立法之責任，議會擁有調查權及指揮權，於議會開會中，或議會休會中，因必要時，得以召喚關係人，令其宣誓。

(h) 議員在議會的演說，討論，即使法院也不得制止，議會議員，除了背叛罪，重大罪刑，妨害治安之外，在會期中，即使上議會或返回家中也不得逮捕。

(i) 各議會議員之給與，年薪三千美元，支付次數，以法令定之，各議員在公務的執行，出差時，均與託管統治領政府的官吏同，支付交通費，各議員之給與及其他經費，均由託管統治領政府財源中撥出。

(j) 議會議員在任期中，除了行政長官之職之外，不得在託管統治領政府，高等事務官辦公廳，美國政府機關內任職。如果，身為議員的兼職行政長官，在職期間，只得領行政長官之薪津，議員任期屆滿後，未滿一年時，不得充任託管統治領政府中新設的部、會，以及各機關的職員，又如就任既有的職務，已定好的薪津給與額，在一年之內，不得增加。

(k) 如果議員任期屆滿前，因各種原因，留下六個月以上的任期時，行政長官於六十天內，在該補選的選舉區中舉行補選。

第八項： 法律之制定

(a) 法案條款的制定是由「太平洋託管統治領議會」制定。沒有法案，豈有制定法律的事，法律案，由行政長官作成之後，送到議會審議，每一法案，必須法定的足數—十一名議員的出席，過半數的贊成時才得議決通過，不分定期大會或臨時大會，均同。

(b) 經議會議決通過的法案，在法制化，公制之前，向行政長官提出，行政長官認可之後，在法案上簽署，如果，行政長官不認可法案時，必須於法案通過十日內，書就〝反對意見〞交還議會，在這十天內，如果行政長官，沒有把〝法案〞交還則視同〝行政長官簽署〞。但是，應送還的期間，正逢議會開會中，行政長官的署名時間，可延長為十三天，除此以外，法案不得成立法案，經行政長官簽下〝反對的意見〞送還議會時，議會則必須再審議，如果再審議之後，無法得到法定出席人數，三分之二以上的大多數贊成，法案可送到高等事務官，高等事務官認可時，予以簽署，送到高等事務官的法案，經四十五天內，不被承認時，此法案則成〝廢案〞向行政長官提出的任何法案，如果附有〝預算支出〞能就其中的幾個項目，或就法律的一部份加以反對。在這種情形下，行政長官於法案簽署之前，添上反對的項目，或其部份法案，不具法律效力，本項所定的期間日數，不包括禮拜天及法定休假日，易言之，例假日並不包括在內，由議定制定的法律，必須謄寫，複印，自制定後十五天以內，由行政長官分別呈送高等事務官及內政部長。

第九項：美國政府撥款資金

高等事務官和行政長官，兩者必須經商量之後，策定託管統治領預算，請聯邦政府撥款，擬好的預算案，得添付說明書及推薦書，提出於議會，高等事務官將議會提出的意見，加上自己的預算書，提出於內政部長，美國政府撥款之後，高等事務官，必須依預算書，將經費分配於託管統治領政府下的各部會，供作各項活動經費。高等事務官，依職責，負責執行預算對聯邦議會，總統及內政部長負責，為了把聯邦政府撥出的預算，一分一毫不浪費，均得當用不誤，即非經上述步驟不可，如高等事務官發現預算在使用上有偏差，得將一部份或全部予以停付。

第十項：聯邦政府的關懷

聯邦政府，必須對託管統治領內的住民的基本自由，及託管統治領內的政府及住民的權利，予以維護，同時在領土內建立一個，有效率，有責任的民主政府為己任，易言之，以穩固的財政基盤為基礎，依據民主主義的原則，按步就班，實踐責任，如此，履行基本政策上，在高等事務官及內政部長的諒解之下，如採取下列行動時，即能維護託管統治領及聯邦政策的安全，計有

(1) 依本命令的第八項，向行政長官提出的法案的一部份或全部的否決。

⑵　依本命令，第八項，經議會通過的法案，於四十五天之內，使其一部份或全部成為廢案。⑶有必要時將託管統治領政府內的職員予以調動。

得內政部長的諒解，高等事務官對託管統治領的行政權及立法權的一部份或全部加以限制，即是在安全保障上的必要性產生時才得以行之。

第十一項：　司法部門

在託管統治領政府內的司法權及其權威，唯有託管統治領高等法院及於本命令，第一項所述，第一審法院為各地區的地區法院，地方法院依當時的法律設置之，高等法院的司法權及於託管統治領全域內，院內成員，計有首席法官及陪審法官，由內政部長派充，其他，有必要時的臨時特別法官，由內政部長任命之，高等法院，由一審部門及上訴部門，一審部門審議的是有關金額超過一千美元的財產權的民事訴訟，及海事有關的全般問題的處理，對土地及其他利權的裁定而起的全般性民事訴訟。但是科以罰金兩千元以上，或有期徒刑五年以上的刑期時由首席法官或陪審法官之一，審判之，一審部門，對地方法院的判決的上訴，及沒有上訴的地方法院的判決文為依據，作再審，如殺人犯等認為重大犯罪時，高等法院法官，任裁判長，並指名地方法院的法官兩名，使之複數之後再裁判，特別法官，可與裁判長全程參與裁判，但是，判決則由裁判長為之，上訴部門則由內政部長任命的臨時派充的法官中，首席法官可從其中指派三人，又加上一位在一審部門無任一審判官的首席法官，或陪審法官，參加上訴審議，在上訴部門，在上訴的下列場合，作再審，並判決之。

高等法院就一審的裁判、法律、條例，及其他法的效力發生、消滅之解釋，法之是否「合法性」解釋亦應包括在內，地區法院來的再審要求，高等法院應予一審判決，地區法院修正或決定取消的判決，高等法院作一審判決事項，高等法院審查事項、法律、條例及其他法之效力發生、消滅之解釋、法之是否「合法性」解釋也包括在內，亦辦理地區或地方法院，直接上訴高等法院的民事、刑事訴訟案件。

高等法院的〝上訴案件〞在再審判決時，必須兩位法官的意見相一致，但是，判決前必須提出的必要命令或勸告，可由法官一人單獨發出，上訴之撤銷，得依適用法條，經法定手續，可予以〝暫緩起訴處分〞或不履行上訴要求等〝地區法院〞，由一名首席法官及一人或一人以上的陪審法官組織而成，均由行政長官指派，在法定期間內，任期職務，地區法院及地方法院，判決方式及運作方法，均依法律規定。

第十二項：地區政府

(a) 在本命令第一項已申述，在六地區各置託管統治領政府之行政官吏首長為地區行政廳長官，但是，行政長官，必須經高等事務官之認可、同意，地區行政長官在託管統治領政府的各部會，機關舉行各種活動時，為了執行人員忠誠於託管統治領法，為了各種活動順利推展，必須負起輔佐，調查的義務及責任，地方行政長官應忠實遵守地區議會議決之法律，與議會作密切協調、溝通。

(b) 各地區議會，擁有各地區的立法權限及權威，議會則依託管統治領法設置，議會議員之選舉，及職權、開會、罷免等，皆依法訂定之。以人口之多寡為標準，必須由地區住民，以公平、公正的方式，選出平等的代表，議會的權限，依法訂定之唯其權限，不及於託管統治議會事項，而且對聯邦條約，國際合約，或抵觸本命令事項等，不包含託管統治法範疇的事項，均不得議訣。經地區議會議決通過之各種法案，在立法化之前，待先提出於地區行政長官，如地區行政長官認可則簽署之，假使不予以同意則，自提出起十天內，添付反對理由，交還議會，地區行政長官，在規定的時間內，添付反對理由，交還議會，地區行政長官﹔在規定的時間內，沒有行動即視同簽署﹔惟﹔考慮期間﹔議會定期大會已終了的場合，地區行政長官的考慮時間，得延長為三十天，除此以外，不得立法由行政長官送回議會的法案，議會得以再審議，再審的結果，由出席議員，三分之二的多數同意，即把法案送回行政長官，行政長官同意即簽署之，法案即立法化，但是，在四十五天內，不予簽署時，該法案則成﹔廢案﹔本項所述之「規定日數」不包括﹔例假日﹔亦即是把禮拜日及法定紀念日，不予計算，地區行政長官，應予十五天內，將立法化法案的副本，呈送行政長官及高等事務官辦公廳。地區議會議員的給與及經費均由地區預算中支付。

第十三項： 市政府

託管統治領政府，依託管統治領憲之規定，建立廉能，有效率的政府，為住民增進福祉，得設置﹔市政府﹔統治領憲章認可市府組織，以利推展行政、經濟，社會、文化等各方面能發揮機能，但是，在本命令中，並不包括上述機能，因為統治領憲章認可立法、司法、行政等權限之行使，市住民亦握有市長選舉權，市長，為了完成託管統治領及地區法律的執行，以利輔佐行政長官及地區行政廳長之責。

第十四項：聯邦保留地

內政部長，為提供統治領的一部份，供聯邦各部、會或有關機關，必要時予以出租，為"聯邦保留地"，出租權人為內政部長。

第二部：託管統治終結的步驟

第一章：美國統治和政體交涉

一、美國統治的實況

極機密文件暴露於世後，美國政府的當路者曾有人說「索羅門調查報告文件，被埋沒了，結果不見天日。」但是經詹森、尼克森總統時代，回顧美國對密克羅尼西亞的施政，與「將來的政體交涉」的來龍去脈予以探索時，或許沒人敢說，這「極機密文件」成為總統制定政策的建言，就美國而言，這一部「調查報告文件」發揮了極大的功能，如各島嶼的情況分析，如今拜讀它，它具有高度的正確性，雖然是在短暫的時間裡，能有如此詳盡、判斷正確，其調查水準之高，不僅作者，閱讀者皆咋舌不已，嘆為觀止。

吾人以演繹法，先下結論而言，密克羅尼西亞的前途，並沒有照索羅門教授一行調查團的建言實行，易言之，密克羅尼西亞人所希望的〝合併於美國領〞成為美國人〞以迄於今，在〝索羅門調查報告文件〞中建言的各項政策，因為主持人，甘迺迪總統的遇刺死亡，拖延了數年之久才付諸實施，延滯了數年之久，因此讓美國人的思路起了紊亂，政體交涉也因此出乎意料之外，拖延下去，亦即是美國人所說「……這是當初計畫沒有付諸實現的最大原因。」在第一部中已見申述，索羅門調查團強調的，為了成功地併合密克羅尼西亞，最重要的是時間之調和性，就此觀點兩言。「……非現在著手，將逸失戎機……」調查團的如此看法，詳細檢討之下，他們對情況的認識，非常透徹，眼光犀利，不得不佩服其效率之高，反過來說，假如甘迺迪總統沒有遇刺，今日的密克羅尼西亞，說不定就依〝索羅門調查團的報告文件〞建言，一一付諸實施。

一九六五年以後，美國政府為了強化行政權力，派了很多公務員、醫師、和平部隊的青年朋友等…到密克羅尼西亞去，公務員到密克羅尼西亞之後，為吸收各地域的動向，為建立有效能的政府而戮力以赴，醫師則為提升地域醫療福祉而不眠不休。七十年代初頭，紅得發紫的和平部隊隊員，約一千—一千五百多人，不僅在本島，甚至交通、通訊也未開的小島上，為住民服務，當時的人口，全地域，計約八萬一千人，和平部隊隊員竟占了一·二—一·九%之多，這些部隊隊員中，約百分之七十是英語或社會科老師，所以會派出語言，一般知識的老師，就是希望在小學階段，儘早時期讓小孩子們，由住民語轉換為世界語—英語，從未不被〝重視〞的住民美國化教育，到現在才想「一氣呵成」走上美國化，這種嘗試就是依「索羅門調查文件」建言實行的，事業的開展，美國政府在行政經費也與年遽增。（註：見上表）一九六五年，已經倍增，一九七〇年已見大幅擴張，行政組織大了，不僅是美國籍公務員，密克羅尼西亞人也被大量起用為公務員。

美國政府投入行政費一覽表	
1949～1962	500（年平均）
1963～1964	1500（年平均）
1965～1969	350（年平均）
1970	5000
1971～1974	6000（年平均）
1975	7200
1976	8500
1977	9800
1978	10000
1979	14000
（單位：萬美元）	

〈甲〉行政費投入概況

美國政府對密克羅尼西亞政策的改變，為密克羅尼西亞人帶來生活的改善，社會結構的變化，易言之，擴大的公家經濟漩渦，把住民捲上去，將各島嶼的傳統生產型態逐漸予以破壞，具體地說，因"政府雇用率的提高，原來從事於傳統性的農業、漁業的人們，搖身一變，變為"薪水階級"以服公職的人數而言，在一九六四年的統計數字，中央及地方的服公職人數，只有三千九百四十六人，但是，十年後的一九七四年，已經有八千三百八十五人，倍增了，膨脹率很大，至於民間產業部門的開發，並不是一件容易的事，回顧日本委任統治時代，日本人以自己的資本，日人的勞動力開發，在索羅門調查文件中認識的，此地產業的開發，有相當困難的前景，經過了考驗，果然如"報告文件"所建言，應驗。所以有此現象的出現，是因公家經濟擴大之後，貨幣經濟急速擴展，從來住民的手裡掌握者的〝非貨幣經濟部門〞——亦即是表徵「自給自足」的傳統性經濟，反比例地減少，易言之，從來密克羅尼西亞人自行以自己的勞動力，開發自己的土地的傳統性經濟社會結構、遽爾投入美國人帶來的〝依賴現金的社會最明顯的例子，如從來到海上捕魚過日子的人，現在竟到超市去買罐頭吃了，如此，連〝飽食生活〞也改變，把密克羅尼西亞人的社會結構從根底推翻，是象徵性的好例子。

索羅門調查報告文件建言曰：「…在短時間是沒辦法成功的，為了住民經濟的提升，必須開發產業，為達到此目的，產業的開發，必須向社會部門作高額投資…」總而言之，民間產業的開發是在密克羅尼西亞的進展上不可或缺的，但是我們尚未見過，以公家經濟的擴展為中心，改變密克羅尼西亞的社會結構芻議，這一類的書籍。但是，我們要了解，民間產業不能建立。依美國資金擴大政府組織，結果，以美國是瞻，住民的生活基礎脆弱，將產生，依賴體質了，住民的生活如依存於行政，住民自然必須有美國人的存在，久而久之，密克羅尼西亞人，非把美國人留在本地不可，住民也非選擇〝美國化〞不可。

作者到最近的觀念裡，以為美國人把實質的生產部門放棄，不理培育產業，而不願投資，造成密克羅尼西亞經濟，非依靠美國不可的局面，要他們向美國「投靠」但是經研究、分析之後，美國人並沒有這一種深謀遠慮，由〝索羅門調查文件〞的內容來看，他們對如此情形的演變，評斷說：「……如以投資，逼密克羅尼西亞人投靠美國，殊不知，每年將加重美國財政上的負擔，不知不覺中種下了禍根，產生了危機，為了剷除這種禍根。唯一可行之路就是由產業基盤的培育做起……」由產業培育著手，在密克羅尼西亞的〃島嶼經濟〃自然具有〃依存體質〃並不是美國人深謀之下的〃陷阱〃結果產生〃因密克羅尼西亞人，知難而自動向美國人求助的「模式」衡諸實際。密克羅尼西亞人的〃依存結構〃並沒有被美國的〃企圖〃所套住，這個事實在後來，政體交涉的過程中，凸顯了它的事實。

二、政體交涉之始

一九六四年九月，密克羅尼西亞全地域的〃立法府〃議會，依內政部長令，第二八八二號設置，議會於一九六五年七月才正式或成立，在索羅門調查報告文件而言，建言中宜於一九六四年秋季中，應設置完成，易言之，與建言約慢了一年，但是，可以說〃近乎預定〃關於設置議會的內政部長令的內容，大部份同〃第一部附記〃的內政部長令草案，不過有個最大的差異是由一院制改為上、下兩院制這一點，易言之，草案中六個地區，以人口比例選出二十一位議員，但是以下則把三年任期改為二年，並稱為下院。又從各區各選出兩人，計十二人，任期四年的代表，此為〃上院〃所以有這一種演變，就是因人口比例選出的結果，如土魯克地區，馬紹爾地區的議員席位多，缺乏平等性的反彈而來，經多方討論之後，決定採取「地區代表」以利有發言機會，「下院」在各地區，依人口比例產生的代表，議員數土魯克地區為五，馬紹爾諸島地區為四，波那培地區四，馬利亞納諸島地區，三，帛琉地區三，雅蒲地區，二，計二十一，每十年，再以人口比率再計算調整。

由密克羅尼西亞人組成的〝立法機關〞成立了，但是，法案的採決、立法化，由最高指揮者，高等事務官掌握〝否決權〞不過，把密克羅尼西亞人的「議會活動」視為，將來將密克羅尼西亞自治化的「研習過程」而作定位的美國人，沿用琉球的體驗，也許有他們的考慮、謀略，四年後，一九六八年十二月，內政部長發佈命令，（註：政府二九一六號），內容為改革密克羅尼西亞議會案，主要是原來行政官吏，可兼任議員的條例被删除，以後身為議員的，必須「專業化」因此，密克羅尼西亞議會的形式已具有雛型，但是，索羅門調查報告文件中建言的，於一九六七年—六八年之間，密克羅尼西亞人，以「公民投票決定去向」這一決定並沒有付諸實施，這是因為對密克羅尼西亞的新政策實施的時間延宕下來。美國式教育，醫療、福利政策的充實，推展，以及傳統的酋長懷柔措施，以利培育親美密克羅尼西亞人……等等，各項施政…都尚不見成熟，美國政府方面已經由調查、分析中，把情形分析清楚，抑有進者，關於將來，密克羅尼西亞將來的政治地位上，民族自覺性尚未成熟，結束對於公民投票，感到還有一段距離。

不過，這一種判斷，並沒有獲得正確的證實，比如說，議會於成立後兩年，一九六八年八月，上院議決，「設置將來政治地位委員會〞依規定，由各地區選出代表，組織委員會，這個委員會就是後來改變為〝對美國政府政體交涉的交涉組織。這個委員會，於翌年（一九六九年）一月，組織視察團，費了約一個多月的時間，到美國本土，夏威夷（Hawai）、西沙摩亞（Samoa）、斐濟（Fiji）、紐西蘭（New Zealand）、澳大利亞（Australia（、菲律賓（Phillippine）巴布亞·新幾內亞（Pupua New Guinea）（註：此地當時為託管統治領）等地，作訪問，增加見聞，回國後，同年七月，密克羅尼西亞議會議決，呼籲美國政府方面，應早一日，對密克羅尼西亞的政體作"圓桌談判"在一連串的動作之後，內政部方面見了動搖。內政部方面，看密克羅尼西亞人議會的動作，立即質詢當時的高等事務官，威廉·諾馬德（William Nomato）：「你怎麼把委員會的議決予以承認!?：」但是，衡量實際環境，對"否決組織調查、研究機構這種否決權的行使，在現任指揮官而言，是無法採取的，自有他的苦衷。

密克羅尼西亞議會，議決「呼籲美國政府早日與密克羅尼西亞人，坐下來談密克羅尼西亞的將來政治地位」時，當時的總統尼克森，為訪問亞洲各國之前，順道停留於關島，在這時發表他「對亞洲戰略政策」易言之，美國政府，對亞洲的對外政策，後日成為所謂的「尼克森主義（doctrin of Nixon）。① 從越南撤兵。② 在亞洲地區，美軍基地的縮編。③ 增強西方國家自己的防禦能力，乍看之下，這一種新政策，尼克森主義，似乎主張美國人將由亞洲撤退，其實他的新政策，是為亞洲新佈署核彈防衛線的增強"亞洲防衛能力"的新政策。

為何尼克森政府，要採取如此的"轉變戰略"最大的理由，就是美國方面在越南戰爭陷入泥淖。當時的中南半島局勢而言，社會主義國家，北越、寮國、柬埔寨等國的解放力量大為增強，美國軍力雖介入越南戰爭，但是，他們的遊擊隊卻與政府作殊死戰。所以中南半島的戰爭，遊擊隊佔了優勢，後盾太大，蘇俄及中國共產黨，當戰爭的幕後指揮者〞予以軍事支援，他們寧願作了〝戰爭代理人〞在這種情況下，美國方面盯住了中、蘇這兩個核能國家，為了維護亞洲地區的安全，連絡同盟國家，必須以新戰略來壓倒中蘇兩國不可，易言之，美國方面，在這種情況下，非有新防衛戰略布陣，不足以保護自己。尼克森主義就是在這種環境下促成的。

尼克森的〝新戰略構想〞就是把它分為〝前進基地〞及〝中樞基地〞兩個部份，最終的目的是把美、蘇兩大超級強國，在亞洲的勢力維持均衡，所謂〝前進基地〞就是日本的橫須賀、琉球，菲律賓的克拉克（Clark）基地，新加坡，以及印度洋的狄耶哥·卡爾西亞島（Deyaco Karshia），澳大利亞西北端的愛克斯芳斯灣（Icosmouth）把這一防線予以連結上來，中樞基地就是以關島為中心的〝密克羅尼西亞全域〞。

美國方面，要把密克羅尼西亞全域作為「中樞基地」的理由有二，其一：向同盟國的日本、菲律賓租借的基地，沒有辦法保障永久租借的可能。其二：以飛彈為首的各種戰爭武器，因技術的革新，把前進防衛基地撤退到密克羅尼西亞也無妨，經研究、判斷，以密克羅尼西亞作基地，有下列優點。

(1)　因為此地距中國大陸，有三千公里之遠，不進入中程飛彈的有效射程範圍內。

(2) 可以構成威克—夏威夷—美國本土的防衛線。

(3) 二千一百多的島嶼，分散於七百多萬方公里的海洋上，而且個個都是狹小的小島，自然條件容易保密，在防衛基地上，不必費了很多的兵力。

(4) 在自己的施政管理下，人口又稀少，在基地建設上，障礙可減少於最低。

美國政府基於上述優越條件的考慮，本來只認為密克羅尼西亞，只不過為「潛在性戰略價值的存在」到尼克森總統時即重新評估這個地方為「中樞基地」為密克羅尼西亞畫出具體的，戰略性地域藍圖。

美國政府方面，一本正經地檢討密克羅尼西亞各島嶼的〝利用價值〞時，密克羅尼西亞人也發覺了「非為自己」。密克羅尼西亞的將來，政治地位，與美國政府交涉不可，密克羅尼西亞人，把政治地位交涉問題搬上檯面，美國政府為應對密克羅尼西亞人的要求，於一九六九年十月，在華盛頓召開第一次〝美密政體交涉會議〞在這第一次會議中，只得到雙方，如何在會議中站穩了基本姿勢。並沒有揭櫫具體性方案，於翌（一九七〇年），五月的第二次會談才進入情況。在此時，美國政府方面先提案，「…是否以美國自治政府（Commonwealth）來定位。」美國人心目中的所謂「自治政府」就是如「普耶魯德·利可」的一種政治型態。易言之，也是美國領土的一部份，但是只賦予一定範圍的自治權的型態，但是，密克羅尼西亞人卻要求美國方面，允予「自由聯合」而且提出四大原則，雖是短時間，但是，有了這些成就，就是表明〝政治地位委員會〞組織成立後，把學習效果發揮於盡緻的一次，四大原則如下。

一、密克羅尼西亞的主權，應屬於密克羅尼西亞人及經法律途徑成立而成的密克羅尼西亞政府手中。

二、密克羅尼西亞人擁有民族自決的權利，因此得以獨立，或與其他國家或其他國際組織自由聯合化，而可選擇為〝自治領〞。

三、密克羅尼西亞人，能制定屬於自己的憲法，同時，這一部憲法，在政體的修正、變更、廢止，均不受任何力量的阻礙，干擾。

四、自由聯合、定有期限，做協定、期限的屆滿，由任何一方的提出，可協商延長，或同意廢止之。

密克羅尼西亞提出的〝政體交涉四大原則〞與美國人的思量之間，有很大的差距，談判破裂，不歡而散，索羅門調查報告文件，建言過：「……在現在的情況而言（註：一九六三年）經調查、分析之下，在政治上並沒有什麼意識，我們應該趁著這個時期，必須機先制人…」往後七年的歲月過後，美國政府方面，以為密克羅尼西亞人還在睡夢中，或是不發覺，或是密克羅尼西亞人的成長突飛猛進，—不管原因歸於美、密那一邊，美國政府方面看了密克羅尼西亞的急速發展咋舌不已，易言之，索羅門調查報告文件建言的「已經不合領土合併手續的田地，美國政府方面，幾乎措手不及，另一方面，密克羅尼西亞的政治地位交涉委員會而言，在此時並不知道「索羅門調查報告文件〞中的建言「…領土合併為前提的政體交涉……」。

到一九七一年十月，第三次美、密政體交涉會議召開了，這一次，美國政府卻採取了穩固的態勢，挑釁而來，第一、二次會議的交涉對手，是美國內政部，但是，第三次卻不一樣，談判的對手升級了，美國總統派〝特任大使，霍頓·威廉（Hoton William）出任，與密克羅尼西亞談判政體交涉，密克羅尼西亞方面也為了因應對方的升級，把原來的交涉母體，易名為「將來有關政治地位的兩院同委員會」把組織強化，到第三次交涉會議開始之前的約一年半時間，就美國人而言，因遇上出乎意料之外的勁敵，談判能力，不得不絞盡腦汁，審謀能斷，足智多謀的慎密計畫下，與對方周旋，在這個期間裡，美國政府方面，予以密克羅尼西亞容忍其自由聯合，一方面予以密克羅尼西亞政體交涉組織「分斷」作兩個政策變換，一九七一年三月，留學夏威夷的密克羅尼西亞學生，忽然把到手的〝索羅門調查報告文件〞曝露在光天化日之下，這突如來的偶發事件，竟引起美國人的關心，極機密索羅門報告文件中建言的是〝美國有意永久合併密克羅尼西亞，如果要密克羅尼西亞人對這部文件，讓他們接受，認為這種文件是過去的甘迺迪政權下，不過是一種報告上的計畫，並沒有付諸實施的計畫……則沒辦法讓他們強要接受〞自治領化〞這個原因衝擊下，美國方面判斷認為……我們美國政府不得不接受密克羅尼西亞人希望的〝自由聯合〞事情的演變，常予人帶來出乎意料之外結果，如今，不能再隱瞞尼克森主義—軍事基地化構想〞政體交涉〞推展下去，時至如今，美國政府方面，不得不先了解密克羅尼西亞人的意圖，要求而後，該答應什麼程度的"自由聯合"非把問題的焦點轉移過去不可。

為了補強應採取因應戰術，美國政府方面想到的是"密克羅尼西亞的分斷作戰，美國政府方面，在美、密第二次政體交涉會議破裂之後，到馬利亞納群島地區，分別接觸，促進"自治領化的容忍"因為馬利亞納群島的住民，曾希望脫離密克羅尼西亞，要跟關島做"自由聯合"。又如塞班島議會，於一九六一年，舉行一次公民投票時，百分之六十二的住民，贊成"合併美國領土案"這一種事實，就是過去德、西、日等先進國家來此統治之後，史上第一遭出現於民族性，文化性的異質性為遠因。不得不推論為如此，我們就此"史實"略示於下，以饗讀者。

依戰前的文獻記載，馬利亞的群島的住民，即是"佳摩洛族（Chamorror），馬紹爾群島的住民稱之為"卡拿加族（Kanaka），這兩種民族的不同，要表達人類意志的語言，分為兩種，它自然要回溯到十六、七世紀去，歐洲的航海家，征服世界各地時，發現的密克羅尼西亞島嶼，就是關島和馬利亞納群島，一五六六年，西班牙人向全世界宣佈，〈關島為西班牙領土之一。〉過了約一個世紀，一六六二年，西班牙神父·聖彼德烈斯（Samp tores），到此地之後，以強烈的手段，開始布教活動，他完全蔑視土著文化、習慣，予以強制信仰，如果膽敢反對的，即以武力彈壓，甚至加以殺害，加之，歐洲人帶來的結核病、梅毒症、疫病等……蔓延之後，如雞瘟…橫掃全群島，一次的"大掃蕩"中。估計十萬人口的這個密克羅尼西亞人，沒有免疫力下，遽然去了九十八%，剩下兩千人左右。這是依據島上的史書記載著的－倖免於難的馬利亞納人，大部份是婦孺，西班牙人為了方便於管理、統制，把他們強制遷徙到關島和羅塔兩島去，因此，塞班和提南（Tinian）兩島，約一百人之間，並沒有人居住。

關島及羅達島（Rota）的住民則後來由西班牙人，及他們帶來墨西哥人，及菲律賓人混血－逐漸增加了人口，其他的諸島而言，如今尚留著酋長制度，或傳統的土地所有制，易言之各島嶼特殊的社會型態，猶存於今，馬利亞納群島則否，如今見與白人混血的後裔，稱之為「佳摩洛人」只要你對西班牙語有了素養，聽到佳摩洛語，即不難領會其影響至鉅之所在，混血化推展之前，馬利亞納群島，有一群被稱之為「佳摩洛」的，他們跟其他島嶼的族群有異?或「佳摩洛」Chamorro（美）（Tc Chamorro）（德）是指某一階級。或是指某一種特殊的集團，就尚未有定論，不管如何，衡諸歷史的記載，馬利亞納諸島的族群，自從這時候起，與加羅林群島及馬紹爾群島的族群，在民族，文化上是不同體質的〝民族集團〞。

在索羅門調查報告文件中，可以看到一種記載，馬利亞納地區的住民，九千五百人，其中的百分之十六，約一五二〇人就是非馬利亞納人，被西班牙人強制遷徙到關島及羅達島去的〝佳洛人〞其中的一部份，再遷回到塞班島，提南島的是美西戰爭後，西班牙吃了滑鐵盧，把關島交給美國的一八九九年之後的事，二十世紀的序幕將揭開了，佳摩洛人回到塞班島的時候，本來是〝無人島〞的此島，已經有若干卡那加人來居住，這些人的子孫，後裔就是住在馬利亞納地區的非佳摩洛人。

我們把話回歸正傳，一九七一年十月，在夏威夷召開美密第三次政體交涉會議，但是，美國方面，把密克羅尼西亞，各島嶼的主要軍事利用計畫，提示於會議席上。

·**馬利亞納地區**

一、把塞班島：塔那巴克港（Tanabuc）予以擴建，整頓，將美軍擁有的一百九十七英畝土地，加上建設軍事設施及休閒中心。

二、塞班島：伊斯烈機場的四百八十二英畝，整頓之之後，供軍民使用，為兩用機場。

三、將提南島的一萬七千四百七十五英畝，（註：約全島的三分之二）由美軍占有新設軍事設施。

·**帛琉地區**

一、馬拉加爾港（Malakel）及其周邊水域，仍准予美國艦船通行、停泊，同時在港內畫出四十英畝，新建核能潛艇基地。

二、在本島〝巴貝爾沙善〟為新設陸軍訓練場及演習場。因此，要獨占土地二千英畝。

·**馬紹爾地區**

一、ABM（攔截用飛彈）的實驗地，克瓦謝林環礁上的飛彈基地，仍擬繼續獨立使用。

·**其他**：現置於各地之現有軍事通訊設備，仍要求繼續使用。

美國政府方面提示的〝具體的軍事利用計畫〞如上述，但是，與馬利亞納地區的分離交涉的動向，予以密克羅尼西亞代表團，投下新的漣漪，這就是今日密克羅尼西亞分裂之嚆矢也不過言，將美國政府的軍事利用計畫予以剖析時，我們可以得到下列結論，把整個密克羅尼西亞地區可大分為兩區，一是軍事基地化計畫區，包括馬利亞納，帛琉、馬紹爾等，三個地區，及非基地化計畫區—包括土魯克、波那培、雅蒲等三地區，這些各地區的對美國關係的差異，就是密克羅尼西亞分裂的近因，更不利的原因即是美國方面，因事務上的必要，與馬利亞納方面的接觸頻繁，這種〝個別接觸〞就是加速地區的分裂，第三次政體交涉會議之後，在密克羅尼西亞議會而言，議員出身地區的不同，將來的政體構想上，也出現了紅、白分明的壁壘。

但是，如此小地區，竟產生了分裂傾向，平心而論，並不是美國人預料之中，或予以設計、引導的方向性所使然，吾人詳看索羅門調查報告文件中指摘的語詞，不難得知〝美國人對密克羅尼西亞的戰略〞亦即是，美國人先利用關島，而到馬利亞納群島，分別懷柔、撫順之後，再按步就班、循序以進。將各地區一個個地〝捲上來〞到頭來，將全地區化為美國領土，但是，美國人的〝政策〞竟招致失敗，其原因有二，首先是美國人把馬利亞納人的領導能力，評估過高，其二：就是沒有摸清楚密克羅尼西亞人，對土地執著的心態評估過低所以然。

就第一點而論，美國人的「評估過高」為何不可，吾人可予以分析於下，密克羅尼西亞議會成立以後，馬利亞納人，深深體會到〝卡那加人靈活的政治手腕〞，乍看之下，卡那加族，比佳摩洛族差一截，在政經、文化方面，均有落在後面的感覺，佳摩洛人認為，彼等一定會甘拜下風。但是，集合到議會的各諸島的代表，議員諸公，出乎他們預料之外，富於政治家，領導人物資質的人不在少數，也因此，馬利亞納地區選出來的代表，看到這種情形，或許想了「…我們不喜歡跟其他地區的代表共席討論!?」至於後者，亦即是，評估過低的問題，易言之，美國人對密克羅尼西亞人社會及其土地關係的密切性，對傳統性的社會的了解不夠透徹所以然，在密克羅尼西亞的社會、文化而言，土地是支撐傳統社會的基盤。沒有〝土地〞一切都不必談了，但是，衡諸實際，在馬利亞納地區，作個別接觸，亦即是製作〝例外〞然後把非軍事基地計畫區及軍事基地計畫區，一併在同一個政治圈中作〝綜合討論〞這種不合情、理、法下，免談了。

一九七二年的一個年間，接連著三次，即是第四次—第六次美、密政體交涉會議召開了。經四、五次的會談中，美、密兩方的條件，似乎漸漸談攏，但是，在第六次會談中，帛琉代表，遽然提出「…獨立問題也應該放入議題中去…」態度非常堅硬，不過美國政府方面，拒絕了，並宣佈停止談判，交涉破裂，美國政府方面與馬利亞納地區代表，正式個別接觸，舉行正式會談的是兩個月後的十二月杪了。

迨至翌年，一九七三年，在密克羅尼西亞議會裡，就「地區分離議論」沸騰了，馬紹爾地區的上院議員，亞馬達·卡普亞（Amata Kabua），他向議員提出強硬的議案，在地區徵收的稅款，（註：大部份是有關軍事基地用。）百分之五十，應還地區使用，如果沒有把這議案通過，法制化的話，放話了。「…將來，密克羅尼西亞是沒有可能參加聯邦…」帛琉選出的議員也主張，必須把公有地部份，依傳統的制度，還政於酋長去管理，否則密克羅尼西亞的政體交涉，我們將不會參與……等等，出現了強硬不屈的態度。

馬紹爾的主張明朗化，吾人可以看出密克羅尼西亞分裂的近因，除了馬利亞納之外，要說與美國政府關係上的意見差異，不如說，地區間利害的對立而來的，在政體交涉中，有的政體交涉委員提言，「我們不會放棄獨立的可能性」研判之下，這是交涉上的籌碼，衡諸實際，各地區，已經逐漸走向〝對美國擬採自由聯合關係〞去，而且將達成〝共識〞的階段。

但是，浮出檯面上的是地域內利害關係的差異了，易言之，核心問題就是有關基地使用上，將來開發的構想及經濟援助金額的分配比率出現的地區間的差異，兩者的利害關係談不攏時，一切都免談，以馬紹爾為例〝地區內的克瓦耶林環礁，出租於美軍做基地。但是〝租金收入〞或有關基地的福利事業，消費活動而得的稅收…等。都被中央收刮而去，而後，以人口的比率，與他地區作〝平均分配〞這就叫人不能口服心服。馬紹爾選出的上院議員，卡普亞先生破膽直陳，「世界上那有這麼回事？把自己的島嶼租借於人家，得來的稅收、送給中央政府，他們以這稅收平均分配給各島！這是什麼話？如果把出租克瓦吉謝林環礁的美國基地，將其租金收入，我們自己的錢，讓別人去慷慨，豈不是自己收自己用它最好，有了那個數字，馬紹爾本身就可以獲得經濟自立。〞

美國政府新計畫的基地建設地區，除了馬紹爾外的馬利亞納，帛琉地方的人也同樣想法，…我們沒有義務，犧牲自己的土地，把獲得的租金收入，或產業開發的利益，送給中央，由他們來慷別人的慨。各地區可以得到〝不勞而獲〞這兩方人都不會感謝吾人的犧牲，加之，密克羅尼西亞，我們自己沒有主導權利不必去下注功夫，由上述的理由而言，他們不知不覺地要主張分離，再說，美國政府沒有計畫〝建設軍事基地〞的三個地區，波那培、雅蒲、土魯克等，條件上先天不足。後天將失調，如果要跟美國政府要作有利的交涉的話，三者之間，必須超越個別的利害關係，捐棄私見，團結一致、強化炮口，非為功，但是，利字擺中間，兩方的鴻溝就沒辦法填滿深壑的可能。

馬紹爾地區，於一九七四年五月，正式向美國政府提出，不參加密克羅尼西亞聯邦，以後不派代表到〝密克羅尼西亞議會，也不出席憲法制定會議，自己組織一個，政體交涉委員會，由卡普亞上院議會議長任其委員長，同時，帛琉也向密克羅尼西亞議會及憲法制定委員會作最低限度的要求，就是談成之後，必須把首都，設置於帛琉地區，他們附上條件，〈如果做一個最低要求也做不到，帛琉將脫離，密克羅尼西亞〞衡諸實際，彼時〝憲法制定委員會〞多次的會談中，以島嶼的大小，距離的遠近為考量，大略獲得共識，宜把首都設置於波那培島，由此可知，帛琉島以「設置首都」為籌碼，不把議會的議決當一回事，但是，條件上，帛琉的這種〝請求〞似乎不會列入考慮。就帛琉而言，這是參加密克羅尼西亞聯邦與否的試金石，總之，上述多方面的理由，造成密克羅尼西亞的分裂。

三、美國領土的出現

由出發就表示要脫離密克羅尼西亞聯邦的馬利亞納地區，於對美國關係中，在政體的主張上，提出與他地區不同的政體主張，在上節提過，馬利亞納群島地區的人，曾說「……要跟卡那加人，共同組織國家，不如編入美國領土的關島去……」表明了由衷之言，他們以公民投票，決定脫離統一的密克羅尼西亞聯邦之後，於一九七五年二月，與美國政府簽署一個文件，他的文件全銜為「與美國共同提攜政治性關係之北馬利亞納諸島，建立國家的盟約」（註：縮稱"北馬利亞納盟約。）與美國建立國家盟約。（Commonwealth）是表明"妾身身分地位。"—美國自治領之意，與原來計畫的「完全獨立國家」迥異其質，政治型態之異質，顯而易見：「北馬利亞納群島」這是一個新名稱，因此它所包括的範圍，除了馬利亞納群島南部的關島之外的地區而言，易言之，泛指託管統治領內馬利亞納地區。

至於，這Commonwealth到底什麼樣的東西，吾人可從條文中獲得下記四個要點。

一：北馬利亞納群島，置於美國主權之下，以自主憲法，設立自治政府。住民均可獲得美國市民權。

二：北馬利亞納群島的外交，國防兩權及責任，屬於美國聯邦政府。

三：北馬利亞納群島政府，對美國的軍事施設之建設及其利用，毫無例外的承認。

四：美國政府在最初的七年間，年支付一千四百萬美元於北馬利亞納政府，作財政支援，軍事基地之租借費，年支付一千九百五十二萬美元。

依據上述Commonwealth的本質要約之，馬利亞納地區，已經美國領土化，與索羅門調查報告文件的建言－美國合併案之原旨相接近，與此相同名稱之類似的"對美國關係"之地，在加勒比海中，有個"美國自治領，波多黎各（Puertorico），但是（Commonwealth）這種固定化概念的政治型態，並沒有存在：各有各的對美國有不同的實質關係，這一點是不得不留意的。有個國家把大英帝國的本名，來自The Briitish Commonwealth of Nation）馬利亞納的Commonwealth又不屬於同一種類。加勒比海（Caribbean Sea）中的美國自治領，波多各與維爾京諸島（Virgin ls.）美國．沙摩亞，關島等，不同政治型態的屬地，易言之，因地而制宜的自治領，這些地方，能把沒有"投票權的代議士。（註：其他的權利同眾議員議員）送到美國聯邦眾議員，總統選舉的代議士選舉權也有之，但是，北馬利亞納群島就沒有這一種權利，依據盟約，北馬利亞納群島，可以制定自己憲法，依憲法治理國家，在憲法的保障上，住民均享有「美國市民權」，但是住民自己則歸於北馬利亞納群島，所謂"歸屬"就是Nationity國籍也。至於土地取得的權利則和馬利亞納群島以外的美國市民有別。

盟約經簽署之後，有一天，一位曾參加體交涉委員，拉里．肯烈洛先生（Larry Guerrero）告訴我：「我們這裏有"軍事基地"所以恐懼戰爭，這種想法是錯的，與美國提攜結果，如關島，一定在經濟開發方面，蒙受利益，但是關島，沒有自己制定的憲法，我們卻有了憲法，因此，我們不難想像，我們的自治權，一定超越關島……」他以充滿自信的口吻告訴我，這一位名叫，肯烈洛的政體交涉委員，在這個談話的十五年後，擔任該地區的〝州長〞。又向作者說了一句話，這時的口吻就和十五年前的一句話大不同了，他說：「美國領，這個東西，很明顯地失敗了。密克羅尼西亞聯邦或馬紹爾地方的領袖，到日本了。可以受到總統的禮遇，而且能得到經濟的援助。但是，我……身為州長，到那裡去，沒有一個人出來接我…這…這…」

馬利亞納的住民，因與美國訂下〝盟約〞而成為美國領土內的美國市民。這到底是禍或是福？我們不做評價。不過，被合併於美國的馬利亞納住民，這並不是一言為定而訂的，是由很多因素，同時考慮之後費時，費力才決定的。

塞班島的南方，有南北長二十公里，東西寬十公里大的提南島，它是第二次世界大戰將結束之前，由美軍占領，闢為〝反攻日本〞的軍事基地，空中堡壘（Fortress），B.29，由此基地起飛，載了前古來曾有的炸彈－原子炸彈，投下於日本廣島、長崎，是名噪一時的空軍基地，日本人委任統治時期，全島是〝甘蔗栽培區〞日僑超過數千人，但是，戰後卻住民以自給自足的農、牧業支撐經濟、農業由住民經營、畜牧業則以肉用牛的飼養為主，由美國人自己經營，以往的繁榮已不復存在，猶如世外桃源，在提南島以北的〝北馬利亞納群島〞於盟約上合約，「提供全島三分之二的土地，作為軍事基地，對盟約，全島人口，約八百人的大半人數，拉白布條抗議。這是理所當然的，有一天，提南的菲利蒲，緬狄奧拉市市長，以憤怒填膺，震抖的聲音，以被出賣人的立場大叫了，「塞班島，羅塔島兩地的人，真奇怪！？把別人的島嶼賣了之後，為自己選擇美國市民之路，這種做法，到頭來，美國人把土地奪走了，自己卻成為美國、印地安人……這倒可說不定？」無怪乎，這是島嶼住民由衷之言，但是，不是一千人的島嶼，豈能敵得過該島全體的論理戰爭，終於成為〝美國化的犧牲品〞奉獻出去，不過，十餘年之後，帶來自然演變，因軍事方面，科技的突飛猛進，加上美國經濟的惡化，美國政府方面，不得不自動提出〝提出軍事基地建設案〞予以放棄，這一種事實是任何人也沒有預料它過的。

我們來看看在同一個馬利亞納群島中的另一個美國領土。關島，這一塊Commonwealth，和馬利亞納，到底有什麼不同？關島，於一八九八年，美西戰爭，美軍得勝之後，由美國海軍管理的，迨至一九四九年，移管於內政部，翌（一九五〇）年，美國聯邦議會通過「關島基本法」（Organic Act of Guam）後，才得以內政自治，以迄於今，在美國國內的關島而言，它是位在「未編入自治地域」（Organized Unin cofporated Territory）易言之，關島是美國的屬土之一，沒有〝主體性的政治地位，北馬利亞納群島的政治地位就不同於關島，依雙方合約而成的盟約為依據，各制定屬於自己的憲法，為美國領之，雖有一些限制，但是，它的政治地位，含有高度的獨立政治型態，以前者比，北馬利亞納的條件優厚多。

將近一百年的歲月裡，在美國的統治下過活的關島住民，在美國人的扶翼下，予以周邊諸島，在經濟上有天壤之別，關島人也為此，抱有某種程度的優越感，在這當兒，忽然出現了〝北馬利亞納諸島自治〞（）是予以關島人〝青天霹靂〞說實在的，關島人而言，他們從來沒把這種意識著的，或者，已經準備放棄的民族自決之路，予以一針強心劑一般，不久，關島人的〝政治地位大風潮〞活躍化，不過，長年沐浴在美國恩惠的關島人，到頭來，並沒有做到「一氣呵成」向獨立的道路邁進，經過「一陣騷動」」之後，仍留在美國領土內，向〝自治權的擴大〞為指標，共同努力。一九八七年，經公民投票，獲得了支持的是「美國領中的自治領」（Commonwealth）關島議會也終於接受「自治化法案」於一九八九年及九二年，向聯邦議會提出該法案，但是沒有列入審議事項，關島人的心聲，再三的呼籲，美國人也不能置之度外。一方面要關島人修正，一方面表示接受政體交涉的姿勢，在大家的努力之下，類似北馬利亞納群島的「關島自治領化」或與〝北馬利亞納群島的合併〞之一的模式，有出現的可能也說不定。

四、密克羅尼西亞的分裂

一九七七年，是現在的分裂構圖，作最後決定的一年，密克羅尼西亞，終於走上分裂之路。就帛琉，馬紹爾兩地區而言，以公民投票的「過半數」決定要由密克羅尼西亞聯邦脫離而去，在馬利亞納而言，自行起草的〝自制憲法〞由公民投票後，獲得百分之九十的贊成票通過了，這一年的一月"波那培地區的克沙伊耶島（Kusaie）易名為"科斯拉耶（Cosurae）"形成獨立地區，馬利亞納地區，正來補充"出缺之洞"但是，說實在的，前年五月的"第八次政體交涉會議，就是密克羅尼西亞，六個地區，團結一致，向美國政府作政體交涉的最後一次正式會談。

在這最後一次的「美、密政體交涉會議」中，美國方面，終於讓步了，易言之，在容忍「密克羅尼西亞人的自由聯合國關係。」一方面，把現有的輿論，總括上來，希望把"協定的內容"作下列的修訂。其一，可依據自己制定的憲法，設立自治政府，得以享受完全自治的內政。其二，外交及安全保障兩方面是由美國方面掌握。

其三：協定期間訂為十五年，期滿任何一方，可申告於另一方，廢棄此協定。其四：但是，同協定屆滿後，安全保障的責任及權限仍存在。其五：協定存續期間，每五年，分為三個階段，分別以三千五百萬美元，三千萬美元，二千五百萬美元支付。由上面概述而言，協定案中，除了加上"協定案附加期限之外，與第一次美國的提案「自治領法案」並沒有令人刮目相看之處，密克羅尼西亞人，把自由聯合的政治型態，以為向獨立型態邁開了一大步。所以下記三點，密克羅尼西亞人是無法接受的，其一，沒有外交權，其二：協定屆滿後，關於安全保障的事務，全權仍操在美國人的手中。殿之，只維護現狀就已經捉襟見肘的財政援助，令人不堪忍受。因為"協定草案中，具體地指出"財政援助數目"因此，有"軍事基地計畫"的三地區，以此為"條件－籌碼"要求更多更實惠的數目，以此為交涉目標，密克羅尼西亞也為此，增大了分裂的禍根。

美、密政體交涉，始於尼克森總統時代，而後經福特總統，再經揭櫫人權外交政策的"卡特總統"時已至一九七七年，新總統，尼克森就任，聽取與密克羅尼西亞政體交涉的來龍去脈之後，立即指示屬下，「……希望在我的第一屆任內，完成「結束了密克羅尼西亞的託管統治」而且表示他強烈的意願，或許有這種"強烈的意願"在這個時候起，密克羅尼西亞內部的活動頻繁化。到十月，政體交涉委員會分裂後的"第一次政體交涉會議，於夏威夷召開。這一次的"交涉會議"出席的有「美國、密克羅尼西亞議會、馬紹爾、帛琉四者」密克羅尼西亞議會派出的代表，交涉委員中，有一位是原來充任帛琉的代表L·莎利（Lazarous Salii）（自治政府成立後的第二任總統）因為帛琉決定由聯邦分離後，又派出獨立的交涉代表，如此作法，真叫人直喊奇妙。

這樣不合邏輯的做法，當時的密克羅尼西亞議會議長，T·中山說：「莎利先生，要說"地域代表"不如說，他是因為被肯定了他的才幹，因此特別遴選他參加的指派人物，並沒有特殊的意義……」他的話，也許由於「才幹的肯定」所以留任他為「交涉委員」議長雖說如此，但是作者則衡諸實際，深深體會到：「……因為在帛琉政界具有巨大影響力的莎利，以"個人身份"留任在交涉委員"無異是表明他對"大密克羅尼西亞"的執念，不願把帛琉脫離"密克羅尼西亞聯邦"的念頭。表露無遺。」

翌（一九七八）年一月九日，馬利亞納地區，以"北馬利亞納群島自治領的名義下，頒佈「憲法，首任民選知事。（州長）組織了自治政府〃時，事，演變至今。在國際上認知的政治型態而言，它是在託管統治地域內，受了允許的」自治政府」因此，它的地域—北馬利亞納群島，實質上，已脫離〃託管統治政府〃的管轄，預算的編制、執行，行政指導……等，都將移到管理國土的內政部去，嗣後，美國政府所指的〃託管統治領〃是除去馬利亞納地區而言，職是以故，除了美國市民權的獲得一項，尚有若干的保留之外，事實上，依北馬利亞納諸島盟約而成立的美國領Commonwealth，重新出發。

馬利亞納地區自治政府正式成立，三個月之後，再召開一次美、密政體交涉，在這一次交涉中，終於能塵埃落定，於正式合約文件上簽署，馬利亞納自治政府的成立，或許予以其他各島嶼帶來了一針振奮劑，促使政體交涉的早日完成，易言之，心理上的影響，且鉅至深，這一次的會合，與前次的〃四巨頭會〃不同，由帛琉、馬紹爾、波那培、土魯克、雅蒲、科斯拉耶（註：克沙伊耶之易名）各地區組織的〃交涉委員會的委員長出席下，作政體交涉，在會議的結果，完成了〃自由聯合協定的原則〃合約見簽署，這合約簽署文件，計由八大項目構成，因開會地點為〃美國·夏威夷州，喜羅市（Hiro），因此取名為，喜羅八大原則合約書（Hiro 8 Principles）：（Principles Political States For Free Associiation）其內容如下：

一、自由聯合協定，由兩政府間商談後締結之，在協定的有效期間存續中，密克羅尼西亞國民的政治地位，非為獨立國，而是以自由聯合而存在。

二、自由聯合協定，由聯合國監督下的公民投票作決定的依據。

三、密克羅尼西亞制定憲法，必須與本原則申述之政治型態相吻合，不得有逾越。

四、密克羅尼西亞全體國民，皆得享受自治政府一切措施。

五、美國，在此地域內，得設定軍事施設，及運營之權，並有防衛此地域之安全保障責任。密克羅尼西亞全國國民，不得採取此權限及責任相矛盾的言行，這一種權責之期間為十五年，並保證之。

六、密克羅尼西亞，保留有包含保護海洋資源的權責。但是，在權限、責任之實施期間，必須與美國方面商談，取得協議，不得與安全保障及防衛的權責上，有矛盾之言行，如有矛盾時，必須再協議，以利防患未然。

七、自由聯合協定，以美國防衛的權限，責任的延續為前提條件，可由一方認定的需要上，予以廢棄之。

八、自由協合協定，如經雙方同意或由美國的意思表示而終結時，經濟援助仍繼續存在。但是，由密克羅尼西亞一方的意思表示，本協定廢棄時，剩餘期間的經濟援助則全部自動取消，美國方面的義務因此消失。

由上述，「喜羅八大原則」的要約各點，予以推敲之下，美方有一部份作讓步。其一：即是不與軍事，防衛的權責，無抵觸之範圍內，認可密克羅尼西亞政府的「部份外交權」其二：在協定終結後，美國的軍事權限、責任，並無明載於條文中，在這特色下，兩方合約經代表簽署，由本協定，密克羅尼西亞人保留「將來完全獨立的可能性」以託管統治終結後十五個年頭，可獲得〝財經援助〞為交換條件，在美國人的扶翼下，過日子。

密克羅尼西亞聯邦的〝自制憲法〞成立與否的「公民投票」於喜羅會談散場後，三個月才舉行。這一次的公民投票，在實質上，並不是看住民對憲法內容的贊成與否，而日對「在自制憲法下，是否參加自由聯邦!?」的一種確認投票」結果，出現了「預期的結果」帛琉及馬紹爾，投下「否」亦即是，由密克羅尼西亞分離之後，在自制憲法下，開始國家建設的意思表示，由這一次的公民投票，託管統治下的各島嶼，分別為「雅蒲、土魯克、波那培、科斯拉那」等地區合而為一的，密克羅尼西亞聯邦，以及馬紹爾。帛琉、北馬利亞納群島等四個「政治單位」再重新編制之後，各自「建國」之後，分道揚鑣，各自為政。

密克羅尼西亞的〝分裂為四〞確定的是索羅門調查報告文件，一九六三年提出於甘迺迪總統之後，經過十六年的漫長歲月，於一九七九年，政體交涉開始後，又過了十年的歲月才得到答案。觀其結果，的確由住民的自由意志選擇自己的路，但是，從另一個角度來看，地域的分裂〝卻與美國的基地化計畫完全吻合。易言之，要建基地的島嶼，成為一個族群，其餘這個結果，該如何予以評價，由美國與密克羅尼西亞各自的立場而言，將有很大的差異，如由美國的立場而言，並沒有做到密克羅尼西亞予以囊括為美國領土化，沒有做到索羅門調查報告文件的建言要求，只有馬利亞納地區依建言「如願」其他的島嶼則支離破碎。各奔前程去。加之，非允許一部份的外交權不可的〝窘境〞由這一點來看，似乎美國吃定了滑鐵盧之仗，從歷史、文化、社會制度而言，密克羅尼西亞，這個廣大的海域中。二千多個島嶼「有統合的必然性」就沒人敢斷言如此，但是，索羅門教授一行，在調查完成了之後，得到一種共識。「……地域的分散，將加重了行政經費。在統治行政上必須設法避免……」不過，由多方面的因素，促成了「現狀」。

再站到密克羅尼西亞人的立場來看，少了不能再少的土地，海域，它曾支撐了他們傳統的社會，但是，美國人為了他們的利益，迫使密克羅尼西亞人提供他們使用，美國人又仗著他們經濟上的優勢，向八萬多的密克羅尼西亞人挑戰而來，在政體交涉中，密克羅尼西亞人，在條件下，不得不屈服於"強權就是公理"之下，易言之，民族自尊心，被傷害得既痛又深。密克羅尼西亞議會的議長，中山先生說：「真遺憾！我們為此崩潰了，我們終於沒辦法抗拒美國人的分斷策略，我們完全吃了敗仗……」帛琉選出的上院議員，羅曼・梅秋爾（Roman TMetuchel）也說：「如果，我們拒絕美國人不許他們設立軍事基地，我們就永遠不會有獨立的一天。既然明乎此，我們只好把這個"條件"作最大的利用，與美國作政體交涉，唯有如此，才是能為帛琉找出一條生路。」往後的日子裡，該作"地域大團結"或"個別折衝"兩位指導者對密克羅尼西亞，應走的將來的趨勢判斷，迥異其趣，即使走了兩極端，為了建設現代化國家。他們共同的意識中，很明顯地可以看出「……必須以強大的"力量"才能與超級強國，在桌子上談出結果……」就是危機感，支持著他們的政治判斷，由此觀點而言，美國、密克羅尼西亞兩邊都沒有獲得"勝利"的機會，在五里霧中，摸不著前景做交涉。

美國政府和密克羅尼西亞的政體交涉，並不是打下休止符，各地域的自治政府成立之後，才展開美國、密克羅尼西亞兩方〝著手政體交涉，才以具體的條款〝談〝自由聯合協定〝易言之，現在才正向前邁開了新的一大步，自由聯合。

第二章：向自由聯合之路邁進

一、自治政府的成立

在財政部統治領內，接著〝北馬利亞納群島〞成立自治政府的是一九七九年的事。同年五月一日，馬紹爾諸島共和國成立了，又過了九天，五月十日，密克羅尼西亞聯邦又成立，首任總統，前者為〝亞瑪達．卡普亞〞）Amata Kabua）後者則由俊雄．中山（Toshio NaKayama）就任，均為上院議員。帛琉地區則因猶豫不決。別地區建邦之後，才著手制定自己的憲法，其他地域，為了自己的前途，並不能等它，所以帛琉的自治政府於一九八一年一月才見成立，大約慢了一年又八個月，嗣後，馬紹爾群島及密克羅尼西亞聯邦的動向，到託管統治的終結為止，大約以同樣的「過程」轉移過去，不過，帛琉就不同了，經曲折迂迴的荊棘路線，終於慢了好幾拍才以同一過程走上〝自治政府〞之路。帛琉走的過程，容於第三章，作來龍去脈的介紹。

新建立的各地域自治政府，依其〝自制憲法〞建立「共和國」由總統統治國家，乍看之下，它是民主共和國，總統也民選的，不過，窺其究竟，它仍然與「北馬利亞納群島」一樣〝美國政府容許的〞有權限限制的自治政府。易言之，它們是託管統治終結後的自治型態的，為了訂立〝自由聯合協定〞的政治主張，是由美國政府容許的「自治組織」因此，對〝託管統治領"的政治地位，並沒有任何變更的指望。不過，密克羅尼西亞的指導者而言對國家形成，已經萌芽了十分的自覺性。

開始於尼克森總統政權的美、密政體交涉，值得一筆的是一九七七年，卡特政權出現之後，美國方面的態度上，起了微妙的變化，對密克羅尼西亞的戰略上的重要性，美國國會及軍方的認識，沒有稍許的變化，不過，卡特總統，在這個時候，向外宣佈，〈在密克羅尼西亞問題，希望在我的任期內完成它!!〉更有人造謠似地，由美國，華盛頓郵報（Washington post 16.May 1977）刊出一則總統談話。「只要託管統治領中的住民有強烈的慾望，政府方面可以允許考慮完全的獨立。」在卡特總統的指示之下，卡特政權立即派政體交涉大使，畢達·羅仙普拉德（Pitor Isaiauplatoo）向密克羅尼西亞人表明總統意思所在，〈如果密克羅尼西亞人，有強烈的意願，美國願在情況可允許之下，儘可能接受的接受它，早日解決問題。〉因為美國方面，最高領導階層，有誠意讓密克羅尼西亞人完成意願。因此，一九七九年一月"自由聯合協定"依「喜羅八大原則」在和諧的氣氛裡在合約上簽署，羅仙大使說：「我們依據八大原則，合約簽署，將自由聯合協定，一個個地推移，希望到一九八一年就終結了託管統治……」

美國方面，對政體交涉態度，已經轉變為"軟化"讓步，就密克羅尼西亞人而言，應該敞開大門迎接貴賓商談。「一九八一年即終結信託統治」這一種見解，密克羅尼西亞人的意見就紛歧了，有的地區，希望依期約終結，有的則請求延期。正反面的兩種"要求申請"已經送到聯合國的託管統治理事會去，北馬利亞納群島，和馬紹爾群島，希望一九八一年終結託管統治，密克羅尼西亞聯合及帛琉兩地區則認為以時期尚早，一九八〇年五月之聯合國託管統治理事會，向各地區總統等最高負責人表明意見，密克羅尼西亞聯合的中山總統，向理事會說：「美國來此已經三十五年，他們在此地下的一切基礎，比不上日本委任統治時代的三十年，水準很低，為提升地域內將來經濟的發展，美國政府方面，必須把社會基盤，於終結託管統治之前完成它，因此一九八一年，感到未免太早，這一則消息刊登於太平洋島嶼月刊，一九八〇年七月，（Pacifie Islands Monthly. July 1980）

如上述，將託管統治的終結時間，放在共識中，協商決定的〝自由聯合協定條項〞談攏底定的時候，已經一九八〇年秋季，馬紹爾群島及密克羅尼西亞，於十月杪，帛琉則十一月十七日，美、密雙方的政體交涉委員會之間，分別在協定條款上作初次簽署，由原則的合約，以至協定條款的作成文件、合約，大約過了兩年多的歲月。這種「歲月」應視為長或短，這就要由各自的立場去判斷了，就美國而言，擬定於一九八一年，終結託管統治，這是非常緊迫的時間。

由密克羅尼西亞來說，非在此時作〝初次簽署〞不可，這是因為卡特總統，在多次民意調查當中，支持率一直瀉落，在下一期的大選，恐怕有落選的可能。美國議會中的議員中，共和黨黨籍的，不少人對密克羅尼西亞的〝自由聯合關係〞抱有疑問，因此，如果「卡特政權」一旦選不上，密克羅尼西亞人經努力爭取來的〝有利條件〞恐怕歸於泡沫，為了防患未然，得先把「合約條款」書就於文件上，可供作後日之憑據。

這一年，一九八〇年的十一月，不出密克羅尼西亞人的意料，卡特總統，在選舉戰中敗下了陣，共和黨總統候選人－雷根當選為下一任總統，新上任的雷根政權當路之後，美、密政體交涉會議，於一九八一年十月召開，獲得一個結論，說道：「新政權，對於以往密克羅尼西亞的政體交涉經過，予以尊重，但是，不拘終結託管統治的時間，對遺留下來的各種問題，必須逐一檢討，而後決定去捨，採取行動。」云云，在會議席上，柯吉國防部長、首席輔佐官，發表下列三點聲明。

㈠託管統治儘早終結它。

㈡自由聯合期間，儘可能抑壓美國政府的支出。

㈢外國軍隊的侵入此區域，儘可能作長期的抗禦。

柯吉輔佐官，提這三原則作為政體交涉的前提，同時向密克羅尼西亞人道：「如果密克羅尼西亞人，同意上述三原則，我們美國方面，可以提供同紐西蘭、澳大利亞一般的安全保障。」密克羅尼西亞人，對這"柯吉三原則"也提出對應三原則，曰：

㈠應予密克羅尼西亞，追加社會資本擴充計畫資金。

㈡應調整對協定援助額，因通貨澎脹可適用的調整率，（初次簽署時為七％）

㈢美國政府方面，對密克羅尼西亞除了繼續撥出協定援助款之外，一般性的美國政府援助事業也得繼續支援，密克羅尼西亞人就是藉此，將美國人要求的，一百年之間，不許外國軍隊的非法入侵。這一條款，不予承認。（註：載於密克羅尼西亞情報，通卷四十一號，一九八二年。）

說一句明白的話，密克羅尼西亞人，對國際性規模的軍事提攜，完全沒有興趣。不會寄以關心，因為軍事安全保障，對地域內的經濟發展，無關痛癢。就密克羅尼西亞人而言，最切膚之痛的就是〝經濟利益〞因此，在美國人，以他們的國土作為戰略性基地時，藉此做籌碼，能從美國方面，能挖來多少經濟利益，這是目前最重要的，在這種理念的驅使下，政體交涉的焦點，集中於〝美方軍事權益與密克羅尼西亞人要求經濟援助額」的交涉，初次會合起，到一年後的八十二年，馬紹爾群島，於五月，帛琉則八月，接著密克羅尼西亞聯邦則於十月。分別與美國聯邦政府訂定政府間合意的「自由聯邦協定」帛琉，在嗣後再三商談之後，獲得合意，但是，馬紹爾群島和密克羅尼西亞兩政府則，在這一次的〝合約〞中，予以自由聯合條款，作最後的決定，依協定，各自治政府，向美國政府，可獲得的經濟援助額，見卷末所附的附表。

二、何謂「自由聯合」（Free Association）

所謂〝自由聯合〞就是指馬紹爾群島，密克羅尼西亞聯邦：帛琉等，各自治政府，與美國政府之間締結的協定，協定的本文，計由四章構成，前言及第一章為「有關政府事項」第二章，是「有關經濟事項」第三章為「有關安全保障及國防問題」殿之，第四章是「一般規定」其中，一般條文，各國均相同，至於援助金額及個別差異事項則分別商談後載於條文上，除了協定本文之外每一個自治政府，有個別的條款，均分別締結。易言之，美方因在各島的軍事利益計畫及社會基盤的建設等…，有關個別的"規定"一一記載得很詳盡。這些「協定文件」及有關各別協定的條文，合併在一起時，都成為一部厚敦敦的書籍，為了解"自由聯合的本質"自將其大要提示於後。

一、協定期間，定為十五年，屆滿之前，任何一邊，均能通知一方廢約。（註：但是帛琉則經兩方的協定，延長為五十年。）

二、協定有效存續期間裡，美方享有軍事上。安全保障上的權限及責任負擔。

三、協定期間屆滿。但是，密克羅尼西亞則協定生效時起，一百年間，他國軍隊入域，皆拒絕之。（註：帛琉的時間改為五十年，因此不適用此條款）

四、美國曾在協定承諾的財政援助予以繼續承擔。

五、自由聯合國：不違背美國軍事上、安全保障上的權限下，享有外交權及完全自治權。

這些"協定"是為密克羅尼西亞打下託管統治的休止符時，美國方面希望在此地"留下軍事利用權限"一方面，密克羅尼西亞人也藉此，希望美方繼續做經濟援助的"互惠利益吻合之下促成的。不過，就美國方面而言，雖能確保軍事上的權限，但是，它附有期限，而且允許他們有限度的外交權，這一種〝結果〞在索羅門調查報告文件中的建言，有相當大的出入，也是沒有預期的。

至於〝自由聯合〞的政治地位，如何定位，哈佛大學的R，克拉克教授，從國際法的觀點，作如下的定義。他說：「自由聯合並不是表示密克羅尼西亞已獲得獨立地位，同時不是表明與美國一體化。（見：Harvard International Law Juornal No.４１９８０），克拉克教授的言論，到底是學術理論上的批評，但是國際社會，到底將以什麼樣的眼光對待密克羅尼西亞聯邦，這種「現實、實態」的了解，比理論上的了解，更實際，更合用。

所謂，自由聯合，就是顧名思義，由自己的主體判斷，得以隨時終止聯合關係的政治結合，密克羅尼西亞就是看到一九六五年的科克島（Cook Is.）和一九七四年的尼烏耶島（Niue Is.），由紐西蘭的屬地，轉移到自由聯合關係應用下來的。但是，自由聯合，這一句政治名詞，並沒有固定的政治關係的概念，這一點是不可不辨的。

密克羅尼西亞的〝自由聯合協定〞已經生效的現在，它已經被認定為〝獨立國的要件〞由紐西蘭轉移的科克、尼烏耶等。在接受援助方面，有時被視為獨立國，但是，它並不是享有獨立的政治地位。如科克、尼耶克兩國國民，擁有雙重國籍，奉英國女王為元首，軍事，外交兩權則委任紐西蘭去辦，在紐國的財經援助下，享受著內政自治的日子。「自由聯合」顧名思義，既然是「自由」的，所以任何一方，均可以隨時通知對方「毀約」，立即可以獨立的政治型態。易言之，具有潛在性主權的國家，科克、尼烏耶兩個，均在紐西蘭的扶翼下生活。因此未曾感受到〝不滿、缺點〞之處，因此，他們的國度裡，不會自己積極爭取獨立。再說，紐西蘭這個在天外天的世界裡，既沒有侵略的野心，更沒有把它們做戰略目的計畫，只以國際互助的崇高宗旨下，援助他們。

如果如科克、尼克耶兩個邦一樣〝自由聯合關係〞則與美國當初提案的Commonwealth的本質上相去不遠，但是，密克羅尼西亞人而言，他們認為〝自由聯合體制〞期間，就是「向獨立邁向一大步」的表徵，在美國的立場而說，他們一向主張，把密克羅尼西亞置於自己的主權下。在索羅門調查報告文件中也如此建言，它的具體表現則出現於「喜羅八原則合約」第一條條文中，曰：「協定存續有效期間，密克羅尼西亞的政治地位，並不是獨立國，而是以自由聯合的政治型態存續……」由此聲明明矣。

美國政府，為何不把這個密克羅尼西亞為獨立國，偏要把他們「編」為自由聯合，它的理由有三，其一：依喜羅八大原則的第一條為依據，其二：軍事、安全保障的權限，全部委於美國政府去辦，其三：國家建立之初，每一個政府剛建國完成時，政府的財政，全由美國人的預算中撥出應用。

將美、密兩方作政體交涉中的〝自由聯合〞的條款，仔細予以推敲時，完全看不出〝予以密克羅尼西亞人的獨立主體性〞但是，政體交涉中，各地區的代表，設法把自我的權利予以擴大，而後，美國人謳歌的「主權在民」的自主憲法，允許他們制定，雖有軍事上的若干限制，在自由聯合協定中，准許他們說外交權，由這個觀點來看，這是美國政府准許密克羅尼西亞人〃獨立〃的第一大步，加之，「喜羅八大原則」即使在協定交涉的坦途上，它扮演了〃指引〃的角色，在簽署的協定文中，並沒有喜羅八大原則中謳歌的關於〃自由聯合的政府地位〃的字句，隻字未提，只載明「本協定是由兩主權者合約而寫下的兩者合意協定。」

再說，把軍事、安全保障等權限，委任美國去辦，在國際上的條約中，在存續期間裡，一部份的主權，因需要而被限制的國際條約，司空見慣，也不會因局部的限制，而失去獨立國的條件，再說「財經援助」它是關於國家經濟的問題」與國際的法律、制度上是另當別論，就現在的世界裡，沒有仰賴外來的援助，國家財政立即崩潰的不在少數。易言之，密克羅尼西亞，在出發的當兒，不符不仰賴於美國的「自由聯合國」自由聯合的協定條款中，政治地位的「定位」由它自己獨步而行的當中，他們務實地建立外交關係，爭取海外援助……等等，積極做實態的進行，由此強化了他們獨立色彩。

密克羅尼西亞與日本的外交關係，其來龍去脈，容於後述，就美國容許如此狀況的原因先述之於後，最大的影響因素是八十年代以後，國際局勢變化多端，加上軍事科技的長足進步，隨著美國人對密克羅尼西亞的各島嶼，重新評估的結果，其戰略的執著心態淡化了。美國方面又想：既然可以確保第三國軍隊的入域抗拒權，到百年之久，把這個地方作為屬地，並不是善策，美國政府衡諸國際情況的變化、判斷之後，自己也決心設法應變這局勢。

密克羅尼西亞的政治領導者，在政體交涉逐漸成熟的階段裡，希望把〃自由聯合的政治地位，活用於獨立地位的國家〃而且認為可能，確立了信心。一九八六年九月到日本去訪問的密克羅尼西亞總統，俊雄・中山（Toshio Nakayama），在歡迎儀式中，作下記的演說：「最近，密克羅尼西亞及美國雙方，依憲法的手續，自由聯合協定獲得認可，依據本協定我國在各方面，成為實質的獨立國，同世界各國的獨立國一樣，我們的國家也以國家及主權的名義下，與各國建立外交關係，這種艱鉅的工作，正由自治政府積極準備中。我國並沒有防衛手段。地居戰略性地域，因此，把國家防衛事務委交美國人，我們的選擇如此，因此，基於協定的對等性伙伴，或以同盟國的身分，做到平等、互惠。特別是予以防衛問題帶來影響力的外交事項，必須雙方協議後決定，這一種"協議"與通常的同盟國商談的一模一樣，因此，我們的政治上的獨立性，毫不損傷……」

把密克羅尼西亞的「自由聯合」視為獨立國的事實的日子，於一九九一年九月實現了，這一年的九月，在聯合國通過密克羅尼西亞的「馬紹爾群島共和國」和「密克羅尼西亞聯邦」加入聯合國為會員國之一。託管統治終結不久的帛琉共和國，將參加聯合國也為期不遠。

密克羅尼西亞的自由聯合國，稱它為獨立國，衡諸事實，的確有缺陷，如最重要的經濟尚未自立，沒有國家的軍隊，沒有自己發行的通貨……等等。在一國國家的獨立要件而言，尚有欠缺。但是，如今太平洋中的「吉里斯（Kiribati）共和國，吐瓦爾（Tuvalu）在政治上，雖具有「完全獨立國」的型態，但是，它們同"自由聯合"類似的狀況，又是「流行中的迷你國家」，在政治上是個國家型態的多樣化，已成為事實，何況，密克羅尼西亞而言，它擁有國家的基本主權的〝自由聯合國〞視為獨立國家，是理所當然了。

三、向自由聯合移轉

自由聯合協定的政府間的合約敲定之後，翌（一九八三年）在密克羅尼西亞各政府，作一次「對協定贊成與否」的公民投票，開票結果，密克羅尼西亞聯邦，贊成者，百分之七十三，馬紹爾群島共和國，贊成者，百分之五十八，帛琉共和國，贊成票，得了百分之六十二。但是投票率沒有達到憲法規定的百分之七十五，結果沒有通過，這種結果具有何種意義，容於下一章論述。

馬紹爾群島的〝公民投票〞雖然辦成了，但是，贊成票只超過一半多了一些，主要的原因是首都，馬吉耶洛島（Machierou Is.）去遠一些的離島島民，大部份的人，不希望馬紹爾地區，單獨形成一個國家，所謂〝馬紹爾群島〞它由三十三個環礁及獨立小島組合而成，誰都知道，離了中心島，愈去愈遠，政府的德澤，無法廣被於窮鄉僻壤之地，與中央更不必說，沒有提起的話，連「認識一面」也沒。易言之，離島的住民而言，在託管統治下過活，或什麼樣的政治型態下生活，都倒無所謂，帝力之於吾何干!?所以馬紹爾群島政府，並沒有存在的必然性，因為如此，行政單位愈大，一旦的時候，他們為離島帶來更大的好處，這種離島住民的意，反映於一九七七年實施的公民投票，問題是「願意、不願意」由密克羅尼西亞脫離與否?贊成者為百分之六十二·四，對自由聯合協定的反對票，這些潛在性反對者，離島住民中，可以看出加上數%的"政府批判票"。

除了帛琉的密克羅尼西亞地域，向自由聯合體制的轉移，手續上已經完備，遺留下來的問題焦點是要獲得美國國會的承認，和託管統治終結之後，加盟聯合國的問題了，一九八四年三月，雷根總統，為承認自由聯合，向上下兩院的合同議案，向議會提出，同時發表「總統白皮書」，要求議會迅速承認"協定內容"這個動作出爐之後，蘇俄立即反應，翌月，蘇俄駐聯合國代表，向聯合國秘書長，狄克耶爾遞交了一份「非難美國人在密克羅尼西亞採取行動」的文件，蘇俄代表的文件內容，大意為「…美國在過去，四十年的託管統治中，有意拖延密克羅尼西亞在社會、經濟的發展。企圖在太平洋地域，作核子裝備的軍事基地，予以擴大，而且有新的計畫，甚至要併吞密克羅尼西亞為己有……」

反觀美國國會，在各部門頻繁地召開公聽會，在各部門的討論中，成為焦點的是「投資與報酬率是否值得!?」的問題。易言之，因締結協定，必須付出高額財政負擔，但是所獲得的，戰略性價值"(Stategic Value)是否得以平衡，是不是花費不貲。但是，另一方面，正相反的看法也浮出檯面。亦即是宜將軍事權益擴大。而且使之明確化，是由戰略認識而產生的意見，出乎行政府的意料之外，冒出來，當時的政體交涉大使，福烈德·吉達(Freto Chider)回答作者的質詢說:「對密克羅尼西亞的事情，完全白紙。或一知半解的議員諸公，毫無理智地交叉討論，有的議員說的話，已經逸出軌道，除非他們，把密克羅尼西亞的一切，用功之後，再予以討論，否則不會有結果的！！」

另一方面，更重要的問題就是，結束託管統治，該如何向聯合國辦理手續，依聯合國憲章，第七十九條的規定：「有關託管統治下各地域的託管統治條款，其變更或修正，必須由關係國家直接商談、協定。且依第八十三條、第八十五條之規定認可之。」所謂，第八十三條第一款的規定為「有關戰略地區，聯合國處理的事務，及於託管統治條款及變更、修正的承認，均由安全理事會執行之。」由條款的文字上，可得知託管統治地域的地位變更，非經安全理事會的決議，不會有變更的可能，蘇俄眼看目前的事實，如成為美國領，北馬利亞納群島，以及美國軍事權益所及之自由聯合體制、地域，他們以「美國式新殖民地統治」命名。非難美國〞擁有五大超強、否決權的蘇俄，如果在安全理事會的席上加以反對，密克羅尼西亞的〝託管統治領〞地位就永遠無法翻身，成為永遠懸案的問題。

四、日本的國家承認

嗣後，美國依託管統治理事會的決議，除了帛琉地區的以外地區，將轉移到新體制的行動，通告於聯合國，時為一九八六年十月，隨著馬紹爾群島共和國，於同年十月二十一日，發表獨立宣言，密克羅尼西亞聯邦也於十一月三日，向全世界發表獨立宣言，北馬利亞納群島則以自治領國民（Commonwealth）的地位，獲得美國公民權，一九六九年，政體交涉以來，經十七年的歲月，留下帛琉的一部份，乍看之下，託管統治似乎到終點，但是，向全世界宣佈「獨立宣言」的兩個〝新生自由聯邦」各國的反應，出乎他們的意外，沒有幾國想予以承認，只有太平洋諸島中，同病相憐的〝同志國〞立即予以承認之外，其他，如關係最深的澳大利亞、紐西蘭…也都沒有一個予以承認，各國不予承認的理由是，彼等自稱的〝自由聯合〞缺乏獨立條件，而且沒有安全理事會的承認。託管統治的結束是沒辦法完成的，亦即是缺乏完整的手續。

各國對密克羅尼西亞聯邦的見解如此，為了求得全世界各國的共識，為了使自己的政治地位〝合法化〞以下列的觀點，訴求於各國。（見FSM press Release paper May 1987）曰：「首先我們要明白，自由聯合的政治地位的選擇，是在聯合國監督之下實施的，行正當途徑來的民族自決行為，依聯合國憲章第七十三條揭示的〝託管統治目的〞宗旨實施之下。任何人也不能妨害其進行。至於「託管統治的結束手續，必須依同憲章第八十三條第一款，但是，結束手續就無明文規定，一九八六年五月。託管統治理事會，把託管統治結束承認了，美國方面，依其決議內容，將此案件為安全理事會應處理案件，向聯合國秘書長通告，這是美國依聯合國的規定行事的。如果，此行動有可置疑的地方，在安全事會就會出現〝反對動議〞甚至會否決。但是，他們沒有任何意思表示，就是默認了。」

他們所申述的理由，並沒有動搖〝未承認國家〞的心。沒有說服力，依據聯合國憲章的法律觀點來論述，即使〝第八十三條〞的規定，所有的任務，並沒有包括應有的手續，該包括三個自治政府，終結了託管統治，其餘的帛琉地區，仍然留於託管統治狀態。爰之，依據條文明載，統治範圍的變更，必須由安全理事會審議，至於默認，這一種見解，各國的看法又有不同的説明，因為美國的「通告行為」並不是向安全理事會。而是向聯合國秘書長提交文件。為此「默認」不是理事會的，而是秘書長一己的意思，他根本沒有這種權限。

成為〝自治領〞的北馬利亞納，為了成為馬利亞納領，所以必須依美國國內法規去處理，與第三國的承認與未承認問題，在實質上沒有任何關連。

密克羅尼西亞自治政府，能走到〝自由聯合〞這個地位，它的路是非常艱辛的，它的行徑完全合乎託管統治制度的目的與精神，聯合國方面也承認，在西方國家而言，至少沒有反對的理由，應該向這個〝新體制的轉移〞虔誠的祝福才對，由上述的説明來看，各國要承認一個新國家的成立，它的理由，只不過是「…因為不合聯合國規定的手續…」總而言之，揭櫫「國際社會的秩序及安全為重要。」的會員國而言，是否有違背聯合國憲章的精神或規定，…」為此猶豫不決，舉棋不定，各國的態度，不難得知，默默觀察各國的動向，依趨勢所向，成為一股潮流時，才乘勢而走，強弱大小國均如此。

美國方面，在美、密政體交涉中，也曾再三提示過，「託管統治領的結束問題，是安全理事會有審議權，美國遞交給聯合國的通告書及送給有關國家的通知書，均使用〝向新制之轉移〞根本沒辦法看到〝託管統治的結束〞這一種措辭，聰明的美國人，就是把這一點認識得很清楚。因此，以既成的事實走在前頭，而後才把「實態」予以固定化，所謂〝先斬後奏〞的老一套，吾人明白，國際法，它是國際政治上的產物，這一種「現實的實態」又是逼國際法追隨它，在國際法上是司空見慣的茶飯事，密克羅尼西亞總統，俊雄·中山說：「從貓籠放出去的貓，這隻貓，不會再回籠的！不管是聯合國的決定如何!?我們對託管統治的結束及獨立的決心是不會動搖的！！」他們把這聲明文送到關係各國，推展現實的進行。

託管統治結束的手續，雖然留下〝尾巴〞尾不大掉，但是，美國政府卻為了把既成的事實，使之固定化而努力，蘇俄方面，看了美國的做法，設身處地去想，在這一種環境下，也許不得不如此做了，理由如下：

即使蘇俄如何地在安全理事會中反對，美國本身也擁有否決權，不過，在將來的日子裏，密克羅尼西亞也不會成為蘇俄的友好地域，一方面，我們可以知道，既成事實的〝自由聯合〞或〝自治政府〞的政治型態。更不能成為白紙，由此可知，如果蘇俄橫了心，採用否決權〞最多也是只把託管統治給維持現狀罷了。再說，蘇俄的反對，成為唯一的理由，無法突破〝現狀〞密克羅尼西亞人甭說，太平洋島嶼諸國也一定寫就了反駁論，利用輿論界，圍攻蘇聯。有了這種舉動之後，美國人殆乎不受實質攻擊的話，蘇俄的否決行為，決不是賢明的行為。不過，把話說回來，如果把這案件，沒有經過安全理事會來審議，從來作一貫批判的〝美國軍事影響下出現的新國家，不能沒有正式的名分下，即予承認，從蘇俄的立場來看，美國政府採取的措施，蘇俄也非常適合的，如此一來，在安全理事會中不使用〝否決權〞這個鬼東西，而且不把蘇俄主張的正當理論扭曲它，如此一來，可把美國政府蔑視聯合國憲章的事實，強行突破的行為，蘇俄人則永遠可以藉此非難美國。

我們更可知，他們由於自己的不健全，沒有辦法受各國承認的就是向自由聯合轉移的密克羅尼西亞聯邦及馬紹爾群島共和國，在後面還有荊棘之路可走，就中，最大的問題是沒有被承認的國家國民，出國時的「護照」（Pass port）的問題了，自由聯合國的兩個邦，在宣佈獨立宣言時，同時發行了「自己的護照」北馬利亞納群島的住民，因為擁有美國公民權，所以獲有美國人的護照，至於自由聯合國的國民則，一到國外，立即被入境國海關視為〝不明國籍的不被信任者〞在入境國審查的時候，被〝留步〞的事件頻傳不已。

一九八七年，為訪問中華民國、台灣，順道去日本的馬紹爾群島總統，卡普亞一行，在日本成田機場時，日本竟以「不能相信的國籍旅券〝護照〞」為由，被留置三個小時之久，卡普亞總統為之激怒，歸國後，立即採取報復措施，政府公用車，一律不得購買日本車輛，將獨立而於一九八一年就開始的日本的ODA（公款援助）。立即拒絕，總統的入境引起的「護照問題」除了非難之外，以具體的抵制行動來抗衡，予以報復，密克羅尼西亞人而言，與日本人有一段〝委任統治〞的因緣，又在地理環境上，最接近，又以為最可靠的友邦，但是竟如此〝凌虐〞難怪他們大失所望。

以「個人行為」擴大為外交問題，日本方面也並不是沒有把它視為一種〝嚴重的問題〞去處理，日本、外務省（外交部）擔任密克羅尼西亞地域事務的北美司，經多方考慮，必須予以密克羅尼西亞，早日在政治、外交上的國家承認，聯合國事務局及條約局兩局，立即把聯合國憲章有關條文，詳閱研究，如何找到〝國家承認〞的法據，費神費力，一再推敲。但是沒法子一時找到法據，日本政府也於一九八八年十二月，承認自由聯合，但是，日本人對自由聯合的承認，並不是基於國際法有據。而是政治上的決斷，已經有既成的事實，承認託管統治的結束，依據的理由如下。

其一：新體制轉移後，已經過了兩年的歲月，安全理事會方面，未曾提過密克羅尼西亞問題，其二：美國並沒有意思向聯合國採取下一波行動的跡象，由各方面推查，非常明顯。其三、新體制在實質上，進行得很順利，而且與未建立邦交的國家之間，也建立了友誼的關係。其四、他們最具有密切關係的紐西蘭、澳大利亞也予以承認。其五、中國及ASEAN諸國，對自由聯合來的入境、出境者，均予以各獨立國人民的出入境一般待遇。

日本人看到鄰近各國的狀況，對應的變化……日本人也由政治方面的考慮，斷然下定了決心，決予以密克羅尼西亞承認了，這種做法，並不是日本政府予以密克羅尼西亞作「獨立國的承認」而是「外交關係的建立行為」就一般的情形而論，先予以獨立國家承認之後，才進行外交活動，日本人也打破了「常態」不提國家型態，或聯合國問題，以內閣會議決定與密克羅尼西亞先建立「外交關係，如此離譜的不正常型態，日本政府自己也明白，對國際法上的「獨立國家承認的適法性」，依然會留下來，所以毅然決然先做政治判斷，日本對外關係中，如密克羅尼西亞的條件下，予以〝獨立承認〞或「建立外交關係」的，除了太平洋大洋洲中的各國之外，只有以色列國，總而言之，事情的進行，如美國人所企盼的方向走，是向既成的事實，逐漸固定化。

五、託管統治的終結決議

託管統治，必須經安全理事會的審議下，通過後才能予以託管統治結束，其所經的路線如何，必須等到帛琉地區的〝自由聯合協定〞商妥、簽署之後，才算結束，這一種看法是作者的預測，但是我的預測之外，很快就在安全理事會提出討論，這是蘇俄國內政治體制的遽變，隨著而來的是外交政策的變化，共產主義的始祖，蘇俄，國內的體制崩潰，已經沒有辦法維持原來堅持的主義、方針，改變總統制之後，戈巴契夫（Mikhail Gorbachev）為首任總統採取急遽變化政策，展開之間，國內的情勢大混亂，蘇俄的國內情勢變化，也許潮流的推移也說不定，不管如何，它的表面是遽變，連蘇俄的專家們也很少人預測得到的，在蘇俄人政治急遽變化中，沒有否決權的〝信託統治問題〞的審議，它的食譜忽爾排成。

一九七〇年十二月二十二日，聯合國安全理事會，決議〝信託統治之終結〞由此正式終結信託統治的地區，計有密克羅尼西亞聯邦，馬紹爾共和國，北馬利亞納自治政府，他們均以新的政治地位出現於「國際舞台」受了國際社會的認可－承認，只留下帛琉共和國，因「將來政治地位〞尚未自決。易言之，公民投票未完成之下，成為全球唯一，被留下來的〝託管統治領〞。

吾人回顧密克羅尼西亞戰略性託管統治出現之前，美、英、蘇等三個超級強國，再三接頭、交換意見之後才決定的，是國際政治圈之一環，這個小小地方，到託管統治終了為止，與該地住民意志完全無緣的大國主義介入其中，但是，託管統治的四十餘年中，密克羅尼西亞人，並沒有被那些介入的，或為私利，或為主張權利的國家，任其擺佈，亦即是，在大國的政治思想圈中，逐漸體會其要領，進而徐徐主張自己的行為主體，更能進一步，由自覺而利用人脈、經驗、社會、文化，各方面的力量。把自己擠進世界社會去，他們積極的行動，把國際事務複雜化了，小小的島嶼問題，成為「國際問題的焦點。」而且推展到現代國際政治的「典型事例」。

託管統治結束在安全理事會的決議中，除了議長母國的一國之外，十四個理事國之中，唯有一國，古巴，投下反對票，其餘的十三個理事國都投贊成票。

在這決議案予以採用，審議之前，聯合國安全理事會，受理三份文件，這三份文件，來自巴奴茲共和國（Repulic of Vanuutu），巴布亞新幾內亞，還有一份是託管統治理事會議長的名下發出的，這三份文件，異口同聲地聲名「支持安全理事會的決議案，巴奴茲是由太平洋，南太平洋組織，（South Pacific Forum）的加盟國，而且是聯合國的會員國的，澳大利亞、紐西蘭，斐濟、巴布亞，新幾內亞、索羅門諸島等國，任其代表。把下記的文件，送達安全理事會。

「託管統治領內的住民，必須合乎自己的特殊環境，情況下產生的政治型態，以自己自由的意志去選擇，（中段省略）SFP諸國，已經予以密克羅尼西亞聯邦及馬紹爾諸島共和國，視為『獨立國家』承認。但是這兩個國家，在國際社會中，尚未被認為「完全獨立國家」而致於有時產生糾紛，唯一的原因是因為安全理事會，他們尚未完成〝結束託管統治〞應辦的手續，有以致之。（中段文略）在這一次的決議案中，並沒有包括在內的帛琉共和國，也希望他們完成公民投票，同時希望安全理事會就〝北馬利亞納群島、密克羅尼西亞聯邦、馬紹爾託管統治協定〞作迅速結束這些地域的託管統治。

巴布亞，新幾內亞，書就的文件，略同巴奴茲文件，至於這些共和國，聯邦的鄰近「小國家」均與密克羅尼西亞的歷史、文化、社會都有共同之處，因此，他們對託管統治結束問題的推移及地域的現狀、瞭如指掌，他們宣佈「獨立」之後，立即予以共鳴，幾乎於一九八六年，在這「轉移新制的階段」即予以毫不保留的承認。

另一方面，北馬利亞納群島的州長及帛琉議會的議長，卻在審議之前，向安全理事會提出「延後審議申請書」安全理事會的理事國之一的古巴（Cuba）代表，就是支持這兩份「延後審議申請書」支持他們，古巴代表就依據兩份文件，向安全理事會，申請繼續審議及延期議決。

北馬利亞納群島的L·肯烈洛州長（L. Knleirou）所以在現階段要結束託管統治，他所據的理由如下，「因為北馬利亞納群島自治政府和美國政府之間，在主權範圍之間，尚有一些問題未解決。

他們提出的文件中，曰：「美國政府有意把北馬利亞納群島，定位於聯邦領土之下，就美國而言，他們將我們的經濟水域中的海洋資源管理權占為己有，在商談中絕不讓步，這件事，與我們的生活攸關。因此，這一個問題，沒有作妥善的處理之前，請安全理事會，千萬不要輕率作結束託管統治的最後投票，以免一方吃大虧。」

帛琉議長的信函也略同於肯烈洛州長的內容，易言之，支持他的看法。

至於安全理事會的議事進行情形如何，在議事錄中，把會議情形記錄如下，值得介紹，以利了解全貌。（參考Press Release SC／5249 22. dEC. 1990）

十二月二十二日的安全理事會，於下午四時許，由葉門（Yemen）的亞爾（Yarl Asiodarl）阿休達爾議長召集，會議一開始，古巴代表，立即提出意見，託管統治結束的決議案，採擇與否的投票，應予延到一月八日，古巴代表提案的主旨是，對北馬利亞納群島及帛琉的申請各項，沒有經過詳細的討論，必須就此案，再作詳細的推敲、檢討，經審議的手續之後，決議案必須各國都能認同，如此作成才可以，美國方面，看了以後，立即加以反駁，「我們已經盡到最完整的審議程序，各國都可以同意的境地，所以立即付諸決議才對。」

正反兩國的意見浮上檯面之後，阿休達爾議長，把古巴的提案要採擇與否作"投票表決"結果，古巴和哥倫比亞贊成"延期"芬蘭、法國、馬來西亞、羅馬尼亞、蘇俄、英國、美國、加拿大、中國，等九個國家，投下反對票，棄權的是哥德吉波亞爾（Coted'lvoire），衣索比亞（Ethiopia）葉門（Yemen）薩伊）Zaire）等四國，古巴的提案，被否決，接著非理事國的紐西蘭代表，因會員一致通過，邀請他出席發言。

「我國代表南太平洋的福拉姆諸國參加，在此，已經決定太平洋託管統治領的部份結束託管統治，現在這〝結束的對象〞三個自治政府，於數年前，在聯合國監視下，完成了公民投票，選擇了自己希望的政治型態，我國依據他們民族自決行為及基於一九八六年，聯合國託管統治理事會的決議，率先於各國，與密克羅尼西亞聯邦及馬紹爾共和國建立外交關係，今天應決議的事，對自由聯合兩國的國家建設，將邁出一大步，不僅如此，對太平洋島嶼諸國全體也將會帶來良好的影響，不可諱言的，一個國家自立之後，立即帶來經濟自立，這是殆不可能的，環觀世界各國，在真實的意義上，沒有一個國家，由自己得以經濟自立，再說，兩國獲得主權，將有助於改善太平洋諸島地區，現在面對著的問題－環境改善，這個區域，這幾十年來，因核子試驗，環境被破壞無遺，化學武器的廢棄問題，刺流網漁業作業的亂捕魚問題……等等，亟待解決的問題多，我國地處南太平洋，為維護太平洋面對著的問題，我們也有責任，共同協力解決每一則問題。

聯合國表示的方向，就是尊重依民族的意志決定的民族自決，回顧這數十年來，在〝非殖民地化〞而努力，戮力以赴。但是，聯合國在慶祝〝非殖民地化三十周年紀念日〞時，雖然幾個區域，完全獲得獨立，但是，我們一方面可以回想〝安全理事會〞竟阻止它成功的事實。

吾人，紐西蘭幸見密克羅尼西亞聯邦，馬紹爾群島共和國，北馬利亞納群島自治政府等三個地域的託管統治協定的結束，希望他們獲得的新的政治地位，得以確定，而且保證得以永矢實施，同時依〝安全理事會的託管統治會議〞使三個新的獨立國家，能獲得聯合國各會員國的承認，這是吾人樂見其成的。」

這一次的會議中，紐西蘭的代表，作上述的表達之後，終於採用〝決議案〞除了古巴，提案國反對之外，以外的國家代表都投下贊成票，安全理事會以〝決議第六八三號〞作成文件之後，完成了託管統治部份結束的手續。

這個託管統治部份的決議案通過後，參加理事會各國，以自己的立場，對其結論予以「評論」唯一反對的古巴，及長時間持以反對態度，而忽爾轉為贊成的蘇俄，他們的發現令人感到有趣，茲將各國的評論，分別介紹於下，以饗讀者。

〈一〉古巴：

「安全理事會」把已經在託管統治理事會承認的問題，並沒有作任何審議，為了表決贊成與否，今天就召集委員會，這就令人百思費解，依聯合國憲章的規定，被劃定為戰略地域的地方，託管統治下協定的問題，應由安全理事會來管轄，但是，對該協定的變更、修正、改善…等，並沒有做過一次檢討，不僅如此，被審議的對象，三個地域都來了正式的「審議申請」但是，都予以置之不理，託管統治以還，已經過了四十年的歲月，時至如今，只剩下兩個星期，為什麼只有兩個星期的延期申請也不准〈真令人百思莫解。美國和北馬利亞納之間，在主權的基本部份，似乎有些歧見，安全理事會方面，竟把這明顯的責任問題，不聞不問，應省思是否做法是對的!?」

〈二〉法　國：

安全理事會第六三八號決議案，是表明信託統治領的住民，是否有獨立的志向。依據地域內的公民投票決定的投票結果。託管統治理事會，已承認統治結束了，因為託管統治的結束，是由住民的自由意志下選擇決定的，亦即是因此，我國當然贊成此案，吾人亦明白北馬利亞納群島和美國政府之間。在「自治政府」的解釋上多少有歧見。我國的看法而言，這一種〝異見〞在聯合國裏檢討。不如由兩國間，自行去檢討的比較恰當，唯有如此，才能把〝切身的問題〞針對它予以檢討，方能有效。

〈三〉中　國

今天的決議案，在安全理事會方面，託管統治領方面，一定得到滿意的一天，我國為安全理事會的理事國，同時是託管統治理事會理事國之一，就我們的立場而言：被指定為戰略性的託管統治領，從此脫離安全理事會的管理之下。吾人已經體會它的重大意義。吾人因託管統治領地域內的住民，以民族自決的原則，決定自己希望的政治體制，爰之，予以充分的支持，今逢決定託管統治結束，吾人謹致三地域政府及領導者，祝賀之意，並向上蒼祈求貴國國運昌隆，對世界安全及和平有所貢獻。

〈四〉英　國

「我國自始就是託管統治理事國之一，長久與太平洋諸島各地域之間來往，今天能看到這種結果，甚為滿意，託管統治理事會，曾幾次派員到信託統治領去調查過，一方面引導他們走向〝應走的方向〞經多方的努力，由地域內的公民投票，以自由意志，經公民投票決定自己的政治型態，這是值得慶幸的，時已一九八六年。

北馬利亞納群島的州長，來函曰：「住民的自由意志表露無遺，才有今天的結果!!」。

〈五〉 衣索比亞

我國政府對地域內的三政府，以公民投票，決定自己的希望的政治型態，極合乎吾政府的認知，因此投下同意票，北馬利亞納知事來函指出之。兩政府商談的結果，事務中，尚有歧見的部份，誠如州長所指，必須依〝簽署盟約時的精神〞及早由雙方解決。

至於被留下的帛琉地區的住民，也儘可能的範圍內，由公民投票，決定自行所希望的去路。」

〈六〉 美國

「自聯合國成立以來，安全理事會幾乎沒有自動地為少數民族解決他們的問題。但是，今天的行動就是很少有的行動之一，少數民族，由自己的意志，以公民投票，決定自己的去路，政治型態，我們加以支援，這是聯合國應盡的義務之一。地域的住民，多年來一直為了〝民族自決之路〞走了不少艱辛之路，聯合國而言，成了使住民投票能成功，盡了力量，促進它，而且自任監督人的角色，戮力以赴，託管統治委員會，為完成他們的希望，作了幾次調查，以利引導〝住民的公民投票過程毫無瑕疵〞地進行，我們的工作結果，一九八六年終於被肯定。

今天，安全理事會的決議，就是對託管統治理事會所下的判斷予以肯定，保證的行為，就美國政府而言，是由衷表示歡迎的。

〈七〉蘇　俄

我們所肯定的是，人民自由選擇的原則，安全理事會自己遵守，而地域住民的自由意志終能實現，我們為此無比興奮，更高興的是南太平洋的福拉姆諸國，均同意今日的決議。

美國政府又明白宣佈，除了現有的軍事基地之外，不再擴大任何軍事設施，因此，今天的決議，各國在此地域，能建立相互的合作關係，應指日可待。

六、北馬利亞納的反彈

託管統治結束時期的出乎意料之外的提早結束，應歸功於蘇俄的態度，遽然作了一百八十度轉變而得，但是，知道這件事的來龍去脈的人而言，對馬利亞納群島政府，為什麼提出〝申請延期結束決議〞就令人百思莫解，在這地域內，最早與其他地區分離，與美國締結「北馬利亞納盟約」成立自治政府以來，一再向美國政府要求早日結束〝託管統治〞這樣的政府，竟在臨門一腳的刹那，竟把球抱走了，這一種主張，自有他們的立場與想法，以一九八六年為界，新體制的實現開始變化，一九七八年自治政府成立了。但是，這是轉移期間的〝不完全、尚未確定中的政治地位〞北馬利亞納群島自治政府內的住民，並沒有完全享受，依盟約中規定的權利，因此他們希望早一日把託管統治結束。

　但是，自治政府成立之後，到盟約生效，前後約費了九年的功夫，時空的環境，予以兩國的情況，大為變化。易言之，以盟約條文為基礎的協議事項增多，自從締結條約以後，兩方的時空環境變化，就美國方面而言，軍事基地的緊急性價值大為降低，相反的，北馬利亞納群島自治政府的經濟，有了飛躍的進步，從具體方面來看，美國人，曾獲得〝提高軍事基地建設權〞美方因事實上的不需要，把〝土地使用權〞還給自治政府，另一方面，北馬利亞納群島區域的〝GDP〞由一九七五年—八五年的十一個年頭裡，由四千零六十萬美元，劇增為兩億五千六百三十萬美元，增加為六倍多，沒有美國的軍事基地來支撐國家經濟的大動脈，但是北馬利亞納的指導階級，益充滿信心，後悔了，「…為什麼我們把主權委任於美國，選擇了Commonwealth這政治型態，輿論愈來愈譁然，而且，其他自由聯合地域的政治地位的內容，愈成熟，輿論也愈高漲，易言之，自由聯合的交涉，進展中，經濟援助額也提高，而且受到保證，自治政府的地位也逐漸接近〝主權獨立國家型態〞」。

　還有一個令人後悔的原因，一九八一年起，已經被美人稱為〝經濟動物〞的日本，予以向自由聯合的三個自治政府，每年各與三億日圓的無償援助〈ODA〉這個日本人的舉動，讓北馬利亞納人的情結，搞得萬感交集，他們聽到這個消息的反應就是「……我們同其他地域一樣，曾經也在日本人的委任統治下過活……為什麼!?今天我們不能跟其他的三個自治政府一樣，不能向日本拿到無償經援……!?」日本人向他們說明的理由是，「…北馬利亞納群島自治政府，不久就成為美國領土……所以……」理由乍聽之下，非常堂皇有理，但是，北馬利亞納群島的領導層卻表示非常不滿。「…這一種藉口，簡直索強附會…」由於政治地位的不同。於一九八六年，新體制轉移後，比馬利亞納群島的知事（州長）往外國訪問時，常常遇上不是滋味的禮遇，比如，日本一二四代，昭和（裕仁）天皇崩殂，舉行國葬時，及翌年新天皇踐祚登基典禮時，曾經是"日本同胞"的"密克羅尼西亞聯邦"及馬紹爾群島的「總統」日本人都以「國賓之禮」歡迎他們。但是，北馬利亞納群島的州長〈知事〉則因明示其地位，只能以美國自治領的首長之禮待他，北馬利亞納群島，在密克羅尼西亞全域而言，於社會資本部門，以及經濟的開發方面，均站於龍頭地位而自負。但是，本身不具「主權」所以在各國的往來中，吃了不少虧，北馬利亞納的領導者中，常說「如今噬臍無及，我們的政體選擇太早了!!」

北馬利亞納群島的自治政府，後悔了，在此時又面臨領海管轄權問題，「諸島的專管水域」美國聯邦政府，予以自由聯合三邦。在協定生效以前就允許他們"兩百海浬的經濟領海"—水域管轄問題，所以得以向日本、台灣去的漁船，收捕漁費，北馬利亞納卻沒有允許如此做，水域權在盟約上並沒有明定，美國政府方面解釋為「這屬內政自治範圍。」北馬利亞納群島方面則主張，「海域是附屬於島嶼的，是自治權所及的權利。」

關於自治政府〈Commonwealth〉的主權問題，作者，曾與R・肯烈洛知事（州長）討論過，他對作者說：「Commonwealth—自治政府這個東西，是契約關係的一種政府型態。北馬利亞納群島自治政府的主權，掌握在我們的手中，但是，在歷史上、經濟上，與我們有密不可分關係的日本，竟與美國站在一起，採取同一外交姿勢，這…這就真叫人困惑了。」對R·肯烈洛州長的心情，我們完全可以體會。，自由聯合和自治政府（Commonwealth）兩者之間，在本質上有絕對的差異，因自治政府的盟約上，明載著「自治政府主權在美國聯邦政府〈註：第一條第一項〉如此一來，非把盟約毀棄，北馬利亞納諸島政府，永遠不會有主權。因此，法國、衣索比亞政府的代表發言道：「經濟水域的主權問題，非由兩者之間去解決不可。」在安全理事會而言，把這個問題追究之下，發現"盟約的檢討"最為重要。再者北馬利亞納群島的既得權利部份也必須予以研究、考慮。

第二次世界大戰後，近乎半世紀的國際關係，它的架構，於一九九〇年前後，崩潰了，在這種世界情勢與戰略性託管統治終結的相重疊。這…絕不是偶然的。美、蘇兩大超級強國，進入"冷戰"〈ColdWar〉以後，太平洋各島嶼被美國視為"軍事戰略"上的象徵性區域，被定位之後，竟成為"託管統治結束延滯的原因之一"很不幸，密克羅尼西亞人，就是飽受走兩極的美、蘇之害。因為一為民主世界之盟主，另一個為共產陣營之首腦。不過，能由自己的自由意志選擇自己希望的政府型態，所以能如此，這也是國際關係的潮流推展的，我們把這事實注視它時，超強國家，在安全理事會中，一再向大眾強調。「……密克羅尼西亞人，完全由他們的意志去選擇自己希望的政治型態……」這一種說法，算是坦白了。但是，從一九六九年的第一次政體交涉，到完成為止，已經過了二十一年的歲月，白駒過隙般去了。

總而言之，就目前的成績而言，託管統治的結束，以一言蔽之，是「部份結束」因為帛琉共和國的未完成，拖著尾巴，這一個"帛琉"沒有一個結論的話，另一幕戲是還會繼續演下去的。

第三章：帛琉、非核與協定的深壑

被留到最後的帛琉－帛琉共和國，終於一九九四年十月十日，把託管統治結束了，這一天就是聯合國規定的託管統治領，終歸於零。與帛琉（Palau）分離而去的，其他的密克羅尼西亞，與這些其他地域，相差八年之久，才結束託管統治，密克羅尼西亞，這聯合國的託管統治領，它具有戰略性價值，在美、蘇兩大強國的戰中，它是由美國的思慮中，任其擺布的，帛琉為什麼會比其他的地域，慢了八年之久，才獲得〝獨立的共和國〞理由可多。不過，它在地政的位置為主因。加之，國內的政治的、社會的要因…等也影響至鉅，異於他地域的帛琉，吾人擬在本章探討之。

一、脫離聯邦與非核憲法

帛琉，於一九七九年四月，決定脫離密克羅尼西亞聯邦，為自己起草一部自己心目中理想的〝憲法〞因為這一明文規定「不得持有核子武器。或持有核子武器的國家入境、入侵。」所謂的〝非核憲法〞竟為「美、帛政體交涉」帶來拖延託管統治結束的結果，在這期間，國內的政治混亂，一天比一天深刻化，兩相交織之下，託管統治的結束也自然拖延下去，吾人先得了解帛琉，為什麼非制定"非核憲法"不可，為探討這個原因，必須溯自"與密克羅尼西亞的分離背景"分析、判斷，這個來龍去脈，已見於前章，在本章則以帛琉的立場來探討其導致的因果。

就密克羅尼西亞聯邦、馬紹爾共和國的領導者而言，所以向自由聯合的轉移或託管統治結束手續延滯⋯這都是帛琉政局的不穩、混亂帶來的結果，因為託管統治，這是"一種終結"為原則，為此，美國政府也盡了最大的努力。想把已準備妥當的密克羅尼西亞地域，向新體制轉移。要和帛琉的決定性政府地位、同時解決，美國戮力以赴之處，非常明顯，但是。由密克羅尼西亞各地域的人來看帛琉的領導者，他們是毫無膽識，沒有擔當的傢伙，因為有辦法從美國獲得自治權。竟沒辦法把自己國內的住民說服、統一，這就不能讓人口服心服的地步。不過，回顧密克羅尼西亞全地域人，與美國政府交涉的初期，帛琉的領導者卻常在議場內外，非常活躍，扮演過領導的地位，予兩方代表刮目相看。

開始於一九六九年的美、密政體交涉，初任的委員長沙里〈Lazarous Salli〉，他後來也出任帛琉第二位總統，已在前述，馬利亞納地區、馬紹爾地區，擬由聯邦化的架構中脫離時，費盡苦思，留住他們的也是"L．薩利"為中心的領導群，帛琉選出的議員，一九七五年，除了馬利亞納的議員之外，全體一致舉手贊成的"密克羅尼西亞憲法草案"中的前文，如下。「⋯⋯分別位於各島嶼的住民，要結合在一國國家之下，首要的是必須尊重多樣性文化的存在，這一種多樣性，即是讓我們的生活豐富化、祥和化，吾人四周的海洋，它不是把我們分離。相反的，是要把我們結合在一起的……人類。因為知道戰爭的恐怖性，所以希望和平……同樣的道理，被分離了，因此，想要統一……」說也奇怪，這一篇憲法草案前文，就是由帛琉人執筆而成的文章。

就廣大的密克羅尼西亞人而言，帛琉族群，富於進取性，作事積極，沒有熱帶人氣息。因此，外界的所評價很高，託管統治政府設置時代，政府方面，為了公務員，不要由某地區的人材所囊括。因此，有概括的規定，如果把這「地域限制取消」以唯才是用的話，幾乎由帛琉人所占，如現在，帛琉人，在密克羅尼西亞人中，到外國留學或到外地闖天下的人比率很高，在夏威夷、關島地等，帛琉人闖他們自己的天下，如這些地域而言，帛琉人有相當強的優越感，由此可知，他們在創建新國家又如此，想立於域內的領導地位，自負心強。

自由聯合的協定內容，逐漸成熟，談攏的時候，加之美軍在帛琉地域，計畫建立軍事基地，明朗化等。帛琉的領導層，把自己領域的將來予以透析。「……密克羅尼西亞的經濟發展，將以帛琉為中心開展擴去……」由各角度觀察之下，愈充滿了信心，作者在幾十次往訪，帛琉時，與幾位帛琉人分別談過話，但是，他們竟異口同聲地說，「…帛琉，曾經是日本人的委任統治領，彼時日本人置「南洋廳」於此，是此地的政府、經濟、文化中心，我們想，必須發揮領導精神，非把密克羅尼西亞予以團結不可……」。

但是，充滿信心的帛琉人，竟與現時的情況背道而馳，最大的原因是聯邦國家，為了設置首都，事情已具體化時，帛琉人而言，他們主張，應在帛琉諸島中的一島中，均可設置「

首都"但是，議會的議員諸公，考慮全島嶼的地理條件，選"彭貝（Phnpei）〈註：以前的波那培。〉為首都設置預定地，凡事都要想採取主導的帛琉人而言，其他地區的人，反彈之聲也不小。

就美國而言，在密克羅尼西亞地區採取"自由聯合"的政治型態，不外乎為維護自己的軍事基地體制為考量，不過，為了酬謝其提供基地，以經濟援助為回饋，在"尼克森主義"中明顯的表示，美國在密克羅尼西亞，將以帛琉為中心，有帛琉才能結合"自由聯合"帛琉的領導者也，吾人的條件，在人力、歷史、文化……等各方面來看，要建立一個新國家，密克羅尼西亞聯邦，其中心，應與日人委任統治時代一樣，除非"帛琉"絕沒有他選的可能，領導階層充滿著信心，帛琉人、為此提出一個籌碼，恫嚇了。「……如果首都不設置於帛琉，我們將不會參加聯邦……」帛琉人以為這個籌碼一定管用。因為馬利亞納、馬紹爾等，由聯邦的架構上脫離了，連帛琉也走出這個架構，就成為沒有基地計畫的聯邦，對美國的政體交涉上，完全沒有籌碼，坐下來談了，也一定受重挫。就此現況，予以研判、分析下，必須變更首都預定地，把帛琉留在聯邦內，如此一來，帛琉人即掌握建立聯邦的主角，但是結果恰恰相反，出乎意料之外的事出現，並沒有把密克羅尼西亞議會的大勢翻覆。帛琉對"自由聯合協定"已經邁出第一步的錯誤了。

一九七八年七月，密克羅尼西亞舉行一次密克羅尼西亞聯邦的「聯邦憲法」贊成與否的公民投票，帛琉和馬紹爾，正式通知「否"NO」的意思表示，但是出發就不擬參加聯邦的馬紹爾則在"決定分裂"時，憲法草案已經接近定稿階段，因此，設立自治政府方面，與密克羅尼西亞聯邦同步調了。但是，本來持以"參加聯邦"為前提的帛琉，急遽組織「制定憲法委員會」由三十八位委員構成，推選長年出任"地區副行政長官"的「春雄．烈梅利克」為委員長，烈梅利克就是後來任首任總統。

這一部憲法，為了與單獨跟美國政府締結自由聯合為前提，因此島內產生了正反相對的兩股勢力，一股勢力的觀點是，聯邦憲法要付諸公民投票之前，依據美國和各地域代表之間合約的「喜羅八大原則」迎合美國的意志，制定憲法。以利獲得更大的經濟援助，另一股勢力認為，美國對帛琉"愛不釋手"以帛琉為政體交涉的籌碼，不慌不忙地，與美國打交道。兩股勢力共同的認識就是"重視與美國的關係"但是，後者島內的知識階級有一種顧慮。「……把這件事委任那些"政治家"去辦，我們的帛琉，恐怕被他們出賣了!!因為，為要得了多的經濟援助，為防止被出賣，最好的方法是住民參加建國活動……否則什麼情況會出現就不可逆料……」

如此構想的領導人，竟是從來未參與政治過的教育局長，A．歐狄隆（Afonso Oiterong）〈註：後來任首任副總統〉以及同教育局的T．中村。（Toshio NaKamura）〈憲法通過後的議會議長〉均為教育界人士，他們為了對抗"現有的政治勢力"由他們組織「民族委員會」〈People Community〉，以住民多參與為前提，多方努力，結果把好多住民送進「憲法制定委員會」去。

因為市民也參加之下，得以參與意見而成的帛琉憲法草案，於一九七九年四月完成底稿，憲法草案完成之後，有的帛琉人說，「……民族委員會中，有很多政治的外行人。但是，他們就是把我們帛琉人的夢和理想將實現了……」非常興奮，制定〝憲法草案〞的基本原則有下列三點。其一：對美國採取自由聯合為前提。其二：為了靈活地運用條件交涉，應強調憲法的自主性。其三：不參加聯邦的大義，應明記於憲法條文中，在這一部憲法中強調的自主性，強調的部份，可以舉下列幾點，其一：（第十三條六款）舉凡戰爭為目的的核子、化學、毒氣，或生化武器、原子能設施，以及由此產生的廢棄物，有毒物質，非經公民投票，並獲得四分之三的大多數贊同時，帛琉境內不得使用、實驗、儲藏、廢棄物……」其二：（第十三條第七款）非得州政府的事前協議，不得任意徵用土地，並不得為了外國人之利益，允許取得使用權。其三：（第一條第一款），依群島理論，在島嶼二百海浬內的領土有司法權及主權。綜上以對，第十三條就是〝非核條款〞亦即是把〝非核條件〞明記於憲法的「非核憲法」出爐之後，引起了世界各國的矚目。

但是，帛琉〝憲法〞中的非核條款，在密克羅尼西亞憲法中，也明文記載於第十三條第三款，非帛琉憲法才有之者，密克羅尼西亞人有個心，願在第二次世界大戰中，被戰爭的漩渦捲了上去，不知產生了多少慘劇，美國人為原子彈、核彈、氫彈試爆，在比基尼（Bikini）耶納威德克（Eniwetok）環礁，作了前後六十六次的〝核能試爆〞生於斯，長於斯的住民，被「驅離」於外，流浪於海外的人們，多麼地思念自己的故鄉，他們的辛酸，非為外人體會，總之，密克羅尼西亞人，就是因為厭惡戰爭，祈求和平，不願再看見核能武器的毀滅性攻擊。所以在國家的基本大法－憲法中也明文載上〝非核條文〞以利保障自己的生命及故土，不願核子戰爭，而永遠希望和平的島國人民，他們肺腑之言，溢於憲法條文中。

即使是太平洋島嶼的住民，為了謙恭、溫和、篤厚任人擺布。那些政治領導者，在前後十年的政治交涉中，終獲了把自己的理想記載於憲法條文中，這「記載」並不是單純的，在政體交涉中，常處於劣勢的密克羅尼西亞，為得有了強有力的籌碼，以利逼美國人〝樂於答應有利於密克羅尼西亞的條件〞因此，非核條件是一個非常重要的籌碼，美方要排除核武的唯一方法，聯邦憲法中規定，「經議會同意、總統認可」的情形下才得以「放行」制定聯邦憲法時，帛琉也派員參加。帛琉人對於「非核條約」一定了解清楚，已經脫離聯邦的帛琉，如果想以同一手法與美國作政治交涉時，必須把〝非核條款〞強化，提升自己的自主性是重要的一環，在這一種前提下想出來的辦法就是「核武方面的有關武器－非得住民百分之七十五的公民投票贊同不可」的「非核憲法出現」綜上以述，帛琉的領導者，為了要求更多的財經援助，利用〝非核憲法〞的政治企圖，至為明顯。

但是，帛琉的〝非核憲法草案〞公諸於世之後，自始就從事於政治交涉的議會主流派，群起反對。他們之所以反對這〝非核憲法〞就是一瞥之下，立即引起危機感。因為向美國提出〝苛酷條件〞他們被觸怒了，把原有的財經援助也給取消殆盡。果然，美國政府也把帛琉的這一份〝非核憲法〞草案，看了以後，評之曰：「與自由聯合協定矛盾的憲法，違反〝喜羅八大原則”因此無法認可。」這一部“載明非核條款的憲法”公表之後，連制定憲法委員會的委員也沒有預料的場面出現，那是對帛琉非核憲法的慶贊、祝福、讚許，勉勵電報、電話、賀函等……讓帛琉制憲委員會，應接不暇，有的是國家元首署名的，有的是反核團體的，也有個人的，如日本，有個反核團體。先去了勉勵的電文，為了與其提攜，擴大團體力量，派員去商談“合作計畫”在這環境下，反對如此“強硬的非核憲法”深怕逼使美國打退堂鼓，將既有的財經援助也歸於零。弄巧成拙的議會派，一再強調“國家建設為重”但是，一般民眾之間卻產生了一股逆流。「……我們必須有一部不屈服超級大國的“自主憲法”這一股逆流的凝聚力非常強，幾乎成為全民運動。」同年（一九七九年七月）帛琉政府作一次憲法贊成與否的公民投票，竟得了百分之九十二的贊成票。

但是，議會方面卻以「公民投票之前的手續不完備」而由議會表決「公民投票，無效」將決議文送到高等法院，法院也受理以後，經審判，予以認定“無效”這一部非核憲法又回歸出發點去，議會方面立即更迭了“制定憲法委員會”的委員，將上述的“問題部份條文”予以刪除或修正之後，於十月，付諸公民投票。美國政府方面，對“非核憲法”表明反對態度，但是並沒有以“行政命令”否決非核憲法，轉而去支持“非核憲法反對派議會”同時把原來沒有明確地指出的“財經援助額”作具體的表示，在投票前，議會方面，利用宣傳車跑遍了各島一次復一次地，宣傳車上的大幅廣告牌上寫著：「憲法修正後，美國的財經援助，十五年計二億五千萬美金，未修改憲法時為零援助。」

原案〈非核憲法〉憲法的反對派首腦為，長時間任密克羅尼西亞上院議員，分離後又就任帛琉政體交涉委員會委員長的實力派人士。羅曼·梅秋爾〈Roman Tmetuchul〉他的說法是「政治這個東西，由外行人去辦，毫不思索，毫無素養之下，想到就做到，這樣的話，會把國家的燦爛前程毀了，我們帛琉人，必須有前瞻性眼光，以自己的立場去透視將來，我們的國家才有希望的……」羅曼委員長一派人馬認為，帛琉人一定到頭來，會了解這一種觀點是對的，充滿著信心。但是，這些「政治家」的言論、看法，對大眾並沒有說服力，百分之八十的住民，反對憲法修正案，羅曼·梅秋爾議會一派的主流派，以為修正後的憲法將獲大眾的青徠，竟遭到大眾的白眼，也因此，在下一次公民投票中原案的非核憲法，從敗部復活。

修正憲法的公民投票，將實施時的十月，到年底即任期屆滿的議員選舉，依法實施，這一次的選舉中反對非核憲法的主流派議員，幾乎沒人再參選，所以支持"制定憲法委員會的民族委員會委員大舉入選，為什麼主流派採取不參選的對策，理由是這樣的，在公民投票中，如果「修正憲法」獲得贊成，依憲法的規定，議會議員必須再選，如此一來，十月的選舉就歸於幻滅，修政憲法派就是如此看世局。但是，很不幸，修正憲法案，在公民投票中吃了敗北，被否決了。新的議會議員，依法做好了手續，於翌年七月，作了第三次公民投票，帛琉的"非核憲法"獲得了住民壓倒性的認同下，終於被採用。

對既有的政治權力機構挑戰的對抗組織，民族委員會，對帛琉非核憲法的獲得大部份住民的認同，厥功甚偉，但是，有一點必須注意者，他們並不是反美思想集團，對委讓軍事權益於美國，持了徹底的反對的態度。為了守住非核憲法，主張獨立也所不辭的一派，由羅曼·貝特爾〈Roman Petonlu〉律師領導的住民運動族群也混上來，新上的議員，大半的議員為維持，基本上已經合意的，與美國的自由聯合關係為前提，非核憲法成立時，T·中村議會議長說明他的看法：「這一部憲法，與美國締結自由聯合關係的話，並沒有矛盾，因為條款裡，為了避免與協定之間發生矛盾，明文記載轉移規定必要的修正手續，即使不用其規定，在兩政府之間，對協定的內容，能建立共識。合意則，在公民投票中，要獲得百分之七十五的贊成票，這是輕而易舉的事。」由他的談話中，明顯地表示，把核武問題包括其中的憲法，而締結〝自由聯合協定〞。

在此提起的〝轉移規定〞明文記載，如果自由聯合協定的內容，與憲法的規定不吻合時，得修正憲法。修正案，必須「住民的過半數，及四分之三的州的認可」才得以修正（註：第十一條及第十五條）這種〝認可的規定〞與普通條約，或締結協定時的數字－過半數的比率相同。至於「核能武器方面」則規定七十五%以上的公民投票的贊成才得以「允許入境」乍看之下，條件苛酷、態度強硬。其實，在締結自由聯合時，自治政府可行使〝自由裁量權〞所以條文的運用上，非常靈活，易言之，這一部憲法是自由聯合為前提而擬就的憲法無疑。

二、非核憲法的意義

帛琉的新領導階層而言，憲法中的非核規定，是與美國政府談判"自由聯合"的最大籌碼。但是"自由聯合的公民投票"到最後的決定性一關，自憲法成立以來，經過十三年的歲月，在四位總統的任期內，一共舉行了八次公民投票，在這短暫又漫長的歲月裡，國內政治陷入混亂，住民則不知何去何從的不穩定的政治地位中，過著焦立不安的日子，只作了多次毫無進展的公民投票，住民也為此厭倦了，到頭來，自治政府為了自由聯合協定的住民承認予以澄清，依憲法轉移措施的規定，把協定認可基準的七十五%，降為百分之五十，過半數即可。帛琉人，揭櫫非核憲法，花費了十餘年的時間，及八次公民投票，到底它有什麼意義！邦雄．中村〈Kunio Nakamura〉現任總統，就它的來龍去脈和成果，作下列的評價，「這幾年來，我們的非核條款憲法，與美國的政治交涉，成為最好的武器。最大的籌碼，由財政援助金額來看，由當初的二億五千萬美元，增加到四億五千萬美元。如果，我們以修正憲法，與美國政府締結協定，如今，我們就比密克羅尼西亞聯邦，馬紹爾群島共和國更少的預算，運作了！」但是，這個數字的提升，並不是帛琉政治家的"划算"之下獲得的，在這十餘年的時間裡，可以説是政治紊亂的時代，如首任總統H．烈梅利克〈Haruo Remeliik〉被遇刺身亡，第二任總統L．沙里〈Lazarous Salli〉又死於非命，總而言之，憲法草案提出以來，在帛琉國內而言，新舊兩方的勢力，均出現了出乎意料之外的政治狀況，造成政治混迷期。

就帛琉人而言，近代行政制度下，制定自主憲法，或自治政府的運作，都是初次經驗，政治領導者，沒辦法透視前程，沒有前瞻後顧的眼光，倒是難怪的事，與強大而有力的美國人，分庭抗禮，出乎意料的政治手腕，和他們周旋的帛琉人，令人激賞，但是，政治領導人，竟以傳統的社會秩序及其他手段，想整頓國家，為建設近代國家的過程中，出現了他們的弱點，帛琉人政治的混沌，並不是由外來的傀儡勢力擺布，而是由外部侵入的刺激，採取的對策，為了維持傳統的秩序與邁向建立新的社會秩序之間，發生了衝突，產生了自相矛盾的情況，這就是他們自己種下的禍根。

我們替帛琉人回顧〝帛琉非核憲法〞把他們引導到成功之路的是〝民族委員會〞的成員，但是，他們在往後的日子裏，他們不同的年齡層，不同的行業來的集合體，在意見上產生了相當大的歧見，所謂〝民族委員會〞的成員，都是對現時當路者，或政治家抱持不信任感的人們，聯合上來的，說明白一點，他們有對美國政府的政治交涉中，倡不同方法論的官僚，揭櫫理想社會而邁向目標的市民，更有為守住傳統社會秩序而挺身而出的大老……等等，構成份子繁雜，思想紛歧，吾行吾素，本身沒有主義。沒有統一行動綱領的〝結合體〞民族委員會的體質如此地羸弱，在憲法成立後的第一次選舉就表露無遺，在總統選舉時，民族委員會，推選唯一的候選人，制定憲法委員會中的H·烈梅利克委員長，但是〝副總統〞的選舉中竟有兩人，由民族委員會同時出馬競選，一位是A·歐伊狄隆〈Alfonso Oiterong〉代表，另一位是T·中村議會議長，如此一來，民族委員會的機能全失了，以民族委員會為背景，上政治舞台的新議員，也因此逐漸走入沒落之路，這個沒有主義，沒有憲章，沒有統一綱領的政治組織，終於瓦解。

帛琉人的第二錯誤，出乎意料之外的，自己的非核憲法。受了國際間的關切，中村議會議長，向世人說：「我們自己有錯誤的評估，我們對美國的政治交涉，只把國內住民和美國政府的交涉放在念頭，沒想到，我們的非核憲法，竟在國外引起如此大的反響，這是我們意料之外的事。」由國外來的反核運動團體或人士，來電、來函雪片似地飛來勉勵。要帛琉人〝死守非核〞的支援運動開始了，更進一步外來的運動就是告訴帛琉人，「敬致小小國家的人民，以非核憲法固守和平的你們，我們表示最崇高的敬意，願戰勝一意孤行，擴張核武的美國」這個與帛琉人的意志，完全無關的一股力量，侵入帛琉，影響其國內，有人說：「這一種從外部流入的一股力量，評價竟成為爭奪政治主導權〝大義〞名分之用。」易言之，非核憲法，被利用於意外的方向發展去」

帛琉人的政治意識〝試探會〞第一屆總統選舉，憲法修正派方面的領袖人物，R·梅秋爾〈Roman Tmetuche〉和密克羅尼西亞議會當時的政體交涉委員長，L·沙里〈Lazarous Salli〉兩人，分別提出候選，在旗鼓相當下，作困獸之鬥，雖有第三個候選人，H·烈梅利克〈Haruo Romeliik〉，有人稱他為〝泡沫候選人〞知名度不高，選戰開始了，輿論出籠。〈……長年擔任那默默無聞的副行政長官，烈梅利克，那能跟實力派的R·梅秋爾，和L·沙里兩人展開戰鬥!?〉但是，在島內的選戰中，兩陣線壁壘分明，一定想把憲法修正之後，與美國締結算由聯合的〝親美派〞另一個是揭櫫非核憲法，打出帛琉自主路線的〝民族派〞易言之親美派及民族派的兩大派戰役，在幾天的競選活動中，島內的選舉氣氛造成高潮，逐漸再見了憲法抉擇時的熱鬧氣氛，投票的結果，默默無聞的烈梅利克，以小數之差，打倒R·梅秋爾，獲得勝利，總統選戰，又出於世人的意料之外。

帛琉人的總統選戰，外國的媒體，大部份都以「推展自由聯合的親美派」及「主張非核憲法，保住自主路線的民族派」來論述，如日本的新聞、雜誌，也好長的一段時間，均以此論調論它。因此，非核憲法的共鳴者，支持這種運動的支持者，各國的同情者，為他們讚頌道：〈……渾身解數地抵抗強大的美國自由聯合的壓力，終於克服了一切障礙……守住了非核憲法的島上住民…〉為他們讚頌，產生了美麗的神話，日人中，有眾多〝神話信奉者〞其中有一位〝小田實〈Oda Minoru〉先生，他曾為此寫了一篇文章，茲介紹於後。

「帛琉」此地是我舊地重遊之地，第二次之旅。我參加了年青朋友組織的旅行團，不過我曾到過一次，因此，我任〝嚮導〞我們十人一行到達帛琉時，歡迎我們到來的是反抗美國的自由聯合，終於守住非核憲法，主張自主路線的，公民運動派—基雅達連。〈Kitaren〉。

所謂「基雅達連」就是帛琉語的「一心」之意。易言之眾心一致，眾志成城，大家團結在一起，來維護帛琉的大自然、和平、自由而奮鬥，他們所依據的是，在他們自己傳統的聚首之地—阿拜—的集會中，共同造成的，以維護自然、和平、自由為主旨的「非核憲法」。

兩股巨大的力量，威脅著帛琉，美利堅合眾國和日本。前者，美國就是主張〝自由聯合〞

打倒非核憲法。想把核武帶進帛琉來。後者，日本人就想藉金錢的力量，投資於觀光事業，得寸進尺之後，以開發，支援美其名的掩護下，擬強行破壞大自然的美景及島上住民的生活。前任總統遇刺身亡，世人傳說，因為他反對自由聯合，想守住非核憲法所以然，又有人說，這明顯是日本，加治野建設被反對開發之後，他們唆使歹徒去幹的，或是兩者計謀而成的，也說不定？

他遇刺身亡之後，自由聯合推進派的前總統，強行行使權力，設法搗毀"非核憲法"制定非核憲法之後，一連串舉行了六次公民投票，但是，以強行的權力行下的公民投票，造成社會的不安，混亂。不過，帛琉人，為了維護自然、和平、自由，終於守住了奮鬥幾十年的非核憲法，吃了滑鐵盧的總統，失意之下，自殺身亡……」（一九八九年一月卅日，日本．朝日新聞．晚報）

這一篇文章，是文學家執行的或許可以容忍他的這一種論調。這一種論調，是沒有根據，只有以自己的"印象"把帛琉的社會分析，囫圇吞棗的，如此的社會科學家倒不少。這是令人驚奇的事實。一九九〇年，作者在國際政治學學會，春季大會中，以「託管統治地域的國家形成」為題，作報告。在報告文中略提起帛琉的政治狀況，到了質詢時候，有幾位參加者提出質詢，「我看，帛琉住民，為了守住非核憲法，但是對實態的認識，顯然不足……」又有人說，「對美國的政治壓力，評估得太低……」我接到挑戰性的質問，評論這些發言者，都披露自己曾經親自到過帛琉去親眼目睹的人。

的確，小田先生所述的"基雅達連"，要一心守住帛琉的自然、和平、自由的「一心派」是存在著的。除了一心派之外，還有同樣主旨的團體，叫"歐狄爾·亞，帛琉"（Audul A Palau）的。〈註：意為帛琉的支柱〉兩個組織都是以中，老年婦女為核心，她們的口號是反核、反自由聯合，這些成員，大部分又是當初組織民族委員會的成員。這些人們就是純粹的，希望保住島內的傳統、和平、自由而奮鬥的一股力量，倒是無可置疑的。但是，這兩個組織的成員，參加的人數，估計之下，大約五百—六百人之譜。公民總數的七—八%。他們的訴求是純粹的住民運動，因此，對國家建設是隻字不提的，所以不能伸張到任何方面去，把非核條款留下來的非核憲法，政治領導者的想法就是根據這個"能以百分之七十五的住民認可，贊成下通過自由聯合"易言之，住民運動家甭説，護憲派政治家而言，自由聯合這個東西，並沒有成為對立命題。

由小田實先生，分別命名為「護憲派」和「自由聯合反對派」的烈梅利克，在這憲法下，想締結自由聯合協定，這就是理所當然，憲法成立後，曾在委員長的政績被肯定的烈梅利克，由議會指名為「政體交涉委員會委員長」在這一年的十一月，他親手在與美國的自由聯合協定」暫行簽署，而後就任總統之後，翌年（一九八一年八月）與美國的自由聯合協定的政府間合約成立了，開始著手展開公民投票的文宣戰。公民運動派人士認為「……終於屈服在美國壓力的，可憐的，沒有自主權的總統。」但是，我們平心而論，烈梅利克，任制定憲法委員長以來，回顧他一連串的政治行為來看，他就是一心一意，想促進"自由聯合"的成立，其政治意圖，至為明顯。

三、公民投票下的內政問題

烈梅利克總統為了試試住民的意向，於一九八三年二月，作第一次對〃自由聯合協定〃考驗贊成與否的公民投票，這是第一次。但是，任何人也沒想到一共會連續作了八次，總統本身也想，「……一定第一次就可以達到七十五%，輕鬆過關才對……」因為他的看法非常天真，根據調查，島內的住民不希望〃自由聯合〃的，只有十%上下。但是，第一次公民投票，只獲得六十二%，自由協定未通過。

「六十二%」這一種數字，就一般的公民主義的〃規則來看，它已經超過半數，易言之，眾望所歸的田地了，因此，有的人說，要獲得七十五%，恐怕比登天難。因為，每一件事，都有正反兩面的，不過，南洋群島中的帛琉，由他們的政治風土而言，具有特殊的風格。因為傳統社會使然，只要領導者，高聲一呼，能得大眾的合意則，全體人民會共同一致，戮力以赴，在傳統社會而言，要得百分之七十五的同意票，似乎反掌之意。

但是，帛琉的社會，在演變了，在此時的社會，已經是混合體了，如傳統性的酋長，接受現代美國教育的官僚、公務員、議員、經商致富的商賈……等等。各行各業有各自的地盤、勢力，在這錯綜複雜的社會中，要爭奪主權，誰也不讓誰。但是，由勾心鬥角，以至予以美國，自治國家建設的機會裡，更凸顯出來，總統選舉時，達到巔峰，他們把一個島內，分為幾個選區，在激烈的選戰中，把對方攻擊得體無完膚，結果，選舉過後，留下了傷痕累累、互憎互恨，難以療傷的社會，帛琉的政治社會而言，因尚未誕生，有主義，有政綱，有黨紀的正式政黨，因此，把自己的成敗，蓄積在個人恩怨上，烈梅利克總統及以下幾任的總統也沒辦法透視自己國家的前景，或許，有的總統，雖能透視將來，但是，看了那環境，自己也感到無奈，束手無措，只好眼睜睜地看著它演變了。

選舉帶來的感情的不和，吾人可舉出一則具體的事例，曾參選過總統的梅秋爾，往後的政治行動是最典型的意氣之爭，他是一個修憲派，而想成立自由聯合的鬥士，這樣的他，竟然在第一次公民投票之前，竟投靠非核憲法的住民運動陣營去，為了阻止自由聯合的成立而奮鬥，梅秋爾，他是曾任政體交涉委員長，烈梅利克的前一任委員長，所以〝自由聯合協定〞的條文是出自他的手筆，當路者的政敵群、或個人，在公民投票的時候，與非核憲法派，自由反對群聯手起來，逼使自由聯合協定不能通過規定的比率，這一種模式就是如此形成了。

往後七次的公民投票也在這種模式下進行，易言之，在前政權中，積極推行自由聯合的人，在下一次總統選舉，或議員選舉敗下陣，立即把自己投靠到主張獨立，非核運動營去。換句話說，少數的純粹的非核憲法運動派人士的活動，被那些在政爭敗下陣來的人－政客，立即以「我們帛琉人要保護帛琉」採取反政權運動，乍看之下，忠誠愛島，其實是利用別人的「大義」名分，總而言之，帛琉這個地方，有個有力的政治家告訴世人說：「帛琉，沒有美國之助，沒有辦法獨立。因此，沒有一個政治領導者，真心地反對〝自由聯合〞問題是誰當路時，會跟美國締結協定，這是帛琉目前最重要的課題……」這一句話，把帛琉的政爭實態一言蔽之者。

茲將帛琉八次的公民投票對自由聯合的贊成與否，其贊成得票率揭示於後。

次數	實施年月日	得票率	承認條件	結果	實施時總統
第一回	一九八三・二・一〇	六十二%	七十五%	否決	H・烈梅利克
第二回	一九八四・九・四	六十七%	七十五%	否決	H・烈梅利克
第三回	一九八六・二・二一	七十二%	七十五%	否決	L・薩利
第四回	一九八六・十二・二	六十六%	七十五%	否決	L・薩利
第五回	一九八七・六・三〇	六十八%	七十五%	否決	L・薩利
第六回	一九八七・八・廿一	七十三%	七十五%	否決	L・薩利
第七回	一九九〇・二・六	六十%	七十五%	否決	N・耶必遜
第八回	一九九三・十一・九	六十八%	五十%	通過	K・中村

由上表可得知，沒有得到規定的得票率，不過，每一次的得票率卻均超過六十%，由這個數字很難得知「對美國強力施壓促成自由聯合而渾身解數地抵抗的帛琉人」對帛琉人的神話心境就難以捉摸，日本的媒體、報刊，看了〝第八回合〞的結果，作下面的報導。「帛琉人，終於放棄非核憲法!!」（一九九三年十二月三日・朝日新聞）讀賣新聞則於同年十一月

十四日說「比非核憲法重要的是財經援助。」如此地以上述的句子為標題，這一種不負責任的報導。我們當然不敢領教。要之，先寫著，「力克超級強國的壓力，守住非核憲法的人們，帛琉人令人可佩……」但是，又來了一條「終於屈服在財經援助，放棄非核憲法的帛琉人……」以隨心所欲的心態，把帛琉人一褒一貶毀譽參半。寫了幾篇不負責的文章，或是報界的通病，不過可看到各次的得票率來看，帛琉人，對自由聯合協定的意志是前後大體一致的。

看了上表，不由得會發生疑問，為什麼以同一個主題，反覆作了多次的公民投票，又為什麼不把公民投票的障礙，得票率，予以降低，為何不使用憲法轉移措施之規定……這是令人可置疑的地方。

憲法成立後，日子一久，在帛琉的指導階層中，產生了一種傾向。「……即使要成立自由聯合協定，把非核憲法原文仍然留下來也不妨，不但不妨，不妨……還可以……」所以他們有了這一種傾向的產生，就是，他們的非核憲法，在國際上的評價很高，非核憲法的支援國家一直增加，……等，因素促成，傳統的大酋長，艾巴德爾·Y，基彭斯Y（AibedulY·Gubuns）。因推展〃非核憲法運動〃有功，曾接受開發中國家的和平運動有功者，瑞典·萊特·里巴利菲德（IaitoLipaphito）財團授與的〃里巴利菲德獎〃

我們把〃自由聯合協定〃的投票率再看一次，可以看出第三次及第六次，均再二、三％，就可以到達規定的四分之三，在這一種情況下，是否把非核憲法中的「百分之七十五」的條文，予以修正，只要向住民作適宜、懇切的闡述，大義所在，同時與政敵作溝通，是不是也有被認可「通過」的可能，總統·L薩利，在自己前三屆總統任期中，試行三次公民投票，均沒有成功，利用憲法轉移措施的規定，把認可條件降為"單純計算的過半數"在自己在任中的第四次(註：一共第六次)再作嘗試，但是，這一次只以口頭、條文提出，其修正手續，未經法定過程，因此反對派以「違反憲法條文」為由，告到法院去。L·沙里的主張「敗訴」又沒成功。

沙里總統，對自由聯合協定的成立是非常執拗的，一股熱心，勇往直前，但是，於任期中，在自宅中被鎗擊死亡，警方以"自殺身死"處理，不過，死得太突然，因此，「他殺」之說法也尚在傳聞中，在協定成立為前提，英國銀行方面，予以融資，助其建電力發電廠，日本也為「他」融資，允助公路網之建設。但是，沙里總統為了國家建設，向英日融資，熱心公共事業。這些資金均沒有什麼保證，一方面，對沙里總統不利的謠言亂飛。「……他藉此撈了一大筆……」FBI也不得不調查，不過至今，他的死因，真相尚未水落石出，在第三任總統任內，被暗殺身亡的首任總統，烈梅利克，有人說：「…這個人，為了強行通過"自由聯合協定"的美國人，讓他走著瞧的!!」這是一種臆測，由烈梅利克的政治背景而說，協定的成立，美國人不致於採取如此的強烈手段，事件發生後，警方立即逮捕嫌疑犯，總統政敵的兒子及可能幫兇。計三名青年，經審判之後，判決有期徒刑，但是不久，得知目擊者的證言為"保證"獲判無罪，事件發生後五年過了，一九九三年三月，FBI的再三追查，得知，在沙里總統政權中，任國務大臣的尼拉格德（Nirakkedo）依"受託狙擊嫌疑犯"由FBI逮捕，如今尚在審判中。唯事件的背景真相，尚未大白，不管事件的如何，在建國的過程中，迷惑於權力鬥爭的帛琉政治界，這是難免的象徵性事件。

四、協定內容及美國的對策變化

「自由聯合協定」分為「本協定」及依本協定再訂定的「關聯的協約」兩者而成：「本協定」的條文，即是與美國訂立協定的對象邦國、帛琉、馬紹爾群島，密克羅尼西亞聯邦等，並列於文件上，易言之，記載著個別的援金額的文件是個別持有的，但是，基本條文即相同，各聯邦與美國之間的個題，則依本文條款，再作成「關聯別協約」中分別規定。因此，各地域的「自由聯合關係」自然有不同的關係，因此，各邦國與美國的自由聯合的關係，必須把「本協定」和「關聯別協約」兩者一併詳閱、了解，融會貫通不可。

帛琉，為了與美國政府成立"自由聯合協定，一共作了三次交涉，一九八〇年起，和八四年，以及八六年，這是因為公民投票未獲通過，帛琉政府就又向美國政府進行交涉。一次政治交涉、財經援助金額就增加，美國方面也因此，修訂了軍事利用範圍，不過，這是只及於條文上的形式上的修正、變更，在本質上，並沒有逼使美國政府讓步的跡象。

一九八四年美、帛琉簽署的協定改訂的內容如下。其一：為了政府行政的運作，撥付於帛琉政府的經濟援助年額，一千二百萬美元，包括其他項目，提增為一千八百萬美元。（共十五年間）社會基礎建設資金，每年撥出的金額，於協定生效時，一齊撥付。其二：在特別規定的場合下，認可儲藏放射性物質（Radioactive）毒性化學物質的（Poison）"協定第三百一十四條"予以刪除"但是，在關聯別協約中，認可核能搭載可能船艦的入港、停泊。其三：依關聯別協約，刪除明載於條文中的，帛琉本島，三萬兩千Acre（約合十三萬平方公尺）的軍事使用地。其四，由美國政府拒絕第三國軍隊的入地域之權，將其一百年期約的關聯別協約，改為"軍用地區"有關條文，修正為五十年，藉此，將帛琉的"自由聯合期間"實質上，由十五年提高到五十年。

如此地修正的自由聯合協定，烈梅利克總統，認為〈既然核武關連條款，已經消失，所以公民投票的贊成率，可修改為五十％〉但是美國方面，深怕拖著尾巴，立即反應道：「因為這足以軍事利用為前提而成的協定，因此，必須有百分之七十五的贊成率。」主張要遵守帛琉憲法的規定，於是展開。

一九八六年的第三次簽署的改訂條文，把基本結構仍留下之外，對教育、開發方面的經濟援助予以增額，軍事使用土地的運用條件，則分別載明於「關聯別協約」之內。美國政府方面，看帛琉政府的做法，已經感到厭煩，而且，他們那無法填滿的溝壑，終於忍無可忍的情況下，宣佈"與帛琉的協定改訂交涉，到此為止，往後的事，必須由自由政府自已負責，在國內自行調整…"然後把協定法案送到美國國會去。這一年，美國和密克羅尼西亞聯邦，馬紹爾群島共和國之間的〝自由聯合協定法案〞已經在國會獲得通過，在審查〝帛琉的協定過程中，不管共和黨、民主黨，都認為何必投下這麼龐大的〝援助金〞來確保軍事利益，發生了疑問，到這個年代，與八十年代，情形已經大異其趣，迥然不同，但是，美國政府的立場而言，希望早一日與帛琉的協定內容確定之後，要結束託管統治。

但是，這個〝改訂協定〞又作了一次（註：一共第三次）公民投票，亦不能達到贊成的比率，美國政府只好把託管統治領的帛琉分離出去，將密克羅尼西亞聯邦和馬紹爾群島共和國兩地域先向〝自由聯合〞轉移去，美國政府則於同年十月，得到國會的帛琉協定法案，之後，以穩住了姿勢，才向帛琉坐下來談，在此時，美國政府向帛琉政府言明。「……如果要成為自由聯合關係時，不再把協定的內容予以更改，即使再費更多的時間，再作政治交涉，那是依憲法的規定建立政府，住民的意志已經確定時才是時候」美國把往後的態度，向帛琉政府通知之後，帛琉政府及政治家間，引起了軒然大波，思慮錯綜，陷入混迷的深淵去。

我們在前節提示，帛琉為了自由聯合，前後做了八次公民投票，理由不是在於「核武問題」的協定內容談不攏，而是國內政治的權力鬥爭才是癥結所在，說實在的，公民投票〝百分之七十五〞的高贊成率，以此為限時，沒話再說。不過，也不能否定〝協定內容絕對沒有意見之意，其理由，首先可舉出的就是「經濟援助期間」的問題，因為期間，明定為十五年，但是，協定的有效時間卻定為五十年，帛琉人也發現，唯一最大的爭取事項，財經支援，這十五年的時間過後，美國人在此地的軍事權益，還可以繼續維護三十五年之久。這種〝方式〞

不太合邏輯了美國政府對帛琉政府的質疑。提出說明道：「……對政府的運作經費撥款援助，雖明定十五年。但是，在第一年概括撥出的一次開發基金，及社會基盤建設基金，這些龐大的金額是把「五十個年頭」全部計算上去的。」

第二個問題的焦點，在於帛琉本島中央，一片廣大，美好的國土上，美國的軍事獨占使用權的問題，帛琉，在歷史上，並沒有形成過國家這個東西，因此，沒有「國有地」這一種土地。是他們傳統性土地制度。易言之，他們的土地是酋長管理，或是由大家族的族群共同管理制度。當地的住民就是以土地及海域為基礎，選擇生活的手段過日子，土地問題，亦即是，小得不能再小的〃國土〃被美國人占去了大部份，難怪，帛琉人對「自由聯合協定」抱有恐懼心理，土地被宰割、獨占。就帛琉人而言，比「核武問題」嚴重了許多，是有切膚之痛，將失去生活的依據。自由聯合協定簽署之後，住民的〃土地〃被美國人宰割、獨占，不但失去生產手段，傳統社會組織，從根底崩潰，如果說，失去了〃土地〃美國人也付出極高的代價。可以彌補島上住民的生活。但是，從另一個角度來看，不管什麼人也不能保證，替帛琉人製造可替代的〃生產機構〃或〃方式〃我們不能由帛琉的非核神話為立足點想。把開發中國家的實際問題，要解決的話，必須注視〃住民生活〃這是最重要的。

如為了守住〃非核憲法〃而帶頭活動，後來領到瑞典。里巴利福德獎的南部大酋長，艾巴德爾·Y·基彭斯，要稱他為〃非核憲法運動派〃不如說，他是「傳統土地制度的守舊派，或許比較恰當，這位大酋長，從很早時候就公開主張，」我們跟美國締結自由聯合協定，在我們的環境下，我是非常讚成的，但是，為此，把我們祖先給我們的土地，奪去之後，交給美國……這…我們萬萬做不到……我堅決反對!!…」我為此，向大酋長請教一句話：「酋長!!美國人想獨占使用的本島土地，約十三萬平方公尺的土地（約三萬二千acre）那塊地是北部酋長的管轄內，與大酋長毫無關係呀!!」我問了，他立即瞪大了眼睛，義正詞嚴地對我說：「這…不是與我的利益攸關，是為了我們的下一代，為了子子孫孫，為守住我們傳統就是我們的使命感使然，想到國家的前途，我們帛琉人丟失了土地……這是多麼地危險的事!!你也可以替我們體會的……」

帛琉人，明知這個〝丟失土地的危機感〞但是，大部份的住民，仍然要選擇自由聯合，還是自己認清「……我們沒有外來的經濟援助，不但不能維持現狀，建國甭說，連反對協定的人群，也不敢提起〝完全獨立志向〞的具體建議。將近半世紀中仰賴美國的財經援助過日子的帛琉人，自有他們的苦衷。」

眼看帛琉，因為與美國締結算由聯合協定，為國內政治帶來紊亂，耿耿於懷。想為它打下休止符，挽救國家前途，毅然決然，挺險而出，付諸行動的是第二任總統，耶比遜，他依據憲法轉移措施，果斷地把憲法修正。易言之，把自由聯合的認可條件，以過半數的單純計算方式計，耶比遜總統決心採取行動，自有他的理由與看法，第一個原因是他自己的第一屆任期中實施的公民投票，贊成比率，在歷次的公民投票中，得票率最低，第二個原因是他自己察覺得知，美國人逐漸疏遠帛琉而去!?這一位商賈出身的耶比遜總統，深深體會到兩個因素合流下的嚴重性，自言自語地：「……我們不能因國內政治的原因，再把自由聯合協定的締結延期下去……我們將後悔，會噬臍無及……」心坎裏的危機感溢於言表。

不過，耶比遜總統，所以為此下了政治決斷的與美國的關係，它的背景如何？我們可以探討於下：

美國政府，終於不再與帛琉政府作〝協定內容〞的交涉了。時為一九八六年，〝自由聯合協定法案〞在國會通過後，因特別是一九九〇年前，共產主義陣營崩潰為嚆矢，密克羅尼西亞，特別是帛琉。它的戰略價值是美、蘇冷戰的結構中產生的產物，當時，因兩大超級強國的冷戰，演變成〝熱線交易〞兩國領袖〝一言不合〞隨時會發生世界大戰，彼時，密克羅尼西亞各島嶼的重要性日見升高，戈巴契夫，把〝蘇維埃共和國聯耶〞（USRR）解體。自己任總統，蘇俄政體的遽變，冷戰結束，美國也不必把大筆軍事經費，花在帛琉身上，美國不必視帛琉為〝軍事基地〞帛琉人而言，對美國的政治交涉籌碼也沒了，在現實的情況下，美國的政治交涉當局，認為，如果把協定內容向國會提出變更案，一定會視現況，把已決定的財經援助金額，衡諸利益，提出〝減額案〞是可預期而明顯的效果，如應，突然情況出現，說不定要雙方〝自行再研討協定內容〞。因此，美國政府向帛琉政府坦誠表明〝協定再改訂〞是不可能的態度告知於帛琉，附帶提議道：「……如果想一定要改定協定，得先成立協定，而後，再談改訂議論……」易言之，連必要的手續也告知帛琉，美國政府的「強硬態度」把帛琉人的鬥爭條件意念重挫了，政治領導階層也深深地體會到，「……該下決斷的時候，是命中註定的了！……」

美國方面，因美、蘇冷戰的結束，態度轉趨強硬，於一九九〇年十月，以內政部長令，第三一四二號，限制了帛琉政府的自治權，帛琉政府，於一九八一年成立以來，每年的開支，超出預算好幾倍的〝赤字財政〞累積到內政部官員會咋舌的程度，易言之，今年的支出，不僅預算用罄，連明年度的預算額也透支。到沙里政權時，更發生了弊端，而且把問題搞得很嚴重，亦即是自治政府與外國企業的交往的融資契約，或開發事業契約之間，在金錢上發生了多次糾紛，美國政府方面，視問題的發生出自〝自治能力的欠缺〞於是發佈一道行政命令。……往後，二十五萬美元以上的政府撥款興辦的事業，及大型開發事業，必須將計畫呈送內政部，獲得批准後，才得以決行，帛琉政府大半的財經，均仰賴美國政府。如此命令一出，不得不從命。帛琉政府的領導者，深怕美國政府以此為藉口，將擴大限制自治政府的自治權，人人感到因此陷入危機。

自治政府成立以來，十年的歲月過去了，帛琉周邊的環境起了莫大的變化，即使現在「：先把政治型態決定了，帛琉已經沒有往日的〝魅力〞任何人也會察覺的時候到來，因為上述的局勢造成帛琉的現況。

五、自由聯合騷動的終結

耶比遜總統，第二次選總統，這一天同時作憲法修正的公民投票，以百分之六十二獲得通過。但是，他卻在選舉戰中嚐了滑鐵盧的苦汁。自由聯合成立的，值得慶幸的寶座，被"邦雄"中村（KunioNakamura）奪走，不過，在這一次的兩種投票中，耶比遜所以敗下陣，原因並不是出於「憲法修正案」這是值得注意的，耶比遜在總統選舉的對手，中村，他是耶比遜總統的副手－副總統，也是與主人，耶比遜共同實現憲法修正案促其通過的人，在"自由聯合協定"的交涉中，代替接受日本語言教育，而苦於沒有英語基礎的耶比遜總統出任交涉代表的是中山，因為有了這一種實績，所以為了結束"政治交涉"被推上總統，完成一道任務，也許是帛琉人順水推舟的心態，使中山順利上任。（註：帛琉的正、副總統，不是由總統找搭擋，分別選出，所以兩人在政策上，常發生歧見是難免的。）

中村總統上任之後，他依據自己的抱負，立即找上美國政府，再開放政治交涉，準備公民投票。中山總統面臨公民投票之前，向美國政府要求改訂協定內容。

(1) 縮短協定期間。

(2) 縮小軍事使用地。

(3) 刪除核武關聯的條款。

美國政府看中了中山總統這三項要求，根本不予理應。不過，沒有把協定改訂之下，在教育及開發方面，另闢財源，多予增額援助，原來在自由聯合期間中的經濟援助款為兩億五千萬美元，在中山總統的努力之下，大舉膨脹，增加為四億五千萬美元。亦即是多了兩億美元，應該滿足了。但是，那些費了長時間，以"非核憲法"與美國政府周旋來的帛琉政治領導群，認為如此"小額"，不夠面子，多方面思慮的結果，議會為了使憲法修正通過為條件，來一個"抽象規定"這一條條文曰：「帛琉政府，為了修正協定，必須請美國政府有善意的回應。」云云。所謂「善意的回應」（favorable respones）這是抽象、曖昧，法律的條文如此模糊，但是，美國政府也透視了帛琉政府的弦外之音，美國國務卿，W・克里斯多福（Warrem Chuito phw）也於一九九三年五月六日，以私函方式，向中山總統作回應。

國務卿回應的書函內容要點如下：

(1) 美國在目前的情況下，並無預定在帛琉建設軍事基地之計畫。

(2) 向帛琉進軍，除非有事，不會揮戈。

(3) 如果，在平時在帛琉的領土上，領海內有意、無意，以核能或化學污染時，吾人必保證負責處理，以維大家的安全。

(4) 財經援助問題，在協定成立之後，美方也允許商談，絕不逃避。

帛琉政府的領導階級，閱讀這一份報告，說：「……這不是政府的公文書，是私函……並不能保證其效力……」但是，帛琉最高法院卻裁定為，由內容的旨意來看「它完全吻合，善意的回應。」

經上述的手續，於同年十一月，實施"自由聯合協定"的贊成與否的公民投票，在這第入次的投票中，終於獲得通過，回憶過去，到第八次的公民投票，前後走過了十年，漫長而佈滿荊棘路，中村總統終於完成了與美國的政體交涉，於一九九四年五月二十五日，在聯合託管統治理事會的會席上，提出報告道：「帛琉政府，與美國政府之間，已談妥了託管統治合約，因此，本國帛琉政府，在本月十月一日，依自由聯合協定關係下，宣佈獨立……」

結語

託管統治，以帛琉的獨立而結束，他們畫出來的〝帛琉國旗〞是「藍地太陽旗」，這一種旗子的設計，不論什麼人看了，會勾起日本人的〝白底太陽旗〞日與月，不難予以聯想表裏關係。這一面〝帛琉國國旗〞決定於俊雄．中村，任議會議長時代，他卻如此說：「我是日本人的後裔，我對這一面國旗的設計並不贊同，因為不合我們的歷史、文化，沒有創意，更沒有象徵性，但是多數應徵畫件中脫穎而出，受到大部份人士的青睞，我就覺得不可思議了，中山總統的話，弦外之音，不難領略他強調〈……這……絕不是我的強權作用下決定的……〉

在第二次世界大戰中，喫了毀滅性敗戰的日本，舉國一致，共同努力之下，在短短的幾十年裡，復興，不僅是復興，以令人驚奇、咋舌的神速進步，「譽或毀」為不知的獲得「經濟動物」（EconomicAnimal）之稱，以全世界為舞台，扮演了重要的角色，反觀，曾受日本人委任統治三十年的密克羅尼西亞，歸屬到美國這個〝超級強國〞去，但是在他們的統治下，以自己的生存為賭注，向建國之路奮鬥及密克羅尼西亞的獨立經驗，來龍去脈，以〝索羅門調查報告文件〞為底，作分析、研判之後，為美、密關係史作記錄的，但是，吾人為戰後的密克羅尼西亞作回顧。編寫一部「密克羅尼西亞戰後史」時，美國人對此以後，為把日本人的〝遺毒〞一掃而淨，全力以赴。不過，如今，日人的「遺毒」竟到處可以看到它死恢復燃，再萌芽，易言之，把日本人除去於外，要寫〝密克羅尼西亞現代史〞似乎有些難了。特別是在北聯邦、共和國中，已經出現了多位的日人後裔總統，這是最明顯的事例。

密克羅尼西亞三國，包括自治政府時代，前後計產生了八位「總統」其中，密克羅尼西亞聯的俊雄·中山（Toshio Nakayama）總統，他的父親是日本人，馬紹爾群島共和國的亞普達·卡普亞（AbuaKabua）總統，他的父親也是日本人，帛琉的春雄·烈梅利克（HaruoRemeliik）總統。他的母親是日本人，邦雄·中村（Kunio Nakamura）總統，他的父親，又是日本人，八位總統之中，其中的一半，四位是日裔密克羅尼西亞人，一九九〇年六月，南美，秘魯總統，日裔的〝藤森〞（Fuzimori）被選上總統，日本的傳播媒體，連續好多天，在電視、報刊、雜誌……等，為這一位「日裔首任帛琉總統」熱鬧一番，捧場一番，時過幾年，大家都記憶猶新，在這當兒，密克羅尼西亞聯邦駐日大使館的中山大使，手裡拿著〝慶賀秘魯〞日裔藤森總統〞的報紙說：「我們的總統，才是日裔頭一個總統，或許國家太小，所以被日本人看不起……」說著低著頭，表情非常寂寞，比藤森總統，在十年前，密克羅尼西亞聯邦，產生了日裔總統，這種事實，那有媒體不知情。帛琉的烈梅利克，是自治政府的總統，中山總統是由託管統治，轉移到自由聯合時的，發佈獨立宣言時的日裔總統，他的胞弟，中山大使，看到這種，不確實的消息，當然感慨良深。因為日本人，對曾為"日本委任統治領"的看法，只不過如此!?令人慨嘆，國小而被瞧不起。

除了留在密克羅尼西亞的日本，或日本色彩的日本人的"日裔"不僅如此，與美國政體交涉中，六〇年代至七十年代，在密克羅尼西亞而言，領導階層所用的日語比英語的使用度高，他們在日本委任統治時代，在「公立的公學校」（註：殖民地的小學）接受了日本教育，這一世代的人們，正爬升到領導階層，居於要津，與作者的會談或其他的場合，也常用日語，對答如流，美國到此地，密克羅尼西亞，施行託管統治行政裡，第一個認為最重要的"施政重點"就是掃除日本人過去三十年施政中留在政治社會、文化，各方面的「遺毒」。

戰後的美國，美國和密克羅尼西亞的政治關係中，日本人委任統治三十年裡，其影響至鉅之處，日本人也沒有注意到，也因此，如今知道密克羅尼西亞的實情之後，無不以驚奇的眼光看現況。這個部份正是隱藏著不容易了解的密克羅尼西亞現況之鎖鑰，密克羅尼西亞人與美國政體交涉結果，演變至今日的密克羅尼西亞各諸邦，為了解社會背景的深奧部份，吾人必須研究、分析而後去判斷事情演變的來龍去脈，吾人應注視，各島嶼的傳統性，及日人統治時代的施政，和其影響之所在，本書中，並未就此，加以分析，但是這是作者將來的課題而把它留下來。

美國政府與密克羅尼西亞人之間，交織而成的戰後史中，我們不難看出，並不是兩者之間扮演著，主宰者與被主宰者的主從關係為焦點，易言之，不是當事者間的定式－模式的轉移，抑有進者，吾人不得以「超級強國、美國與弱小島嶼的族群之間」的單純構圖予以描述殆盡。這現實的情況，我們不宜忽視它，美國的原意，當然要把這些小得不能再小的密克羅尼西亞合併為領土的一部份。但是，這些島嶼的人，渾身解數地予以抵抗，由第三者的眼光去看，如大象與螞蟻的對決；但是，經多方的努力奮鬥，美國人，並沒有把密克羅尼西亞合併就讓他說門分別獨立，結束了〝託管統治〞由此可知美、密兩邊，在政治交涉之間，處於主、從地位，易言之，在交涉的過程中，並沒有超級強國與弱小團體或族群的相對立局面。

就當時的計畫表示來看，並沒有依其如意的計畫進行，由此觀點來看，政治交涉的結果，美國是吃了敗北。不過，把立場轉移到密克羅尼西亞的一邊去，以「財經援助」為籌碼，美國又以強大的壓力下，逼使密克羅尼西亞人交出〝軍事權益〞而且簽署〝自由聯合協定〞體制下，又沒有〝贏得勝利〞的感觸，索羅門調查文件中建言，「如果在六十年代裡，能把政治交涉予以終結，美國就可能得到壓倒性勝利，但是經過了二十餘年的短暫而漫長的歲月裡，環境發生了莫大的變化，兩方面都沒有辦法嘗到〝勝利〞的滋味。

如密克羅尼西亞人，為了建設國家，必須向美國拿到更多的財政援助，但是交往的大原則下，密克羅尼西亞聯邦，不得不在主權上受了限制，以單純的眼光，立場迥異的人而言，「……密克羅尼西亞，終於屈服在強國之前……」但是，作者卻願以另一個角度來看問題的結果，目前的進步社會裡，以地為規模廣大開發行為，或近代化的人類大潮流。他們就是沒辦法溯這一股逆流而搏鬥成功，原來，把自立社會，以自己的力量完成獨立的各島嶼，使之接受財經援助的形態，操縱者就是美國人和日本人。即使這兩個沒有關與，密克羅尼西亞的世界，到三十世紀末期的今日，能在這錯綜複雜的國際環境下，維持他們的傳統社會!?他們一定沒有客觀性的看法。不管他們的意志何在!?他們努力的唯一目標是為建立一個近代化國家，以利國際社會的認可。為了建設近代化國家，不可或缺的是"外來的財經援助"這種行徑，在極小島嶼的命運是不可避免的，由此觀點來回顧密克羅尼西亞人，將及半世紀的政治交涉的過程，他們背著不利的條件，以超級強國，美國為「敵」奮鬥不懈。而且有某些程度的成就，由這一個觀點來看，美國政府是被"強迫"的另一方，因為，要獲得軍事權益，又要出錢了。

依據在章節中述敍過，美國人，本來想永久合併密克羅尼西亞而開始「政體交涉」領土野心勃勃。但是，結果，只得了「馬利亞納群島」美國領土化，其他的密克羅尼西亞聯邦，馬紹爾群島共和國各十五年及帛琉政府，得五十年的軍事權益，由這種成績來看，一個超級強國—美國，費了五十年的歲月及龐大的經費，才得到各小島嶼的鴻毛代價，這些是否得不償失，假使大家完全了解這行為的起因，美國的領土野心，並不是由內心而發的，絕對性的，我們只好如此想了。

美國，由密克羅尼西亞來看，它是螞蟻見大象，小巫見大巫的境地，如果美國人採取積極行動，密克羅尼西亞這個小地方，恐怕一夜之間就保不住，就美國的人力、智力、財力而言，他們從計畫、設計、政策的推定…等方面，一定周詳、精密。但是，到實施階段卻出乎意料之外，粗糙、敷衍、不留意細節的，這樣的做法，所以讓密克羅尼西亞人有機可乘，不過，美國雖然是粗線條的，所幸，美國並沒有受到傷害，是沒有人預料到的，國際情勢的演變，把密克羅尼西亞的價值，重新予以定位所使然，如共產世界的瓦解，精密武器的出現……等等。

吾人，再說明白一點，美國對密克羅尼西亞的軍事依賴，始於他國的全面性軍事攻勢而始，時入七〇年代，亞洲、太平洋地區，所謂亞太地區的〝軍事戰略再築構〞後美國認為必須以密克羅尼西亞為軍事基地的展開據點，提升了它的價值。但是，再過十年後的八十年代，軍事科技的大革新，國內經濟情形的大演變，美國認為〝固定基地的必要性〞已退，把新目標訂定為，確保排他性軍事權益，時至九十年代，共產主義陣營瓦解了，上述的各種原因錯綜交錯之下，「冷戰」結束了，密克羅尼西亞的戰略上價值〝急遽下降〞再也沒有往日的魅力。

密克羅尼西亞的戰後以至今日，為它回顧時，因國際狀況，或美國政府的〝思路變化〞任人擺佈至今，唯在這期間，一拖再拖，把政體交涉不早結束，就美國的現今情況而言，密克羅尼西亞人卻以最小的權益委讓，獲得了最大的財經援助金額，最合乎經濟原則，是幸運者之一。特別是帛琉、與美國合意的成立，那最後一刻才完成「獨立」身為一個政治家，政治交涉的當事者，帛琉的K·中村總統，他把這現實的情形，領會得最深的人，他在獨立將成的八月秒，與作者的個別會談中，他坦誠地告訴我：「我們走到這個地方，可以放下一百個心，因為合約訂定的財經援助額的一部份，於一九八六年撥出，到現在，存放在銀行，生利息，美國國會得知消息之後，提出問題，希望我們就財經援助金的事，再檢討!!」不管如何，密克羅尼西亞的獨立，不僅是美國施予壓力，國際社會也同施予壓力所得的結果，吾人可以如此視之，至於獨立的方式，它的評價，必須以今後島嶼國家建設的如何而定。易言之，島嶼的領導者，他們的能力表現如何而定。

密克羅尼西亞聯邦和馬紹爾群島共和國，宣佈獨立後，已經過了七年的歲月，他們到底要以傳統的社會方式經營國家，或選擇積極的現代化走。到現在，還沒辦法訂定出國家經營方針，後進的帛琉共和國，又是如此，本質上是一種，不能看到「獨立」而手舞足蹈，卻措手無策，這就把經營國家當兒戲了。

吾人很明白，以一個極小島嶼建國、獨立，它有絕對的不利條件，不是密克羅尼西亞人的「天助人助」易言之，以自己的努力和智慧來克服是不可能的，因為它的問題錯綜複雜，所以必須向外求助、協助，自然有國際社會參與，不管它是形式的，依聯合國的最終判斷，承認這些弱小國家的國家，自然對它要負起國際責任。

今年（一九九四）託管統治結束了，也是作者參與密克羅尼西亞的研究、事務，迎接第二十年，在這時間裡，行腳於各島嶼、接觸了領導階層的人士，市民、販夫走卒一再交流，頭幾次在巡禮中遇見的年青領導人，為了建設自己的新國家，勇敢地接受挑戰，他們均有理想、抱負，配合上一股愛國愛鄉的熱情，非常投入，這些人中，有的被選為總統，或國家的幹部，就作者而言，親密的摯友，竟為理想的治國方法上，政治手段的不同，而對立的場面也不斷，在此時，逼使我想：「這個島!?它的前途，該選擇那一邊!?才能走上富庶、安樂之境！」我自己也不得不問，：「自己該如何？」但是，不管它的途徑如何？在小小的密克羅尼西亞，誕生了三個國家，聯邦或共和國。

國家，它和自然人不同，不是"與生俱來"的，就本身沒有體驗過戰敗國或主宰於人，主宰他人經驗的新生代。在戰後的日本過著富庶、安樂、和平的日子的我，那些「國家的獨立、政治論、政治手腕」等等，我們是無法徹底體會的，但是，密克羅尼西亞的友朋，創建國家的艱辛旅程，我看在眼裏，予我在「國家觀」方面，有重大的影響，它幫助我排除觀念論上的"國家觀"為了把託管統治結束為止的軌跡，想記錄上來，作者而言，已經相當吃力，在各種事件的發生、經過、結果的流程上，想加上些自己的評論、意見，唯為了由客觀的觀點，加以歷史性論述，將自己的意念抑壓下來，因此，文筆始終有呆板化、不夠生動之慮，惟對歷史的評價，由此委諸賢明的讀者，這又未嘗不可，作者也感到這種做法，反而對本書的內容，取自作者的備忘錄。短篇論述…等整理的文章為經，本文中，除了「　」中的談話，（註：　）的部份，均由作者，與密克羅尼西亞人的直接對話記錄。

第一部的「索羅門調查報告文件」翻譯部份，具有相當的正確度，在本書的引言、展開上，認為不必加以多說明，至於未曾為索羅門調查報告文件關說明篇幅，是因為第二部說明的美、密關係史，自成系統，淵源於索羅門調查報告文件，只要把託管統治的起訖年表，瀏覽一次，再看第二部，那些煩雜的政治展開的流程，自然會融會貫通。本書以密克羅尼西亞的政治動向及其背景為焦點書就，因此各島嶼的經濟實況，社會變化等，並沒有述及於此，至於此方面，請參考九四年三月，出版的拙著「太平洋諸島嶼各邦論」（東信堂發行）在此拙著中，以密克羅尼西亞各邦為例，將太平洋諸島嶼全域，共同的經濟開發或社會形態的變化實況作剖析，論述。

至於用辭方面，在索羅門調查報告文件中使用"United State"則以「美利堅合眾國」為之，其他部份則以「美國統括帛琉共和國（Republic of Palau），有的書中，採用「貝拉島（Belau）」」但是今以「帛琉」（Palau）統稱之，書中以「帛琉共和國，或帛琉政府稱之，波那培（Ponape）已經易名為「彭貝（Phonpei）」"吐魯克（Truk）"易名為「秋克（Chuuk）」本文則當時的名稱用之，近年，有個趨勢，就是」酋長」（Nanmarki）這個稱呼。有差別的意味，作者也知道，不宜使用，但是目前的情況下，也沒有適宜的代用詞，又衡諸密克羅尼西亞的社會，對"酋長"這一稱呼，並沒有感到差別之意味，因此，仍沿用它，固有名詞及人名部份，大部份的情形下，均把原文附上去：以利讀者查考，引用別人的理論及意見也盡量避免，但是使用的資料及引用文獻則在卷末的參考文獻中載明。

至於本書的出版、付梓，在它的性格上，非把託管統治結束的結果，親眼目睹，不能以揣測方式書就，因此，必須把面臨獨立的帛琉共和國的"不穩定的因素"掌握清楚，這種不能絲毫含糊的工作，有幾位摯友，不辭辛勞幫助我完成它，如服務於媒體的"上原伸一先生"與他的本行毫無關係地，最近數年之間，一直追究帛琉的政治動向，他的調查能力，行動力，耐力…等，都是我最欽佩，值得我信賴，學習的人，第二位是堀田洋典先生，他生於帛琉，少年時代在彼地生活過，所以有特殊的人脈關係，從他的手裡得到貴重的情報，還有，為了把“索羅門調查報告文件”拿到手的國內外的幾位親友，在此沒辦法登上芳名，他們為了它竭精殫慮，有了這些值得信賴、忠誠的伙伴，有了他們的支援下，作者念年的密克羅尼西亞關係活動，終能讓我整理出一本“密克羅尼西亞戰後史”於一端。在此，向這些合作的伙伴謹致最崇高的敬意，最後，我一併在此致謝東信堂·下田勝司董事長克服一切困難，為我出版，付梓。

譯書的出版，承蒙中華民國國立中正大學歷史研究所毛漢光所長及李龍華教授、林美玫教授惠予指正，同時請佛光大學龔校長鵬程先生在百忙中惠予序文，增光不尠，台北市學生書局允予付梓出版，念餘年摯友、劉萬來前輩為弟執筆翻譯中文，於此謹致最高敬意并誌謝意。

參考文獻・資料

1. The Future Political Status of the Trust Territory of ThePacific Islands: Fourth Round of Micronesian FuturePolitical Status Talks, Office of Micronesian StatusNegotiations, Washington, D.C. 1972.
2. The Future Political Status of the Trust Territory of ThePacific Islands: Sixth Round of Micronesian Future PoliticalStatus Talks, Office of Micronesian Status. Negotiations, Washington, D.C. 1972.
3. Washington Post, 16 May 1977.
4. D. McHenry, Micronesia: Trust Betrayed, Carnegie Endowmentfor International Peace 1975.
5. David Nevin, The American Touch in Micronesia, W.W.Nortion & Company Inc, N.Y. 1977.
6. Digest: Congress of Micronesia, Office of the Legislative Counsel, Vol.1, No.1, 1974 〜 Vol.3, No.4, 1976.
7. Constitution of the Marshall Islands, December 21, 1978.

8. Constitution of the Federated States of Micronesia,December 12, 1978.
9. Constitution of the Republic of Palau, July 1980.
10. Highlights, Office of the High commissioner, TrustTerritory of the Pacific Islands, Saipan, February 15, 1973 〜 June 15. 1979(monthly).
11. Pacific Islands Monthly, July 1980.
12. Trust Territory of the Pacific Islands, Department of State, USA, 1965 〜 1991.
13. Covenant to Establish A Commonwealth of the Northern Mariana Islands in Political Union with the United States of America, SIGNED on Saturday, February 15, 1975.
14. The National Union, Official Publication of The Federatedof Micronesia, Volume 1, 1980 〜 Volume 14, 1993.
15. Gazette, The Official Publication of the Republic of the Marshall Islands Vol.1, No.2, 1981 〜 Vol.5, No.4, 1986.
16. The Palau Gazette, Government of the Republic of Palau,No.1 〜 No.68.
17. Roger S.Clark, Self-Determination and Free Association:Should the United Nations Terminate The Pacific Islands Trust?, Harvard International Law Journal╲Vol.21, 1980.
18. The Compact of Free Association, May 30, 1982.

19. Final Report of the Plebiscite Commission, Federated States of Micronesia, July 15, 1983.
20. FSM Press Release Paper, May 1987.
21. Henry M.Schwalbenberg, Independence and Unity or Money:the Plebiscite in FSM, Micronesian Seminar, January 1984.
22. Henry M. Schwalbenberg, Micronesians on the move: Guam or Hawaii?, Micronesian Seminar, April 1984.
23. 齊藤達雄：『密克羅尼西亞』鈴澤書店（一九七五）。
24. 小林　泉：『密克羅尼西亞的各小邦』（中央公論）（一九八二）。
25. 小林　泉：「自由聯合協定的草簽」（『密克羅尼西亞』通卷六〇號，一九八五）
26. 小林　泉：「新國家的誕生，密克羅尼西亞」（『南太平洋系列叢書』一九八九．三）
27. 小林　泉：帛琉政治混亂的背景及公民投票，（『南太平洋系列叢書』一九九〇．六）
28. 上原伸一：『海洋中的樂園，帛琉，非核憲法國家的今天』（氨基酸，一九九〇）
29. 小林　泉：託管統治結果後的國際關係」南太平洋系列叢書，（一九九一．三）
30. 小林　泉：「安全理事會的決議與託管統治的結束。（『密克羅尼西亞』通卷八〇號（一九九一）
31. 上原伸一：『帛琉，總選舉的經過及結果。（『密克羅尼西亞』通卷八六號（一九九九

三）

32. 小林　泉：「帛琉的經濟結構及產業動向」（『密克羅尼西亞』通卷八八號（一九九三）

33. 上原伸一：成立協定的動向（『密克羅尼西亞』通卷八八號，一九九三）

34. 上原伸一：「帛琉的獨立」（『密克羅尼西亞』通卷九〇號」一九九四）

附　錄

一、聯合國託管統治領年表

一九四五

2・12：美、英、蘇，在雅爾達發表"雅爾達協定"在此次會談中，三巨頭決定，戰後占領軸心國地域及非自治區域的戰後秩序等，得到共識。

4・12：F・羅斯福（Roosevelt Fiamklin Delano）逝世，由副總統・杜魯門（Truman Harrys）繼任。

8・15：日本宣佈無條件投降，美國海軍占領"密克羅尼西亞"

10・24：聯合國成立。

一九四六

1・24：美國海軍。向全球發表，將在馬紹爾群島的比基尼環礁內，舉行原子炸彈試爆。

3・7：美國海軍把比基尼環礁住民。166人，強制移民到無人環礁"隆格里克"（RongeV・K）去。

7・1：美國海軍，在比基尼環礁舉行第一次核爆試驗，（艦艇破壞）以後，到1958年7月，一共作23次核爆試驗。

一九四七

4 · 2：聯合國安全理事會認可美國，可將太平洋諸島託管統治領。託管於美國施政下，美國因此可在密克羅尼西亞設置"戰略地區託管統治領"託管統治協定簽署。

7 · 16：太平洋託管統治（密克羅尼西亞）協定生效。

12 · 2：美國，向聯合國安全理事會通告，在馬紹爾群島中的耶尼威德克環礁作"核爆試驗"同月21日，將耶尼威德克環礁住民，136人，強制遷徙到"烏吉耶蘭無人環礁去居住。

一九四八

4 · 15：美國在今天，於耶尼威德克環礁，作第一次核爆試試，以後，到1958年的10年間，前後作43次核爆試驗。

一九五一

1 · ：克瓦吉耶林環礁的住民，被美軍強制遷徙到環礁內的耶拜島去，因為本島，美國將建設"美國海軍基地"美國海軍基地"由美軍獨占使用。

7 · 1：美國政府，把海軍管轄"美國信託統治領"轉移到內政部（除塞班島）高等事務官廳，由夏威夷遷到關島。

一九五二

美國在塞班島北部建設CIA秘密基地，暫居台灣的中國國民黨遴選諜報人員到此受訓。以後，越南方面也派員到此受訓，此基地，於1962年關閉，是各國委託美國訓練諜報人員之基地。

一九五三

1 · 20：美國，艾森豪（Eisenhower · Dwight · D · ）總統就職。

一九五四

3 · 1：美國在比基尼環礁實施史上最大規模的氫彈試爆。

3 · 14：日人，漁船，第五福龍號，開回日本，燒津港，但是乘員23人，均呈放射線障礙的症狀。

9 · 23：第五福龍號的無線電通訊長，久保山愛吉先生死亡。

一九六〇

美國在克瓦謝耶林環礁中開始建設"飛彈實驗基地"。

一九六一

1 · 20：J · F甘迺迪（Kennedy John Jitzgeral）就任美國總統。

一九六三

4 · 18：甘迺迪總統為了與密克羅尼西亞，建立恒久關係，在國家安全行動白皮書上簽署。

6·01：塞班島也由海軍部轉轄到內政部，高等事務官廳也由關島，轉遷到塞班島。

10·22：美國，封鎖古巴海域，美、蘇、古巴之間，發生危機。

一九六三

5·9：甘迺迪，為了把密克羅尼西亞，永久置於美國主權下，為了設置國家調查委員會有關的212P法令，在"國家安全行動白皮書"上簽署。

7～8：美國政府，派出索羅門調查團，到密克羅尼西亞去。

10·9：索羅門調查團，把"調查報告文件"提出於白宮。

11·22：約翰，F·甘乃迪，被暗殺，L·詹森副總統繼承美國總統

7·12：密克羅尼西亞議會成立。

一九六七

8·8：密克羅尼西亞議會設置"密克羅尼西亞，將來政治地位委員會，選出帛琉出身的拉薩魯斯·沙里（Lazarous Salti），任該會委員長。

一九六九

1·20：I·R·尼克森就任美國總統（I·R·Nixon）

4·18：向密克羅尼西亞的"戰時損失賠償"的「日美，密克羅尼西亞協定」兩方代表簽署日本政府賠償500萬美金的

勞務及物資應交給密克羅尼西亞。

7 · 25：尼克森發表尼克森主義（Nixon Doctrin），主要內容是亞洲、太平洋戰略的再構想檢討。

10 · 6：美、密雙方，召開第一次"政治地位交涉會議"於華盛頓。

一九七〇

5 · 4：美、密，第二次政治地位交涉於塞班島，密克羅尼西亞方面提示自治四大原則，美方卻主張採取Commnwealth。

8 · 17：密克羅尼西亞議會，將政治交涉組織，更名為"關於將來政治地位的兩院合同委員會"

一九七一

3 · 　：在夏威夷留學的密克羅尼西亞學生群，把得手的"索羅門調查告文件"揭露。

10 · 4：美、密兩方，在夏威夷，舉行"密克羅尼西亞"第三次政治地位交涉會談，美國威廉（William）大使，在會中提示"美方已經計畫在"北馬利亞納群島，帛琉群島"等地建立軍事基地之意。

一九七二

1 · 13：在帛琉舉行的密克羅尼西亞議會，各地區代表，對"將來政治地位的結構"意見紛歧，均以各自立場為考量。

4·16：美、密雙方，於帛琉召開第四次，政治地位交涉會議，此次會議中，密克羅尼西亞主張，自由聯合。（Free Associotion）美國認可。

7·29：第五次的政治地位交涉召開於美國首府、華盛頓，自由聯合協定草案，開始擬稿。

9·28：第六次美、密政治地位交涉會議，於夏威夷召開，密克羅尼西亞方面，要求獨立問題也應包括到議題中去。美國拒絕，為此，交涉破裂，美方同時宣佈"政治地位交涉"暫行停止。

12·10：美國方面，與馬利亞納地區，作個別接觸。

一九七三

1·10：馬紹爾議會議員，亞馬達·卡普亞，（Amada Kabua）在議會中主張"地區稅收的50%。必須交給地區使用，以立法為根據，他的主張，就是以此為籌碼，如果美方不同意，密方也不參加密克羅尼西亞聯邦，帛琉方面也擺出強硬姿態，亦即是主張，凡是公有地，皆歸還酋長。否則以後召開的"政治地位交涉會議，拒不再參加，地域內的託管統治的終結。發生了嚴重的危機。

11·14：第七次美、密政治地位交涉會議，召開於美國首府華盛頓，這一次，關於獨立問題，隻字不提，只談援助金額，主題只及於此。

一九七四

5·　：馬紹爾拒絕參加聯邦，同時宣佈自此以後，不派代表參加密克羅尼西亞議會，以及憲法制定會議。另組屬於自己的"政治地位交涉委員會"由卡普亞上院議員任該會委員長，帛琉方面，向密克羅尼西亞議會及憲法制定委員會，如果不把帛琉的要求＜首都應設於帛琉的科羅爾＞這個條件不接受時，帛琉不惜一切，很有可能脫離聯邦。

7·12：美國和密克羅尼西亞雙方代表（包括酋長，政府官員）開始談"土地返還法"自今天坐下來談。

8·8：尼克森總統，因水門事件辭職。由G·福特繼任總統。

一九七五

2·15：馬利亞納地區的政治地位交涉委員會，簽署於北馬利亞納群島盟約，這一盟約中規定，馬利亞納將成為美國的自治領化。

6·17：北馬利亞納群島，實施一次公民投票，考驗是否居民贊成"盟約"結果。以78·8%的高比率，獲得通過。

11·8：密克羅尼西亞聯邦憲法，開始擬稿。

一九七六

3·25：福特（Gerald R. Ford）總統，在北馬利亞納群島"自治政府盟約"上加以簽署。

5·12：美、密第八次政治地位交涉會議，於塞班島舉開。

9·25：帛琉，舉行一次公民投票，主題為"是否願意參加聯邦！？"過半數的住民，希望脫離聯邦，自行建立獨立國。馬紹爾也訣議設置屬於自己的憲法制定會議。

10·3：北馬利亞納群島成立憲法制定委員會。

12·5：馬利亞納地域，把"北馬利亞納群島憲法"開始擬稿。

一九七七

1·1：克沙伊耶（Kusaie）脫離波那培，形成獨立區，並改稱為"科斯拉耶（Kosurae）

1·20：J·卡特（Catter·Janmes Earl Jr·）就任美國總統。

3·6：馬利亞納地區，北馬利亞納群島，作一次"憲法公民投票"，以百分之九十的高贊成率，獲得承認。

7·30：是否參加"密克羅尼西亞聯邦"舉行一次公民投票。但是，百分之六十二·四的公民，希望分離獨立。

10·24：政治地位交涉委員會，分裂後的"第一次政治地位交涉會議"於夏威夷召開，參加者為美國，密克羅尼西亞議會，馬紹爾群島，帛琉，計四方代表參加會談，美國則派"羅仙·普拉托"為交涉大使與會。

一九七八

1·9：北馬利亞納群島自治領，頒布憲法，成立自治政府，卡羅魯斯，加馬吉尤任首任知事。

4·9：新第二次政體交涉，舉行密克羅尼西亞各政體交涉委員會委員長的會議，自由聯合原則的合約（所謂，喜羅八大原則）（Hiro 8 Principles）各地區委員長均簽。美國在自由聯合體制下認可一部份的外交權。

7·12：舉行一次，密克羅尼西亞憲法，贊成與否的公民投票。結果，贊成的，有波那培、吐魯克、雅蒲科斯拉耶，等地區，帛琉和馬紹爾則否決它，由此世人才確認帛琉、馬紹爾，無意參加聯邦之意志。

9·29：美國，內政部長以第3027號令，要除了馬利亞納地區之外的，託管統治領內的"立法府"作一次調整，編製為"密克羅尼西亞聯邦，馬紹爾地區、帛琉地區"設立議會。是暫定轉移措施令。

12·21：馬紹爾群島，憲法草案，獲得通過。

一九七九

1·18：在塞班島舉開第三次"政體交涉會議"

4·2：帛琉憲法，開始擬定草案，其中規定"非核憲法條款"易言之，非獲得公民百分之七十五的贊成，不得將核子武器及有關類似物品帶入。所謂"非核憲法"但是，美國立即加以反對。

5·1：馬紹爾群島共和國頒布憲法。自治政府成立，首任總統為亞馬達·加普亞。（Amada Kabua）

5·10：密克羅尼西亞頒佈憲法，自治政府成立，首任總統為俊雄·中山（Toshio-Nakayama）

6·1：帛琉成立"憲法制定委員會。（委員長為，春雄

（Haruo RemeliiK烈梅利克）

7·9：帛琉共和國，對"憲法"作一次公民投票，獲得90·23%的壓倒性多數，獲得通過。但是，以"不合自由聯合原則之旨意，被判為"無效"再一次擬憲法修正草案。

10·23：在帛琉，把非核憲法的部份條款修正之後，付諸公民投票，但是百分之七十的公民反對，而遭否決。

一九八〇

1·7：美國和三個自治政府，於夏威夷舉行第四次政治交涉會議。

7·9：帛琉以"憲法原案"再作一次公民投票，獲得贊成率78%，再度被認可，美國在此次公投上，並沒有主張"公投的違法性"卻予以默認。

10·31：馬紹爾群島，密克羅尼西亞聯邦的"政治地位交涉委員會"分別與美國在"自由聯合協定"上初簽（由委員長，春雄·烈梅利克簽署。）

11·30：帛琉選舉首任總統，由春雄·烈梅利克當選。

一九八一

1·1：帛琉共和國頒布憲法，成立自治政府，首任總統為"春雄·烈梅利克。

1·20：R·雷根（Ronald Wilson Reagan），就任美國總統。

3·25：日本政府，向馬紹爾群島提出ODA無償援助（離島開發）工作，從此開始。

4 · 9：日本政府，向密克羅尼西亞提出ODA無償援助（離島開發）工作，從此開始。

12 · 1：福烈德・吉達，被美國政府任命為"對自由聯合交涉美國代表大使"。

一九八二

4 · 23：日本政府，向帛琉政府提出ODA無償援助（小規模漁業振興計畫）從此開始。

5 · 30：美國和馬紹爾群島間的"政府間的條件合意成立。

8 · 26：美國和帛琉間的"自由聯合協定"政府間的條件合意成立。

10 · 1：美國和密克羅尼西亞間的"自由聯合協定"政治間的條件合意成立。

10 · 5：美國與密克羅尼西亞三個自治政府之間，就有關共同問題，商討之後，於塞班島締結協定。

一九八三

2 · 10：帛琉政府，為"自由聯合協定"舉行一次公民投票，對協定贊成率，得62%。與法定的75%相差13%，沒有獲得認可。

5 · 10：密克羅尼西亞聯邦議會，再選俊雄・中山任總統。

6 · 21：密克羅尼西亞聯邦就"自由聯合協定"作一次公民投票。以73%的高贊成率，被認可。

9·7：馬紹爾舉行自由聯合協定的"公民投票"以58%的贊成率，獲得認可。

12·9：帛琉的大酋長"艾巴德爾，基彭斯（Aibedul Kipons），領導"非核憲法運動"受了世人的肯定之後，接受瑞典。萊特·里巴利福德財團 "的和平運動領導獎。（主要是授與開發中國家，對和平運動有貢獻者。）

一九八四

3·30：雷根總統，向參眾兩院提出"有關自由聯合協定的議案。

4·29：蘇俄，駐聯合國大使，向聯合國秘書長，狄克耶雅爾提出"非難美國託管統治"白皮書"

5·23：美國修訂了"自由聯合協定"與帛琉作第二次政府間的合意。

9·1：密克羅尼西亞聯邦，在 日本東京設立"東京聯絡事務所"

9·4：帛琉，為" 自由聯合協定"作第二次公民投票。因為贊成率68%，不達法定的75%又未獲得通過。

9·27：三自治政府的總統，烈梅利克·中山，和加普亞三位，齊訪日本，與日本總理大臣，中曾根，舉行會談。

11·8：密克羅尼西亞聯邦、波那培州，頒布憲法，同時把州名，波那培（Ponape）易名為彭貝（Phmpe）

11·30：帛琉選舉總統，春雄·烈梅利克，再當選連任。

一九八五

8·10：帛琉總統，春雄·烈梅利克，遇刺身亡（Haruo Remeliik）

8·28：帛琉，選舉臨時總統，拉薩魯斯·沙里當選（Lazarous-Salii）

一九八六

1·10：美國、帛琉之間商談改訂"自由聯合協定"的一部份，這兩政府之間，第三次會談，合意成立。

2·21：帛琉就"改訂後的自由聯合協定條款"作一次公民投票。贊成率72%，無達到法定的75%，因此，未獲通過。

4·　：美國國會通過密克羅尼西亞聯邦和馬紹爾群島共和國，與美國政府簽訂的"自由聯合協定條款"。

5·28：聯合國信託統治委員會，通過"密克羅尼西亞託管統治結束案"但是遭蘇俄代表的反對。

10·16：美國與帛琉政府締結的"自由聯合協定法案"獲得美國國會的承認。

10·21：馬紹爾群島共和國，和美國之間，轉移到"自由聯合"關係去。

11·3：密克羅尼西亞聯邦，和美國之間，轉移到自由聯合關係去，北馬利亞納群島聯邦，也把美國的關係，轉移到"

自由聯合"去。馬紹爾群島和密克羅尼西亞聯邦，分別宣佈獨立宣言。

12·2：帛琉政府又為"自由協定"的認定，舉行第四次公民投票，但是贊成率66%，所以未獲通過。

一九八七

5·10：密克羅尼西亞聯邦議會，選出"哈克烈魯加姆"為總統。

6·30：帛琉，為自由協定，舉行第五次公民投票，贊成率68%，又未獲得通過。

8·4：帛琉共和國，把非核憲法的條款，做部份修正。（註：把協定條件修改為過半數即可認可）再實施公民投票的結果，超過半數。終於獲得認可。但是，因有人提起"憲法修正手續不合法之訴"

8·21：帛琉政府，為公民對自由協定的認可與否，實施第六次公民投票，贊成率高達72%，但是，最高法院，對修憲手續上的當否？尚未判決。因此，對"贊成與否？"未確定。

一九八八

4·23：帛琉，最高法院就1987年，帛琉憲法的修改手續，是否有瑕疵！？作成"違憲"的判決，因此，帛琉實施的第六次公民投票，雖超過"過半數"不被承認。

8·20：帛琉總統，L·沙里總統自殺身死。（也有他殺之說。）

11 · 2：帛琉選舉總統，由尼拉格爾・耶比遜（N · Etopison）當選總統。

11 · 16：日本政府，與密克羅尼西亞聯邦、馬紹爾群島共和國樹立之外交關係，是默示的"國家承認"。

一九八九

1 · 1：帛琉，耶比遜總統就職。

1 · 20：J・布希（Bush）總統就職。

5 · 10：密克羅尼西亞聯耶駐日本東京聯絡事務所，升格為大使館。

10 · 28：密克羅尼西亞聯邦，土魯克州憲法，公民投票的結果，獲得承認，溯自10月1日生效，把州名土魯克（Truk），易名為秋耶克（Chuek）州。

一九九〇

2 · 6：帛琉，為了"自由聯合協定"的認可，實第七次公民投票，贊成率，只及60%，又未獲通過。

10 · 15：美國內政部，為限制帛琉的自治權，以內政部長令第3142號通告。

12 · 24：聯合國安全理事會訣議馬紹爾群島、密克羅尼西亞聯邦、北馬利亞納群島等地域的託管統治終結，蘇俄贊成，古巴投反對票。

一九九一

5·10：密克羅尼西亞聯邦會議，選出貝利，歐魯達Bailey Olter為總統。

9·17：馬紹爾群島共和國，密克羅尼西亞聯邦，加入聯合國。

一九九二

11·4：帛琉，選舉總統，俊雄・中村（Toshio Nakamura）當選。同時，依修正憲法的"非核條款部份（註：亦即是把協定的承認條件。以單純的計算方式為之。過半數即可。）實施"第八次公民投票"終於獲得認可。

12·1：馬紹爾群島共和國，在日本東京設立大使館。

一九九三

1·1：帛琉，中村總統宣誓就職。

1·20：B・柯林頓（Collinton）就任美國總統。

5·6：美國國務卿，柯利斯德富，將協助成立後的"對帛琉政策白皮書"送達中村總統。

11·9：帛琉，實施為公投認可的"自由聯合協定"公民投票，贊成率68%，獲得通過。

一九九四

5·25：中村總統，在聯合國信託統治理事會中報告，與美國自由聯合協定達成協議，同時通告該會，帛琉將於10

月1日獨立。

10·1：帛琉獨立。託管統治結束。轉移到自由聯合型態去。

二、依據自由聯合協定的美國援助額一覽表

①密克羅尼西亞聯邦

單位：百萬美元

財政援助	1	2	3	4	5	6	7	8	9	10	11	12	13	14	15	合計
內分經常經費(60%以下)	60.0	60.0	60.0	60.0	60.0	51.0	51.0	51.0	51.0	51.0	40.0	40.0	40.0	40.0	40.0	755.00
開發援助(40%以上)																
Civic Action team(美軍)		1.0	1.0	1.0	1.0	1.0	1.0	1.0	1.0	1.0	1.0	1.0	1.0	1.0	1.0	14.00
航空關係(在雅浦)	0.16															0.16
經常費(能源)		3.0	3.0	3.0	3.0	3.0	3.0	3.0	3.0	3.0	3.0	3.0	3.0	3.0	3.0	42.00
經常費(通信)	0.6	0.6	0.6	0.6	0.6	0.6	0.6	0.6	0.6	0.6	0.6	0.6	0.6	0.6	0.6	9.00
購入機器等	6.0															6.00
經常費(海上警備)	0.89/2	0.89/2	0.89/2	0.89/2	0.89/2	0.89/2	0.89/2	0.89/2	0.89/2	0.89/2	0.89/2	0.89/2	0.89/2	0.89/2	0.89/2	7.30
購置設備用品	1.333/2															
經常費(保險醫療)＊	1.791/2	1.791/2	1.791/2	1.791/2	1.791/2	1.791/2	1.791/2	1.791/2	1.791/2	1.791/2	1.791/2	1.791/2	1.791/2	1.791/2	1.791/2	13.43
高等教育＊	2.687/2	2.687/2	2.687/2	2.687/2	2.687/2	2.687/2	2.687/2	2.687/2	2.687/2	2.687/2	2.687/2	2.687/2	2.687/2	2.687/2	2.687/2	20.15
教育・醫療＊	10/2	10/2	10/2	10/2	10/2	10/2	10/2	10/2	10/2	10/2	10/2	10/2	10/2	10/2	10/2	75.00
合計	75.12	72.28	72.28	72.28	72.28	63.28	63.28	63.28	63.28	63.28	52.28	52.28	52.28	52.28	52.28	942.04

出處：依自由聯合協定作者計算，製表

註：(1)通貨膨脹指數未包括在內

(2)＊與馬紹爾群島共和國，兩國共用額，兩國分配比率依另途合約為之，不明定時各得二分之一

(3)合計值把尾數作四捨五入

②馬紹爾群島共和國

單位:百萬美元

年次別	1	2	3	4	5	6	7	8	9	10	11	12	13	14	15	合計
財政援助	26.1	26.1	26.1	26.1	26.1	22.1	22.1	22.1	22.1	22.1	19.1	19.1	19.1	19.1	19.1	336.50
內分經常費																
(60%以下)																
開發援助																
(40%以上)																
軍事目的	1.9	1.9	1.9	1.9	1.9	1.9	1.9	1.9	1.9	1.9	1.9	1.9	1.9	1.9	1.9	28.50
土地使用費																
經常費(能源)		2.0	2.0	2.0	2.0	2.0	2.0	2.0	2.0	2.0	2.0	2.0	2.0	2.0	2.0	28.00
經常費(通信)	0.3	0.3	0.3	0.3	0.3	0.3	0.3	0.3	0.3	0.3	0.3	0.3	0.3	0.3	0.3	4.50
購置機器等	3.0															3.00
經常費	0.89/2	0.89/2	0.89/2	0.89/2	0.89/2	0.89/2	0.89/2	0.89/2	0.89/2	0.89/2	0.89/2	0.89/2	0.89/2	0.89/2	0.89/2	7.32
(海上警報)																
經常費	1.333/2															
(保險醫療)＊																
經常費	1.791/2	1.791/2	1.791/2	1.791/2	1.791/2	1.791/2	1.791/2	1.791/2	1.791/2	1.791/2	1.791/2	1.791/2	1.791/2	1.791/2	1.791/2	13.43
(保險醫療)＊																
高等教育＊	2.687/2	2.687/2	2.687/2	2.687/2	2.687/2	2.687/2	2.687/2	2.687/2	2.687/2	2.687/2	2.687/2	2.687/2	2.687/2	2.687/2	2.687/2	20.15
教育・醫療＊	10/2	10/2	10/2	10/2	10/2	10/2	10/2	10/2	10/2	10/2	10/2	10/2	10/2	10/2	10/2	75.00
合計	39.68	37.98	37.98	37.98	37.98	33.98	33.98	33.98	33.98	33.98	30.98	30.98	30.98	30.98	30.98	516.40

出處：依自由聯合協定作者計算，製表

註：(1)通貨膨脹指數未包括在內

(2)＊是與密克羅尼西亞兩國共用額，兩國分配比率，依另途合約為之，不明定時各得二分之一

(3)上記之數字之外，因核彈實驗，為補償受害者，美國政府撥出150萬美元做補償基金。

(4)合計數字，把尾數四捨五入

③帛琉共和國

年次別	1	2	3	4	5	6	7	8	9	10	11	12	13	14	15	合計
政府運作費	12.00	12.00	12.00	12.00	7.00	7.00	7.00	7.00	7.00	7.00	6.00	6.00	6.00	6.00	6.00	120.00
通貨膨脹調整用額	31.84															31.84
能　源	28.00(15年份概括支付)															28.00
通信費用	1.65	0.15	0.15	0.15	0.15	0.15	0.15	0.15	0.15	0.15	0.15	0.15	0.15	0.15	0.15	3.75
海上警報、奬學金等	1.30	0.63	0.63	0.63	0.63	0.63	0.63	0.63	0.63	0.63	0.63	0.63	0.63	0.63	0.63	10.12
投資金額	66.00		4.0													70.00
公路建設	41.00															41.00
開發援助	36.00															36.00
軍事用地利用費	5.50															5.50
教育、醫療等	3.04	1.36	1.36	1.36	1.36	1.36	1.36	1.36	1.36	1.36	1.36	1.36	1.36	1.36	1.36	22.08
合計	226.33	14.14	18.14	14.14	9.14	9.14	9.14	9.14	9.14	9.14	8.14	8.14	8.14	8.14	8.14	368.38
美國政府直接撥出款	78.550(協定期間中撥出此款)															78.55
總計																446.93

出處：依帛琉政府資料及自由聯合協定政府間之合約而定，由作者製表。

註：＊合計，每年的總計值不符，因把尾數作四捨五入後，合計值是利用政府資料。

三、密克羅尼西亞議會成立時及解散時的議員

The Congress of Micronesia

議會成立時的議員（1965年）		議會解散時的議員（1977年）	
上院	下院	上院	下院
馬利亞納地區		馬利亞納地區・1976年脫離時的議員	
Olympio T. Borja	Benjamin T.Manglona	Olmpio T.Borja	Jose P.Mafnas
Jose R.Curz	Manuel D.Muna	Pedro A.Tenorio	Herman R.Guerrero
Juan A.Sablan	Oscar C.Rasa		
馬紹爾地區		馬紹爾地區	
Amata Kabua	Namo Hermios	Amata Kabua	John Heine
Isaac Lanwi	Henry Samuel	Wilfred Kendall	Chuji Chutaro
	Atlan Anien		Ataji Balos
	Dwight Heine		Ekpap Silk
帛琉地區		帛琉地區	
Roman Tmetuchl	Lazarus Salii	Roman Tmetuchl	Kuniwo Nakamura
John O.Ngiraked	Sadang Ngiraeherang	Kaleb Udui	Polycarp Basilius
	Jacob Sawaichi		Isidoro Rudimch
波那培地區		波那培地區	
Bailey Olter	Elias Robert	Bailey Olter	Kikuo Apis
Eliuel Pretrick	Bethwel Henry	Ambilos Iehsi	Bethwel Heital
	Olter Poll		Daro Weital
	Max Iriarte		Edgar Edwards
吐魯克地區		吐魯克地區	
Tosiwo Nakayama	Smart Lampson	Tosiwo Nakayama	Raymond Setik
Andon Amaraich	Petrus Mailo	Nick Bossy	Chiro Albert
	Judge Soukichi Fritz		Sasauo Haruo
	Mitaro Danis		Kalisto Refonepei
	Chutomu Nimues		Lambert Aafin
			Julio Akapito
			Hans Wiliander
雅蒲地區		雅蒲地區	
Francis Nuuan	John Rugulmar	John Mangefel	John Haglelgam
Joseph Tamag	Luke Tman	Petrus Tun	Luke Tman
可斯拉耶地區		可斯拉耶地區	
可斯拉耶隸屬於波那培地區。1977年1月1日，由波那培分離，形成獨立區，也選出自己的議員，進入議會。		Joab Sigrah	Kasuo Isisaki
		Hirosi Ismael	
上院（12人）	下院（20人）	上院12人	下院22人（解散時）

四、託管統治終結後的密克羅尼西亞諸國概況

〈甲〉密克羅尼西亞聯邦

（The Feaderated State of Micronesia）

1.人口：101,159（密克羅尼西亞系人）

2.國土：701平方公里（由四個主要島嶼構成。最大島嶼為彭貝島（Phonpei）324Km^2）由四個州散佈於海洋上構成的聯邦國家，各州各有自己獨特的語言、文化。

3.首都彭貝島·巴里基爾。

4.首都與台灣時差：台灣時間＋3小時

5.通貨：美金（$）

6.語言：英語、彭貝語·秋克語，雅蒲語·可斯拉耶語，其他。

7.產業：觀光、椰子製品、漁業為主。

8.財政基礎：依自由聯合協定明定的美國政府的援助。15年間，美國政府的援助額。計7億5千5百萬美元，其他的總額，計9億4千2百萬元。（此金額，不包括通貨膨脹時的調整額）

9.獨立時期：1986年11月3日。（轉移到對美自由聯合關係。舊政治地位：在美國管轄下的聯合國託管統治領之一）1979年5月10日。頒布憲法，成立自治政府。

10.加入聯合國：1991年9月17日。

11.政體：聯邦制。

12.國家元首：密克羅尼西亞總統。

首任總統：俊雄·中山（Toshio Nakayama）1979.5～1991.5

第三位總統：巴里·歐魯達（Balley Olter）1991.5～

13.政府組織：總統·副總統，由各州選出的四年任期由各議員組成的議會議員中選出。各部大臣則由總統指派之後，必須得議會的同意。

14.最高行政首長：密克羅尼西亞總統。

15.國會：四州，各選一人，為四年任期議員，又有以人口比率選出的二年任期議員10人，計14人，構成一院制議會，如果，議員中被選為總統·副總統，缺額時，（但是四年任期者）就須補選。

16.自由聯合協定：與美國簽署的協定，於1986年11月3日起15年間有效。協定要結束或繼續。必須經雙方交涉後再決定，協定期間中，美軍對密克羅尼西亞，對軍事，安全保障方面，負有責任及擁有權限。密克羅尼西亞，對協定，不抵觸的範圍內，擁有外交權及內政自治權，擁有密克羅尼西亞國籍的人民，可自由出入美國，並得有居住權及就業權。

17.對日外交：1981年4月。日本政府，向密克羅尼西亞提ODA無償援助1988年12月16日，與日本建立外交關係。1989年5月10日，於日本、東京，設立駐日大使館（東京都·港區赤阪1-14-2）首任大使為，正雄·中山（Masao Nakayama）日本政府也於1995年1月，在彭貝（Phonpei）州設立日本大使館分館。

〈乙〉馬紹爾群島共和國

The Republic of the Marshall lslands

1.人口：43,380人（密克羅尼西亞系人）

2.國土：181平方公里（由33個環礁及單島群構成。首都的所在地馬吉耶洛島的面積。$9.2Km^2$）

3.首都：馬吉耶洛（Majuro）

4.與台灣的時差十4小時

5.通貨：美金（$）

6.語言：英語、馬紹爾語等。

7.產業：觀光、椰子產品，漁業為主產業。

8.財經基盤：依自由聯合協定獲得美國援助，15年間的財政援助額3億3千7百萬美元，其他之總額，達5億1千6百萬美元。（不含通貨膨脹調整部份）

9.獨立時期：依與美國簽訂的自由聯合協定，轉移去舊政治地位，託管統治領下，由美國管轄。1979年5月1日。頒布憲法，成立自治政府。

10.參加聯合國：1991年9月17日。

11.政體：共和政體。

12.國家元首：馬紹爾群島共和國總統。

首任總統：亞馬達·卡普亞（Amata Kabua）1979.5～

13.政府組織：由議會中選出總統。總統從議員中指派大臣，組織內閣。

14.最高行政首長：馬紹爾群島共和國總統（憲法中無總統的選舉次數限制，易言之，可多次連選得連任。）

15.國會：由33人組成的一院制議會，任期四年。

16.自由聯合協定：與美國訂立的協定，期間15年。協定的結束或繼續，必須經兩方再協商決定，在協定存續期間中，軍事及安全保障，美國有權限及責任，密克羅尼西亞則不與協定抵觸的範圍內，擁有有限度的外交權和完全的內政自治權。擁有馬紹爾國籍之馬紹爾國民，得出入美國境內，且享有居住權、工作權。

17：對美關係：託管統治時代設置的克瓦謝林環礁上，美軍飛彈基地。仍繼續存在，美國，對比基尼，耶納威德克環礁上因核彈受害的住民，撥款150萬美元作為"補償基金"，設立基金會。

18.對日外交：1981年3月，日本政府向馬紹爾群島共和國提供ODA無償援助計畫。1988年12月16日，與日本建立外交關係。1992年12月，於日本東京設立"馬紹爾駐日大便館"（東京都港區元麻布3-12-1）首任大使為金謝·安德里格（Kinja Andrike）第二任大使為馬克·卡密那嘉（Mack Kaminzga）

〈丙〉帛琉共和國（貝拉烏）

The Republie of Palau（Belau）

1.人口：13800人，（其他有超過2千餘人的菲律濱勞工在此）

2.國土：494平方公里，本島397Km^2，及200餘的大小島嶼構成。

3.首都：科羅爾（Koror）（日本委任統治時代的南洋廳在此地。）

4.與台灣的時差。台灣時間—1小時。

5.通貨：美元（$）

6.語言：帛琉語，英語及其他。

7.產業：觀光、漁業為主要產業。

8.財經基盤：依與美國訂立的自由聯合協定條款。獲撥款援助。15年間的撥款援助額為1億7千5百萬美元，其他部份，總額為4億4千7百萬美元。其他部份，總額為4億4千7百萬美元。（不包括通膨脹調整額）

9.獨立時期：1994年10月1日（依自由聯合協定轉移）舊政治地位：由聯合國託管統治理事會，委任美國作託管統治管理）1981年1月1日。頒布憲法，成立自治政府。

10.政體：共和政體。

11.國家元首：帛琉共和國總統。

首任總統；春雄·烈梅利克（Haruo L.Remelik）1981.1～1985.6。

第二位總統：拉薩魯士·沙里（Lazzarous Salii）1985.8～1988.8。

第三任總統：尼拉格爾·耶比遜。（Ngirakel Etpison）1989.1～1992.12第四任總統：邦雄·中村。（Kunio Nakamura）1993.1～。）

12.政府組織：總統、副總統的任期，均為四年，由公民直接選舉。各行政部門的大臣，由總統選定之後，上院的同意，才指派之。

13.最高行政首長：帛琉共和國總統。

14.國會：各州，以人口比例選出上院14人，並由各州選1人。16

人為下院。成立二院議會制，兩院議會議員，任期皆為4年。

15.自由聯合協定，與美國協定期間為生效日起50年。但是，財政援助則由生效日起15年，50年的協定期間，協定生效後再作協商，協定存續期間，美國對帛琉的軍事、安全保障，擁有權限及負有責任。帛琉共各國則不抵觸協定條款的範圍內，擁有有限度的外交權，及有完全內政自治權，擁有帛琉國籍的國民，得自由出入美國國境，並享有居住權及工作權。

16.國名：Palau（Balau）由英語、帛琉語兩者寫出的憲法發生的，英文上綴成（Repablic of palau）帛琉文則寫成Belau，議會方面，於1988年2月，關於國名的使用上，作了決議，結果兩邊均可以使用。"Belau"本身含有共和國之意。因此不稱為（貝拉島共和國）Repubulie of Bulau）本決議於1986年2月19日在政府機關報"The palau Gazette No.21"中，公告在案不過帛琉政府的公文書，均以帛琉共和國統一之（Republie palau）

17.對日關係：1982年4月，日本政府向帛琉提供ODA無償援助。

〈丁〉（北馬利亞納群島自治區）

（Commonwealth of the Northern Mariana lslands）

1.人口：20380人（密克羅尼西亞系人，除了本島人口之外，約有一萬人左右的菲律濱勞工，及其他各島來的勞動界工人。

計約有3萬人口。

2.領土：471平方公里。（塞班島Saipan）。羅塔島Rota。提南島Tinian，及其他各島。）

3.首都：塞班島，基雅比托魯喜爾。

4.與台灣的時差：台灣時間十1小時。

5.通貨：美金（$）

6.語言：英語、佳摩洛語、其他。

7.產業：無煙囪工業（觀光業）縫紉業。漁業中繼地，等為主。自治政府成立後，塞班島的觀光事業，有長足的進步，觀光業在十餘年之間，直線上升，約增加為20倍。1993年，就有60萬人，自治政府成立後，接受美國財政援助，因域內收入可觀，帛琉政府已經可以自立，但是，流入了大量外國勞動者及外國資本，特別是後者，為了土地讓與的問題，已經引起社會的不安、焦立。

8.現行體制轉移時期：1986年11月3日（舊政治地位：由聯合國託管統治委員會，委託美國作"託管統治領"1978年1月9日，頒佈憲法，成立自治政府。

9.政體：自治領（Commonwealth）與美國訂立"美、北馬利亞納群島盟約，享有完全內政自治權，但是安全保障及外交權等權限，完全屬於美國政府。國籍為"北馬利亞納群島人，但是擁有美國市民權，唯無美國總統的選舉權，也沒辦法選眾議員、參議員到美國國會去。

10.國家元首：美國總統。

11.政府組織：由直接選舉法選知事，副知事，知事得以選出各部局行政主管，而後必須經議會認可，採用美國型的三權分立制度。

12. 最高行政首長：知事、首任知事，卡魯羅斯，加馬吉尤（CavlosS. Camacho）1978.1～1981.12。第二任知事，貝德洛・狄諾里歐（Pedro P. Tenorio）1982.1～1989.12。第三任知事，羅連索・肯烈洛。（Lorenzo L. Guerrero）1990.1～1993.12。第四任知事：福羅伊朗・狄諾里歐（Frolian Tenorio）1994.1～

13. 議會：由上、下院構成的兩院制議會，上院議員，分為三區，每區3人，計9人任期為四年。但是，各選舉區最低票當選的，任期只有兩年，下院則劃分選舉區，依人口比率選出15名構成。

14. 對外關係：因為北馬利亞納群島，成為美國領土之一，所以沒有跟外國政府建立外交關係，但是，與日本接近，又與日本史上有淵源，近幾年來，對無煙囪工業，有長足的進步，與日本有深交，一年裏外國觀光客60萬人。其中約70%是日人，如觀光旅館的資本的約80%也由日人投資，台灣、韓國人也增加，中國大陸及菲國的勞工也大量流入。

五、著者介紹

小林泉

· 現任：日本、大阪學院教授，＜社＞日本、密克羅尼西亞協會理事，農業經濟學博士，大洋洲研究，專攻國際開發學。

· 簡歷：1948年生於東京都，日本、密克羅尼西亞協會事務局長，群馬大學講師、東京大學講師，至現職。牛津大學研究（1997）

· 主要著作

· 密克羅尼西亞各小國，（中公新書）1982，南太平洋諸邦的政治社會學（共同編著，大洋洲研究所）1983。

· 大洋洲事典，（共同編著：平凡社1990）

· 太平洋島嶼諸國論（東信堂，1994）

· 本書直接由作者授權翻譯

校訂者：李龍華、林美玫

翻譯者：劉萬來

U.S. Confidetial paper &.Termination of the U.N.Trusteeship。

-Solomon Report. lndependence of Micronesia An Author：lzumi Kobayashi

Translater Wanlai Liu

太平洋諸島嶼名稱中、日、英文對照表

Caroline カロリン …………… 加羅林
Marshall マーシャル ………… 馬紹爾
Mariana マリアナ ………… 馬利亞納
Palau パラオ …………………… 帛琉
Ponape ポナペ ……………… 波那培
Babelthuap バベルザップ …………… 巴貝爾薩普
Saipan サイパン ………………… 塞班
Truk トラック ……………… 土魯克
Kwaialein ククヅホリン … 克瓦謝林
Ebeye エバイ …………………… 耶拜
Peleliu ペリリュ ……………… 貝利留

Uterik ウテリック ………… 烏狄里克
Rongelap ロンゲラップ …… 隆格拉普
Maleolap マロエラップ ……………… 馬羅耶拉普
Kolonia コロニア(地) … 科羅尼亞
Net ネット(地) ……………… 納德
Kapingimarangi カピンカマランキ(地) ………………… 卡賓加馬蘭基
Mortlook モートロック …… 摩托羅克
Rota ロタ ……………………… 羅塔
Tinian テニアン ………………… 提南
Puertorico プエルトリコ … 波多黎各
Matakal Port マダカル港 …………… 馬達加爾港
Ebeye エバイ …………………… 耶拜

Yap ヤップ ………………………… 雅浦
Koror コロール ……………… 科羅爾
Majuro マジュロ ………… 馬吉耶羅
Guam グアム …………………… 關島
Ujelang ウジェラン ………… 烏謝蘭
Honolulu ホソルル ………… 火奴魯魯
Kusaie ワサイェ …………… 克莎伊耶
Eniwetok エネウェトク …………… 耶納威托克
Kili キリ ……………………… 基利
Bikini ビキニ ………………… 比基尼

Pohnpel ポンペイ ……………… 彭貝
Chuuk チューク ………………… 狄克
Kosurae ユスラエ ………… 科斯拉耶
Wake ウェーキ ………………… 威克
Metalanium マタラニウム(地) … 馬達拉紐姆
Belau ベラウ(マラオの現地語讀み) ……………………… 帛琉人稱帛琉
Eriwetok エニウエトク ……………… 耶尼威托克
Uterik ウラリック ………… 烏狄利克
Ronglap ロングラップ …… 隆格拉布
Killi キリ ……………………… 基利
Marchiyc…k マアルチユーク ……… 馬爾狄克

本書所用名詞。中、日、英文對照表

strategic trusteeship 戰略的信託統治 ……………………………… 戰略性託管
trusteeship agreement 信託統治協定 ……………………………… 託管統治協定
Peace Corps Volunteers 平和部隊 ……………………………… 和平部隊

Mandatory　委任統治 …………………………………………………… 託管統治
the League of Nations　國際連盟 ……………………………………… 國際聯盟
Trusteeship Council　信託統治理事會 ……………………………… 託管理事會
High Commissioner　高等弁務官 …………………………………… 高等事務官
Nudekgnei　モデクグイ（パラオの宗教名）……… 莫狄克肯（帛琉宗教名稱）
Nanmarki　ポナペの酋長稱號……………………… 南馬基（波那培酋長稱呼）
Chamorro　マリアナ地域の部族の呼稱……… 佳摩羅（馬利亞納地域之一族群）
Iroij Laplap　マーッャルの議會を表す言葉…… 伊羅吉·拉普拉普（馬紹爾議會）
Free Association　自由連合 ……………………………………………… 自由聯合
Kitaren　キッタレン ……………………………………………………………
…………………… （パラオの住民運動組織）基達連（帛琉住民運動組織）
Doctorin of Nixon　ニクソン主義 ………………………………………… 尼克森主義
Chamorro　キャモロ族 ……………………………………………………… 佳摩洛族
Kanaka　カナカ族 …………………………………………………………… 卡拿加族
（SPF）South Pacific Forum　（SPF）（フオーラム）……………… 南太洋組織
Hiro 8 Princples　ヘロハ大原則 ……………………………………… 喜羅八大原則
（＝Principle of Plitical State For Free Association）
livelihood Prize　リグァリーフット賞 ………………………………… 里巴利福德獎

本書所用人名◦中、日、英文對照表

（Palau）（パラォ）（帛琉）
Albedul Ngariakl　アイバドール·ゴリアックル ………… 愛巴德，爾·科里亞科
Rekjai Bruel　ア·ルクライ·ブレル ………………………………… 亞·魯克來·普烈魯
Lazarous Salii　ラザルス·ラマルイ ……………………………… 拉薩魯斯·莎里
David Ramirui　デヴィット·ラマルイ ……………………………… 狄威德·拉馬瑞
Roman Tmetuchel　ローマン·メチュール ………………………… 羅曼·梅狄爾
Benjamin Mersai　ペンジャミン·メルサイ ………………………… 賓夏氏·梅爾塞
（Yap）（ヤップ）（雅浦）
Fanechoor　ファネチュール ……………………………………………… 華納吉爾
Joachim Falamoa　ヨアキム·ファラモア ………………………… 尤亞基姆·華拉摩亞
Edmund Gilmar　エドモンド·ギルマ ……………………………… 耶德蒙德·基魯瑪
Joe Tamag　ジュー·タマグ ……………………………………………… 喬·達馬克
Carmen Chigil　ヴァーメン·チギル（カルメン·チギルの間違え）　巴門·吉基爾
（卡爾門·吉基爾）之誤
（Saipan）（サィパシン）（塞班）
Vincente Santos　ヴィンセント·サントス …………………………… 拜仙德·聖德士

joe Curz　ジョー·クルッツ……………………………………………………喬·克魯茲
joe Tenorio　ジョー·タノリオ ………………………………………………喬·狄諾里奧
Ada　アダ ………………………………………………………………………………阿達
Elias Sablan　エリアス·サブラン…………………………………………耶里亞斯·薩普蘭
Benuato Kaipat　ビヌスト·カイパト ……………………………………貝奴斯德·凱巴德
(Mashall) (馬紹爾)
Kabua Kabua　カブアカブア……………………………………………………卡音亞·卡音亞
Lejelon Kabua　レジュロン·カプア …………………………………………烈休隆·卡普亞
Amata Kabua　アマタ·カプア …………………………………………………亞瑪達·卡普亞
Andrew　アンドリュ……………………………………………………………………安德留
Dwight Heine　ドワイト·ハイネ ……………………………………………德威托·海納
William Allen　ウィリアム·アレン …………………………………………威廉·阿連
Oscar de Brum　オスカー·デ·プラム ……………………………………奧斯卡·狄·普拉姆
Adjidrik Bien　アジリック·ビィエン ………………………………………亞吉利克·必恩
(Truk) (トラック) (土魯克)
Petrus Mailo　ベトラス·マイロ ……………………………………………貝德拉斯·麥羅
Ring Puos　リン·プオス ……………………………………………………………林·普歐斯
Toshio Nkayama　ドシオ·オカヤマ…………………………………………俊雄·中山
Andon Amaraich　アンドン·アマライチ……………………………………安頓·亞瑪萊吉
Raymond Setig　レイモンド·セティグ ……………………………………雷蒙德·謝狄克
Nicholas Bassy　ニコラス·ポッシ……………………………………………尼克拉斯·波吉
Filip Mendeola　フィリップ·メンデオラ……………………………………菲立浦·緬狄奧拉
Carlos Camacho　カルロス·カマチ …………………………………………卡爾洛斯·加馬吉
Haruo Remeliik　ハルオ·レメリーク ………………………………………春雄·烈梅利克
N.Etopison　エピソン …………………………………………………………………耶比遜
Kuniwo Nakamura　クニオ·ナカムラ ………………………………………邦雄·中村
Alfonso Oiterong　アルフェンソ·オイテロン……………………………亞魯宏索·歐狄隆
(Ponape) (ボナベ) (波那培)
Heinrich Iriarte　ハインリヒ·イリアート ………………………………哈恩立喜·伊利亞德
Bethwel Henry　ベスウェル·ヘンリ…………………………………………貝斯威爾·亨利
Gaius Edwin　ガウス·エドウィン ……………………………………………加烏斯·耶德威恩
Bailey Olter　ビイリー·オルタ ………………………………………………貝里·歐爾達
Strik Yoma　ストリック·ヨーア ……………………………………………史德利克·尤瑪
Edwel Santos　エドウェル·サントス ………………………………………耶德威爾·聖德士
Martin Christian　マーティン·クリスシアン ……………………………馬汀·克利香
Paul Sigrah　ポール·シグラ …………………………………………………波爾·施克拉

Shiro Sigrah シロー·シグラ……………………………… 四郎·施克拉
Jeab ジュアプ ……………………………………………… 喬亞普
Utwe ウトゥエ……………………………………………… 吳托耶
（其他）
Sanviteres サンピトレス神父 …………………………… 聖彼德烈斯神父
Virginsl バージン島 ……………………………………… 維爾京群島
Ngiraked ニラケッド ……………………………………… 尼拉格德

地圖中地名·中、日、英對照表

Maga マガ ……………………………………………………… 馬克
Asuncion アッソンソン …………………………………… 阿遜遜
Pagan バガン ………………………………………………… 巴甘
Alamagan アラマガン……………………………………… 阿拉馬甘
Sarigan サリガン…………………………………………… 沙里甘
Anatahan アナタハン……………………………………… 阿那達罕
Fais フェイズ ……………………………………………… 菲伊士
Aroraels オレアイ群島 …………………………………… 歐烈愛群島
Satawal サタワル…………………………………………… 薩達瓦爾
Sonsorol ソンソロール …………………………………… 孫索羅爾
Tobi トコベイ……………………………………………… 托可貝
Heren Reel ヘレン礁 ……………………………………… 黑連礁
Hall Is. オーロル群島 …………………………………… 歐羅爾群島
Puluwat ホロアット ……………………………………… 赫羅亞德
Mokil Is. モギール諸島…………………………………… 莫基爾諸島
Pingelap Is. ビンゲラップ諸島…………………………… 賓格拉普諸島
Ujae ウジャエ ……………………………………………… 烏佳耶
Erikub エリップ…………………………………………… 耶里莆
Namorik ナモリック ……………………………………… 那摩里克
Jaluit ヤルート…………………………………………… 雅魯德
Mortlock モートロック …………………………………… 尤德洛克
Mejit メアイーチ…………………………………………… 梅狄吉
OCEAN オーシャン ……………………………………… 大洋島
Kiribati キリバス………………………………………… 基里巴斯
DIDERT IS. ギルバード諸島 …………………………… 基爾巴德諸島

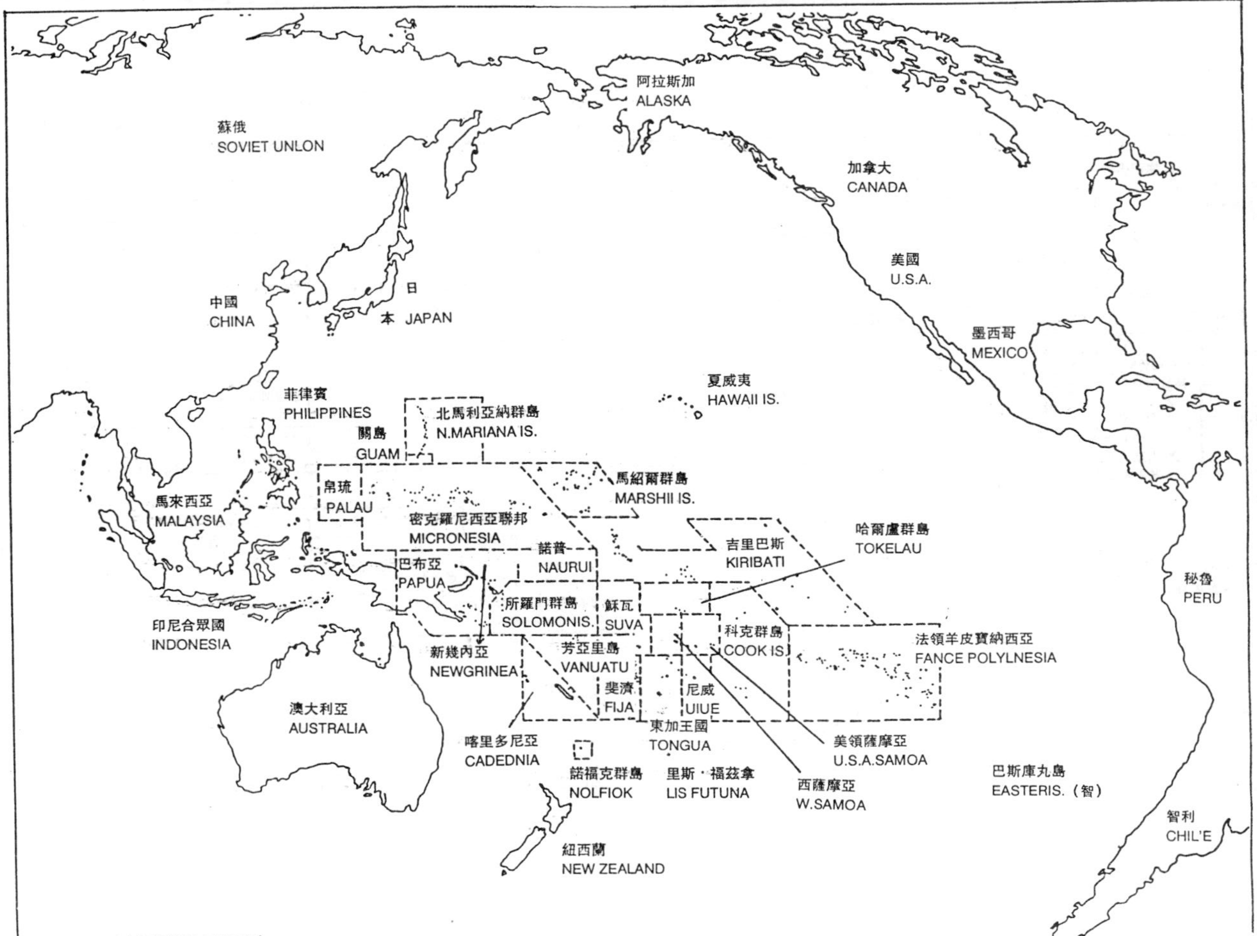

現在的太平洋島嶼諸國家（1994年）

密克羅尼西亞
MICRONESIA

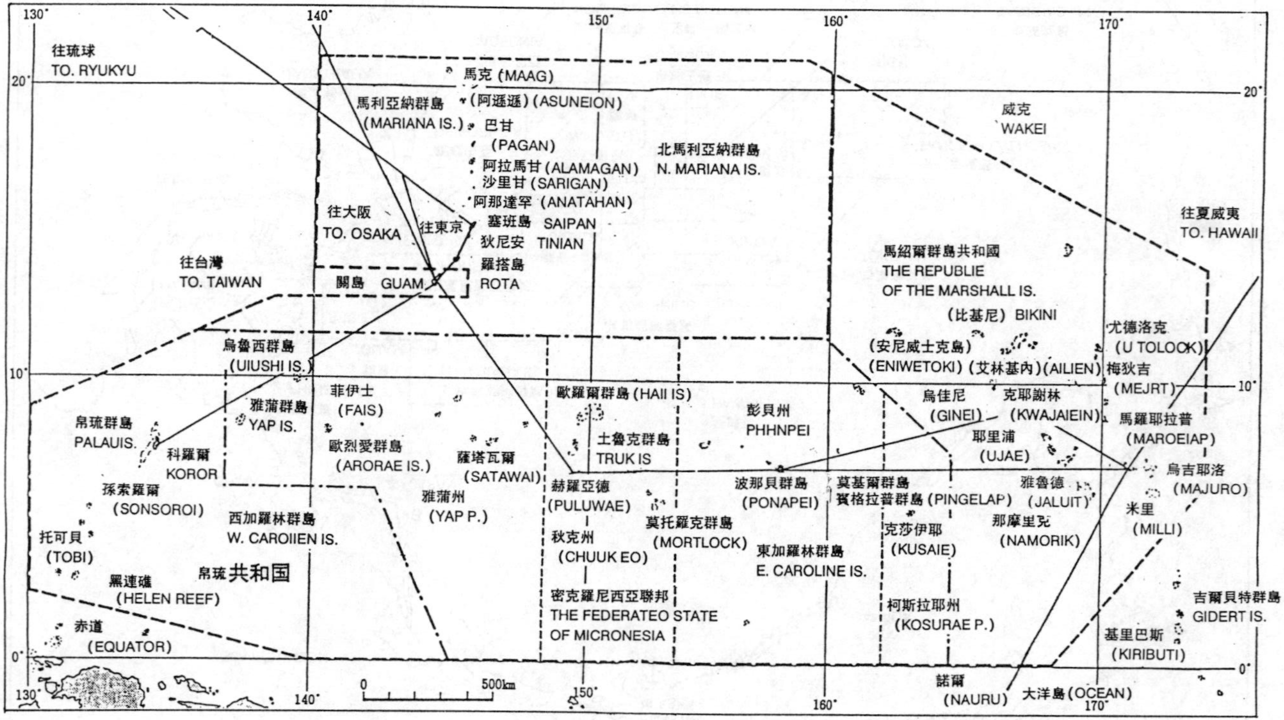

國家圖書館出版品預行編目資料

太平洋島嶼各邦建國史

／小林泉著. 劉萬來譯. --初版. --臺北市：
臺灣學生，民86；
面；　公分
參考書目：面
譯自：U. S. confidetial paper & termination of the U. N. trusteeship
ISBN 957-15-0830-6 (精裝)
ISBN 957-15-0831-4 (平裝)

1.密克羅尼西亞 - 歷史

776　　86007092

太平洋島嶼各邦建國史

著作者：小林泉
譯者：劉萬來
出版者：臺灣學生書局
發行人：孫善治
發行所：臺灣學生書局
臺北市和平東路一段一九八號
郵政劃撥帳號〇〇〇二四六六八號
電話：三六三四一五六
傳眞：三六三六三三四
本書局登記證字號：行政院新聞局局版北市業字第玖捌壹號
印刷所：常新印刷有限公司
地址：板橋市翠華街八巷一三號
電話：九五二四二一九
定價 精裝新臺幣三四〇元 平裝新臺幣二七〇元
西元一九九七年七月初版

64303

ISBN 957-15-0830-6（精裝）
ISBN 957-15-0831-4（平裝）

臺灣學生書局出版

史　學　叢　刊

①李鴻章傳	李守孔著
②民國初期的復辟派	胡平生著
③史學通論	甲　凱著
④清世宗與賦役制度的改革	莊吉發著
⑤北宋茶之生產與經營	朱重聖著
⑥泉州與我國中古的海上交通	李東華著
⑦明代軍戶世襲制度	于志嘉著
⑧唐代京兆尹研究	張榮芳著
⑨清代學術史研究	胡楚生著
⑩歐戰時期的美國對華政策	王綱領著
⑪清乾嘉時代之史學與史家	杜維運著
⑫宋代佛教社會經濟史論集	黃敏枝著
⑬民國時期的寧夏省（一九二九～一九四九）	胡平生著
⑭漢代的流民問題	羅彤華著
⑮中古史學觀念史	雷家驥著
⑯嵇康研究及年譜	莊萬壽著
⑰民初直魯豫盜匪之研究(一九一二～一九二八)	吳蕙芳著
⑱明代的儒學教官	吳智和著
⑲明清政治社會史論	陳文石著
⑳元代的士人與政治	王明蓀著
㉑清史拾遺	莊吉發著

㉒六朝的城市與社會　劉淑芬 著
㉓明代東北史綱　楊暘 著
㉔唐繼堯與西南政局　楊維眞 著
㉕廿二史箚記研究　黃兆强 著
㉖廿四史俠客資料匯編　龔鵬程、林保淳 編
㉗王安石洗冤錄　孫光浩 著
㉘從函電史料觀汪精衛檔案中的史事與人物新探(一)　陳木杉 著
㉙海峽兩岸編寫臺灣史的反思與整合　陳木杉 著
㉚太平洋島嶼各邦建國史　小林泉 著　劉萬來 譯